Francisco Giménez Gracia
La leyenda dorada de la filosofía

Francisco Giménez Gracia

LA LEYENDA DORADA DE LA FILOSOFÍA

Ediciones Libertarias

Bravo Murillo, 37.
28015 Madrid

COLECCIÓN: *Ensayo*
Diseño de colección: Gráfica Futura
Primera edición: septiembre, 1998
ISBN: 84-7954-437-6
Depósito Legal: M-27.401-1998
Impreso en Gráficas Cofás, S.A.
Impreso en España/*Printed in Spain*

A Zósimo, el mejor profesor.

A Fuensanta y María, las mejores alumnas.

AGRADECIMIENTOS

Igual que antiguamente los libros debían pasar por un control eclesiásistico que otorgaba el permiso de impresión, esta obra ha sido sometida al criterio de unos cuantos censores elegidos por el autor por ser todos ellos ajenos e incluso hostiles a la filosofía. Gracias a su buen hacer, este libro se ha visto libre de pedanterías y tecnicismos, por lo que resulta de justicia agradecerles a todos ellos su labor. Primero de todo a Cristina Sánchez, Ángel Santos y Pedro Oliva. Los tres han tenido la paciencia de leer y corregir minuciosamente el manuscrito íntegro, de modo que este libro les debe mucho de lo mejor que contiene. También quisiera recordar a Lola Solís, Miguel Ángel Vidal, Carlos Chamón, Antonia Marín, Manuel López e Isabel Rubio. Todos ellos conocieron el proyecto, leyeron algunos capítulos y aportaron sugerencias, risas y alientos, el mejor de los cuales ha sido oírles decir que se han reconciliado con la filosofía. Ojalá que a ustedes les pase otro tanto.

«No hago nada sin alegría.»
MIGUEL DE MONTAIGNE

ÍNDICE

INTRODUCCIÓN

Mi querido amigo y maestro Zósimo González no solía detenerse en la biografía de los filósofos, salvo en aquellos momentos finales de sus vidas en los que los autores ponían una guinda divertida y consecuente a sus sistemas filosóficos. Con el tiempo he comprendido que la actitud de mi profesor iba mucho más allá de lo anecdótico y que llegaba al núcleo duro, por así decir, de la filosofía. Para que entiendan a lo que me refiero, imaginen por un momento que yo les desvelara en este libro que Santo Tomás de Aquino se pasó los últimos días de su vida blasfemando como un carretero, fornicando como un libertino y proclamando a voces la inexistencia del Altísimo. Ya me dirán ustedes con qué cuerpo se pondrían luego a leer la *Summa Theologica*, ni nada que hubiera escrito semejante renegado. Conste que lo que acabo de revelar a propósito del «Doctor Angélico» es pura fantasía. Este grandísimo teólogo murió bañado por la Gracia de Dios; con las tripas reventadas por una gloriosa indigestión, eso sí, pero en paz con el Altísimo, así que pueden ustedes volver sobre sus obras sin temor ni temblor.

Y no se trata sólo de saber si los grandes del pensamiento fueron consecuentes hasta el final. A los filósofos se les sigue con una veneración que roza lo religioso, y de la misma manera que el cristianismo no existiría si Jesucristo hubiese muerto de retención de orina (imagínense qué se colgarían del cuello los cristianos en lugar de la crucecita de oro), también los filósofos que fundan una escuela necesitan coronar su vida y su filosofía de un modo digno y cabal.

Por eso, me extraña que nadie hasta ahora se haya ocupado de ofrecernos una buena leyenda dorada de la filosofía que recoja el martirologio de estos encantadores santones laicos. Así que voy a encargarme yo mismo de esa tarea. Eso sí, olvídense del aire profesoral y de la filosofía abstrusa. Aquí lo que se pretende es que pasemos todos un rato agradable gracias a una disciplina que se ríe de nuestros prejuicios y nos estimula donde más gusto nos da: en nuestra razón. Y que lo hagamos con el talante del aprendiz, del buen aficionado, puede que incluso del enamorado, pero nunca del profesor ceñudo. Porque han sido esos estudiantes que saben reír con la filosofía quienes, desde el mismísimo nacimiento de esta doctrina, inventaron para sus maestros una muerte que fuese digna de la obra del finado y que sirviese a las generaciones de discípulos futuros para comprender la esencia, lo fundamental del pensamiento del fundador de la escuela. Las historias de las muertes de los filósofos son, por así decir, como chuletas que resumen un sistema filosófico en pocas, pero jugosas palabras. Con frecuencia el estilo se desliza hacia el género *gore*, pero eso es comprensible si tenemos en cuenta que estas leyendas se cocieron en las mentes calenturientas de los jóvenes, que ya sabemos cómo son. Así que prepárense ustedes a ver a filósofos envenenados, suicidados, degollados, triturados, capados y hasta uno que murió de un ataque masivo de ladillas. La historia de la filosofía chorrea sexo, violencia y comicidad, y podría llegar a convertirse en fuente de inspiración para guionistas del mejor cine comercial.

Pero, antes de que la industria de Hollywood se lance sobre estos argumentos, vamos a aprovecharnos nosotros, con calma y desde nuestro sillón favorito, de todas las enseñanzas que contienen. Y así, les propongo que me sigan y comprueben cómo podemos adentrarnos en la historia del pensamiento a partir de la muerte de cada uno de sus principales protagonistas. Verán, de paso, que la filosofía es materia clara y diáfana, como no podía ser menos, pues, en sí misma, es el esfuerzo mayor que ha hecho la civilización por aclararse. Naturalmente, habrá a quien le moleste la mera existencia de un libro que aborda la filosofía de un modo ligero y divertido, porque, si de algo pecan la mayoría de los filósofos académicos es de carecer de sentido del humor. Sobre todo en España, donde suele circular la especie de que lo cómico está reñido con lo profundo; de modo que la expresión «filosofía divertida» suena en nuestro idioma como una especie de contradicción en los términos. Lo cual es un tanto lamentable, porque hay seriedades que, como bien decía mi abuelo, son menos propias de humanos que de burros, que son animales muy capaces de componer un gesto bien serio mientras contemplan esas llanuras tan hermosas en las que pastan. Pero es que mi abuelo fue todo un filósofo, en el sentido mundano del término. Como lo son ustedes, vamos. Por eso estoy seguro de que les va a encantar este libro.

1. TALES DE MILETO: LA SED Y LA ABUELITA DESALMADA

El primero de los filósofos murió en plena canícula, mientras veía una carrera de cuadrigas. Hacía un día infernal, de sol y moscas, que dicen los taurinos, y Tales de Mileto, distraído como todo buen sabio, se presentó en el estadio sin gorro y recién comido. Al cabo de un rato, los vapores de la digestión y el sol en la cabeza le secaron el cuerpo y Tales murió de sed, con lo que le gustaba a este hombre el agua. Esto ocurría en Jonia, en el VI a. C., a las orillas de un Mediterráneo que por entonces abundaba en peces, lestrigones, sirenas, náyades y poetas que cantaban las hazañas de los héroes y los piratas.

Pero no es ésta la única noticia que tenemos de su muerte. Según otras lenguas, una noche despejada recibió la visita de una ancianita que venía a decirle que en el cielo se movían las estrellas. El bueno de Tales salió al patio con tanto entusiasmo y con la vista tan perdida en el firmamento, que no vio un hoyo que había cavado la abuelita, de modo que se cayó, se partió la cabeza y murió allí mismo. La señora aún tuvo el cuajo de rematar la faena y le dijo al muerto: «Anda, sabihondo, que te has pasado la vida mirando al cielo y no eres capaz de ver lo que tienes a tus pies.» ¿Qué les parece la vieja? Una tía asquerosa, ¿a que sí?

—Algo le habría hecho a la buena mujer el tío Mileto ese.

La que acaba de hablar es mi madre, que ha venido a verme a casa y no quiere perder la ocasión de decir lo que piensa. De momento, le he explicado que «Mileto» no es ningún apellido, sino el nombre de la ciudad en que nació, y que ese es el modo por el que conocemos a los filósofos griegos, por su nombre y por el sitio en que nacieron. Y ahora, si se calla mi madre un rato, cosa que dudo, igual podemos enterarnos de lo que le hizo Tales a la vieja.

A Tales de Mileto lo conocían los griegos por haber sido el primero en *predecir un eclipse*. No parece delito como para que lo maten a uno. Sin embargo, lo del eclipse fue un zambombazo en su tiempo. Piensen ustedes que, por aquel entonces, se creía que el sol era un dios, que, si se eclipsaba, era para anunciar desgracias y cosas así. De modo que el hecho de que un hombre de carne y hueso fuese capaz de predecir con anticipación lo que iba a hacer el dios lo convertía en una especie de semidiós, un iluminado que conocía la voluntad de los Señores del Mundo. Lo único que hizo Tales, sin embargo, fue calcular el movimiento del sol y el de la luna, tal y como había aprendido a hacerlo en uno de sus viajes a Babilonia. De modo que ni dios, ni semidiós, sino todo lo contrario: un fenómeno natural, fácilmente predecible si nos molestamos en usar la razón. Es lo que pasa a la gente que viaja, que se le cae el pelo de la dehesa y vuelve a su casa muy descreída. Y Tales viajó mucho, y debió de regresar muy distinto de como partió, después de ver que cada pueblo creía en sus dioses y que todos estaban muy convencidos de llevar la razón. Eso termina con la fe de cualquiera y te convierte en un tío rarito a los ojos de tus paisanos.

Para los matemáticos Tales fue el primero que *demostró un teorema*, precisamente el que lleva su nombre. Una cosa es hacer cálculos complicados (los que se precisan para construir una pirámide, por ejemplo, deben de ser enrevesadísimos) y otra cosa muy distinta es demostrar un teorema. Una demostración es un conjunto de enunciados tales que, si admitimos la verdad de unos a los que llamamos premisas, no tenemos más remedio que admitir la verdad de otros a los que llamamos conclusiones. O sea, que en las demostraciones ocurre que uno se ve arrastrado de unos enunciados a otros y te sientes obligado a reconocer que lo que ahí se dice es cierto. Claro que, para que la demostración convenza, conviene ponerla por escrito. Antes los mitos se cantaban y bailaban. Debía de ser un espectáculo hermosísimo, irresistible, altamente motivador, que dirían los psicólogos de hoy, hasta el punto de que el público saldría entusiasmado y con la canción aprendida, sin esfuerzo alguno. Sin embargo, la geometría, la filosofía y la historia que nacieron en Grecia más o menos a la vez, buscaban la convicción, no el entusiasmo, y para eso conviene ver los razonamientos por escrito. Para repasar despacito y ver dónde están los fallos, si los hay. Una cosa fascinante esto de la *demostración* escrita, y parece ser que fue un invento de Tales; por eso sólo ya deberíamos poner a Tales en el mismo altar que al que inventó la rueda, o el fuego, o el vino.

Hoy día los psicopedagogos quieren llenar las escuelas de televisiones, con lo cual les van a ahorrar mucho trabajo a los maestros y mucho esfuerzo a los niños, pero me temo que los resultados van a ser justo los contrarios de los que se buscan. Si queremos aprender a pensar, lo que necesitamos es pizarras y libros; lo contrario es memoria hueca y pasiva, y esta lección también se la debemos a estos primeros filósofos.

También es fama que Tales dijo: «Todo proviene del agua.» A mi madre seguro que le parece una tontería, pero con esta frase *nació la filosofía*, así que, cada vez que la leo me entra una emoción de lo más tonto. Claro que la cosa no es para menos. Piensen que, antes de que a Tales se le ocurriera esto, todos los seres humanos, sin excepción, satisfacían la curiosidad que tenían respecto a saber cómo eran las cosas del mundo recurriendo a un tipo de explicación religiosa, o mítica, o mágica, unas historietas protagonizadas por dioses, espíritus y demás fantasmadas. Sin embargo, en la explicación de Tales de Mileto han desaparecido los dioses y la naturaleza se explica desde algo tan natural como es el agua. El mundo, en toda su variedad y multiplicidad, ha surgido del agua, y ya está. Esa misma agua que Tales vería con sus ojos todos los días, pues conviene escuchar lo que nos dictan los sentidos. Una idea sencillísima y, por eso, genial. Fíjense bien en que Tales busca *un principio único* que explique lo que son todas las cosas, por debajo de sus distintas apariencias. La encina, el marrano que se come las bellotas, el volcán que humea a lo lejos, el cielo azul, y el hombre que contempla y piensa el mundo, todos han surgido del agua y, por tanto, siguen siendo agua bajo distintos aspectos. Muy interesante esto de buscar un principio que unifique todo. Hoy los científicos siguen en este empeño y nos dicen que todas las cosas son átomos, o *quarks*, o lo que nos digan mañana, pero lo importante es que les sigue gustando este método que inventó Tales de buscar lo común que se esconde bajo las apariencias diversas. El que eligiera el agua es lo de menos. Su discípulo Anaximandro de Mileto dijo que del agua no podría surgir el fuego, porque son mutuamente excluyentes, y eligió como principio el *Apeiron*, que es una especie de consomé en el que se mezclan lo húmedo, lo seco, lo frío y lo cálido. De ahí surgieron lo elementos (agua, aire, tierra y fuego) y, de estos, el mundo tal y como lo vemos. Y Anaxímenes de Mileto dijo que el origen era el *aire*, que, *condensado*, se convertía en agua o en tierra, y *rarificado*, en fuego. Como ven, entre maestro y discípulo se daba una sana rivalidad intelectual, cosa que no pasa nunca cuando la religión anda por medio. Pero es que la filosofía ha sido, desde el principio, una invitación a pensar por uno mismo. Por eso cada uno de estos sabios encontró unas razones, unas demostraciones (como las de la geometría) que los llevaron a elegir uno u otro principio. *Eliminar a los dioses de la explicación, buscar lo que unifica a lo diverso y demostrarlo todo racionalmente*, tal es el ideal filosófico que Tales de Mileto compartió con su escuela y esa es también la principal lección que la filosofía ha impartido a la humanidad. Por ahí comenzó nuestra civilización científica, tan descarnada, tan astuta, tan poderosa, tan voraz y tan portentosa.

Pero, además de lo del agua, Tales dijo: «Todo está lleno de dioses.» Con lo cual parece que este hombre nos diera una de cal y otra de arena. Pero, en el fondo, se trata de remachar sobre el mismo clavo. Si todo es igualmente divino, lo mismo que todo es agua, esto es, si yo soy dios, mi perro es dios, la higuera es dios y las piedras son dioses, entonces no tiene sentido ninguna religión. Para que haya propiamente *religión* es preciso que una comunidad se *religue* (se una) en torno a una creencia en la que los dioses transciendan, dominen la naturaleza, y a los que, por eso, se les tema, se les rece, se les pida favores y se calme su ira con sacrificios del tipo que sea. Sin embargo, cuando todo es dios, ¿a quién rezamos? ¿A nuestros pies? ¿A un boquerón en vinagre?

Cuentan también que Tales de Mileto, a base de observar el cielo, llegó a tener un conocimiento muy preciso de los fenómenos meteorológicos. Tanto, que un año barruntó que la cosecha de aceituna iba a ser descomunal e invirtió toda su fortuna en comprar todas las almazaras del país; de modo que, cuando se recogieron las olivas, quien quiso aceite tuvo que pasar por alguno de los molinos de Tales, lo que le acarreó una inmensa fortuna. Para que luego digan que los filósofos se chupan el dedo.

El negocio de los molinos tuvo que ponerle de los nervios a más de uno. Igual la vieja del hoyo se dedicaba a lo del aceite. O quizá fuese una de las sacerdotisas que vivían muy ricamente de las riquezas que generaban sus templos. La muy bruja pensaría que la gente que escuchaba a Tales podría llegar a pensar que los planetas se mueven solos; o que para dar algo por cierto no basta con que lo diga un iluminado con la voz engolada, sino que nos hemos de convencer por medio de los sentidos o de la demostración racional; o que en el origen del mundo no intervienen los dioses, sino que la naturaleza ha surgido a partir de uno de sus propios elementos, y que todo es igual de divino. Total, que la vieja vería venir que se le terminaba el chollo, a ella y a todos los que viven de la credulidad de los demás. Así que se fue para casa del filósofo y lo mató.

Mi madre se ha leído el capítulo con media sonrisa en la boca. Al final, lo ha cerrado muy ufana y me ha lanzado el siguiente comentario crítico:

—Ya sabía yo que «el Mileto ese» no era trigo limpio.

A ver qué nos dice ahora mi madre.

—Te parecerá poca cosa quitarle la fe a la gente, arruinar a una pobre anciana, y lo peor de todo: subir el precio del aceite.

Y esto dicho, se ha ido a misa tan contenta. No se apuren por mí. De sobras sé que ponerse de parte de la filosofía resulta casi siempre sumamente descorazonador. Vean, si no, lo que le ocurrió al siguiente filósofo de nuestra lista. Eso sí que da miedo.

2. PITÁGORAS Y LAS HABAS

Según cuenta Hermipo, a finales del siglo VI a. C. Siracusa declaró la guerra a los habitantes de Agrigento (ambas ciudades eran importantes colonias griegas situadas en lo que hoy llamamos Sicilia). Pitágoras y sus discípulos se comprometieron heroicamente con la causa de los agrigentinos. Como suele ocurrir casi siempre que los filósofos se meten en danza, los pitagóricos eligieron el bando equivocado, y al cabo de unas cuantas escaramuzas, las tropas de los siracusanos alcanzaban la victoria y perseguían a muerte a los últimos resistentes. Ante la perspectiva de caer en manos enemigas, Pitágoras y los suyos recobraron la sensatez y optaron por hacer aquello que la inteligencia recomienda en estos casos: correr como locos. Pero, mire usted por donde, en su huida se toparon con un bancal de habas. Pitágoras detuvo su carrera, recuperó la compostura y dijo que prefería morir a manos de los siracusanos, antes que hollar con sus pies el terreno sagrado en que crecían las habas. Sus discípulos conocían las manías de su maestro con las habas, pero no era ese el momento de ponerse a discutir. Quiere decirse que ellos continuaron con su carrera y dejaron a su maestro a merced de las ansias de sangre de los vencedores, cuyo aliento notaban ya en sus cogotes. Instantes después, un soldado muy cumplidor lo agarró de los pelos y lo degolló como a un cochino, sin saber que se había llevado por delante a uno de los filósofos más importantes de todos los tiempos.

Caso curioso el de Pitágoras: ¿Cómo es posible que un hombre sea tan terco y tan «tiquismiquis» como para preferir morir degollado antes que pisar un campo de habas? Mi padre me responde que los filósofos están todos locos y que la pena más grande que tiene él en la vida es verme a mí leyendo estas tonterías en lugar de trabajando en la banca. Pues que sepa mi padre y todos los que sospechen de la filosofía que Pitágoras llegó a este gremio de rebote, porque lo que a este señor le interesaba era convertirse en el fundador de una nueva religión y a eso se debe el que tuviese una muerte tan absurda.

Efectivamente, el núcleo del pitagorismo se centraba en la creencia en la *inmortalidad del alma* y en su progreso a través de sucesivas reencarnaciones, humanas, animales y vegetales. Esta creencia llegó hasta Grecia de mano de los *órficos*, una secta religiosa que, a su vez, se dejó influir por los santones (*gimnosofistas*, para los griegos), que llegaba de la India lejana y misteriosa. Dirán ustedes que qué hacemos nosotros aquí hablando de religión si esto es un libro de filosofía. Tienen razón y a mí me pone más nervioso que a nadie. Sin embargo, he de reconocer que la propia creencia en la inmortalidad del alma llegó a Grecia teñida de un matiz engrandecedor del hombre que es, cuando menos, digno de tener en cuenta. «Nosotros estamos hechos de la misma materia que los dioses», decían los órficos con orgullo, y todo lo que sea levantar la cabeza frente a los dioses es muy de agradecer. Pero es que, además, los pitagóricos imprimieron a esta doctrina un giro que trasciende la religión y convierte a esta secta en una escuela filosófica y científica de primerísima magnitud. Veamos cómo.

Todos cuantos creen en la *transmigración* establecen que el fin de la vida humana es librarse de la corrupción del cuerpo para volver a unirse al espíritu universal, al cual pertenece esencialmente. En lo que varía una u otra doctrina (pitagorismo, orfismo, hinduismo, budismo, etc.) es en el tipo de conductas que nos recomiendan para lograr tal propósito. Pitágoras conservó buena parte de los rituales y prohibiciones propios de este tipo de religiones. Por ejemplo, prohibió comer carne, porque la bestia que uno come puede tratarse del alma de un antepasado. Si la cosa hubiera quedado ahí, Pitágoras no habría pasado de ser uno de esos simpáticos vegetarianos con cara de infeliz que tan de moda están ahora. Sin embargo, a Pitágoras le marcó la vida un descubrimiento que realizó un día que pasó al lado de una herrería y se quedó un rato a escuchar el ritmillo saleroso y la musicalidad que imprimía el herrero a sus martillazos. Al cabo de un rato, Pitágoras cayó en la cuenta de la existencia de una organización numérica en la naturaleza del sonido. Dicho con pocas palabras, Pitágoras descubrió que la belleza musical era explicable mediante proporciones matemáticas. ¡La pera! ¡La repera! ¡El despiporre! Todo esto y más debió de gritar Pitágoras al percatarse de la relación que existe entre la *música* y los *números*. Hasta el punto de pensar que podía ensanchar su descubrimiento hasta abarcar el orbe entero. O sea, que la *cantidad*, la *proporción*, la *estructura matemática*, era el origen de todo, el principio común que unificaba toda la realidad, lo común que subyacía bajo todas las distintas apariencias, eso que Tales había llamado agua; Anaximandro, *apeiron*; y Anaxímenes, aire. Ya ven ustedes cómo se va complicando esto. La filosofía nació *materialista* y llanota; pero, enseguida, se volvió una mocita muy *formal* y refinada, más interesada en las estructuras que en los materiales.

Así pues, el universo, según Pitágoras, está organizado de acuerdo a unas proporciones matemáticas. Así se contempla en el cielo y en la tierra. Todo responde a un orden y a una *armonía*, palabra que los pitagóricos usaron por primera vez fuera del contexto musical. En suma, el universo es *kosmos*, término intraducible que combina las ideas de adorno, orden, correspondencia y *belleza*. Se dice que Pitágoras fue también el primero que usó este vocablo para designar la totalidad de lo que hay.

Si el fin del alma inmortal es disolverse en el alma del *kosmos*, lo primero que habrá de hacer es aproximarse a ese *kosmos* mediante el estudio. El estudioso que contempla las proporciones matemáticas y la belleza armónica del *kosmos* termina por parecerse al objeto de su devoción y se hace *kosmios* (bello, ordenado y armónico) en su propia alma y tiene posibilidades de obtener esa liberación final de la rueda de la vida. Pitágoras acuñó el término *filosofía*, que, literalmente, significa «amor a la sabiduría» para designar una forma de vida consagrada a un estudio que nos hace mejores, que nos libera de las pesadeces de la vida y que no termina nunca, pues el universo siempre nos reserva maravillas que conocer.

No tenemos tiempo (ni ganas) de soltar aquí toda una retahíla de casos en los que se vea claramente la influencia del pitagorismo en nuestra cultura. Baste decir que, de todos los filósofos de la antigüedad, Pitágoras ha sido el que más seguidores ha cosechado, la mayoría de ellos sin saberlo. Nuestro ideal de belleza, por ejemplo, tiene mucho que ver con la proporción y la medida (90, 60, 105, y no me pidan que me explique); el concepto de salud, que también hace referencia al equilibrio y la proporción; y, por supuesto, toda la ciencia moderna, que considera que las matemáticas es el lenguaje que debe hablar un científico si quiere entenderse con la realidad. Todo esto y más es signo del paso de Pitágoras por el mundo.

Pero, ¿qué tiene que ver todo esto con las habas? Pues que Pitágoras decía que las habas contenían mucho aire y que eso demostraba que tenían vida, y, por eso, si te comías un puñadico de habas, en seguida el vientre se llenaba de gases, porque las almas que contenían esas verduras pugnaban por salir al *kosmos* en forma de ventosidades cantarinas. En consecuencia, decidió declararlas sagradas y prohibió su ingestión. Desde luego, las habas son flatulentas. Así que no me extraña que Pitágoras las prohibiera, sobre todo si tenemos en cuenta que vivía con sus discípulos en comunidad y dormían todos en el mismo cuarto. En estos casos lo mejor es sincerarse y Pitágoras hubiera debido explicar a los suyos lo de las pedorretas. Seguro que sus seguidores lo hubieran comprendido. Pero le dio por ponerse trascendente y eso le perdió. Y es que a los filósofos no les va nada meterse en religión. Pitágoras confundió el flato con el espíritu y le valió una cuchillada, y no es más que el primero de una larga lista de pensadores que intentaron combinar la fe con la razón y terminaron su vida de muy mala manera. Pero todo eso ya se verá más adelante.

3. HERÁCLITO Y LA RETENCIÓN DE ORINA

Heráclito de Éfeso murió a comienzos del siglo V a.C. a causa de un exceso de líquidos en el cuerpo, o sea, justo lo contrario de lo que le pasó a Tales. A dicho exceso de líquidos lo llamaban los antiguos *hidropesía* y viene a ser una retención de orina, las más de las veces provocada por la inflamación de la próstata, que es una bomba de relojería que llevamos ahí instalada todos los varones.

—Mira, rico, nosotras nos pasamos la vida menstruando, así que algo teníais que tener vosotros.

Les presento a Cristina, mi compañera. Y la figura que se desprende de su discurso es lo que en las clases de ética se denomina «resentimiento». Espero que el resto de mis lectoras sepan ponerse en el lugar de Heráclito: un varón ilustre, que alguna vez también fue un niño y, como tal, participaría en esos simpáticos concursos de meadas que alegran la infancia de todos los chiquillos del mundo; que, a la edad adulta, disfrutaría de las filigranas dibujadas con el chisporroteante y viril caño de sus orines; hasta que una mala mañana notaría el chorro menos cantarín; al poco, el caño se convertiría en hilo, y éste en goteo agonioso... En fin, una humillación constante y progresiva, que por nadie pase, pero que a Heráclito le tuvo que escocer en lo más hondo de su alma. Piensen que si Tales murió de sed después de haber dicho durante toda su vida que el agua era el origen del mundo, Heráclito se murió sobrado de líquidos después de haber defendido que el mundo era un *fuego siempre vivo*. Tan es así que para curarse se introdujo en un montón de estiércol, porque pensaba que la porquería de los animales sería rica en el fuego que alienta el mundo, y eso le podría secar el cuerpo. Así que imagínense el cuadro: el pobre Heráclito con la próstata como una piña tropical, el genio emberrenchinado, la bosta que le llegaba al cuello y gritando al mundo que todo es fuego. Para no perdérselo.

Poco más sabemos de su vida. En lo que se conserva de sus escritos se le nota a la legua la mala uva, que ya le afectaba desde mucho antes de que se le desgraciara la próstata. Esto del carácter agrio estimula notablemente la inteligencia; ahí están Quevedo, Schopenhauer, Nietzsche, Cioran y tantos otros para demostrar lo bien que se escribe desde el desprecio. Lamentablemente, a Heráclito la mala uva le inspiró un estilo retorcido, como si el entretenerse en explicaciones y razonamientos pacientes hubiera supuesto una concesión que no se merecían sus semejantes. Además, decía, «la naturaleza ama el ocultamiento»; para desvelar los misterios del cosmos convendrá «ni decir, ni ocultarse del todo, sino manifestarse por indicios.» Con todo y eso, Heráclito nos ha revelado un montón de cosas interesantes sobre la naturaleza. Los griegos también debieron de pensar lo mismo, pues lo llamaron «El Oscuro», pero siempre lo situaron entre los grandes del pensamiento.

Decía, por ejemplo, que «la *guerra* es el padre y el rey de todas las cosas; a unos los muestra como dioses, y a otros como hombres; a unos los hace libres, y a otros, esclavos». Ya hemos visto cómo los filósofos habían buscado la permanencia y la estabilidad por debajo de las apariencias que presenta el mundo. Heráclito fue el primero en decir que nuestros *sentidos* nos engañan, porque nos muestran un mundo más o menos estable; sin embargo, si atendemos a la *razón*, que es común a todos, encontraremos que la realidad es esa guerra continua entre contrarios, una lucha que no deja que nada se detenga, que mueve el mundo constante y eternamente. No nos podemos bañar dos veces en el mismo río, porque ni el río es el mismo, ni nosotros tampoco. *Todo fluye,* porque todo está en permanente tensión consigo mismo, como el arco y su cuerda, que, aparentemente, están quietos, pero que esconden la fuerza que lanza la flecha.

Además, encontramos en Heráclito una concepción interesante de la razón, del *logos*, que es un término griego en el que se combinan varios significados: «discurso», «razón», «pensamiento», «definición» serían algunos de los más importantes. Pues bien, Heráclito escupe sus peores insultos sobre nuestras idioteces particulares, nuestras opiniones mostrencas, nuestros prejuicios; la gente parece dormida, dirá, y es preciso que despierten y escuchen el *logos* común que late en nuestro interior. Los sentidos nos muestran un mundo distinto a cada uno de nosotros, pero el *logos* es universal y nos revela que el mundo es uno: una guerra eterna que se simboliza en el fuego siempre vivo. Si supusiéramos que Heráclito creía como los milesios en una materia primordial única a partir de la cual había surgido el mundo, tal materia primordial sería el fuego. Sin embargo, Heráclito no creía que las cosas hubiesen transcurrido de ese modo tan simple. El mundo es y ha sido siempre lucha, tensión, guerra, nacimiento, corrupción, muerte, vida. El fuego, ardiente, temible y bailón, sería la mejor expresión material de ese mundo que no para de guerrear.

Como no podía ser menos, ese *logos* que habla por boca de Heráclito se nos muestra, en ocasiones, tan paradójico como es el propio mundo: «Lo mismo es vida y muerte, velar y dormir, juventud y vejez», nos dejó dicho el pensador de Éfeso, para quien lo sepa entender. Otras veces, nos ofrece unas imágenes alucinadas, bajo cuya extraña belleza, podemos adivinar el fulgor del genio: «El rayo y el sol gobiernan todo; y son nuevos cada día.» O esta otra: «El tiempo es un niño que juega y arroja sus piedrecitas sobre el reino del niño, que es el tablero.» No se preocupen si no lo entienden. Antes que nosotros, una legión de sesudos profesores ha dedicado la mitad de su vida a la comprensión de estos fragmentos con muy pobres resultados. De hecho, no es posible encontrar dos libros que concuerden en la interpretación. A nosotros nos debe bastar con apreciar que, a estas alturas, la filosofía no podía admitir las simples cosmogonías de Tales, Anaximandro y Anaxímenes, ni se podía comprimir el mundo en los límites sencillos de un elemento material. Ya vimos cómo Pitágoras había reclamado más atención sobre las estructuras. Heráclito nos ha invitado a escuchar el *logos*, para comprender que no hay más forma, ni más realidad que la guerra y el devenir. Dice Nietzsche que en eso Heráclito tendrá eternamente razón. Lástima el mal rato que pasó el pobre con lo de la próstata. «Para las almas es muerte convertirse en agua.» Eso dicen que dijo mientras agonizaba.

4. ZENÓN DE ELEA, LA TORTUGA Y EL MORTERO

Zenón de Elea (490 - 430 a. C.) es uno de los grandes mártires de la filosofía, aunque la historia de su muerte es poco conocida. Los ciudadanos de Elea llevaban tiempo padeciendo la dictadura feroz del tirano Nearco, un reyezuelo cruel y venal que entristecía las vidas de quienes se encontraban bajo su mando. Zenón y unos cuantos hombres decentes se unieron para derribar al opresor; pero, oh fatalidad, lo pillaron al inicio de la revuelta. Si bien es cierto que los filósofos suelen ser, en general, torpecillos para cualquier astucia práctica, no lo es menos que, una vez que alcanzan la derrota, se conducen como hombres de una sola pieza y saben ser consecuentes con sus ideas hasta el final. Posiblemente intentan que sus vidas se ordenen con la misma coherencia que exhiben los razonamientos geométricos, esas deducciones bien construidas que causaron la admiración de los filósofos griegos. Sea por lo que fuera, bienvenida sea su conducta cabal: vencer resulta muy fácil para cualquiera; lo difícil es saber perder. En la ocasión que nos ocupa, el tirano ordenó que cargaran de cadenas a Zenón y que luego lo llevaran al ágora, a la plaza principal, en donde lo torturarían minuciosamente hasta que confesara delante de toda la ciudad quiénes eran sus amigos y compañeros revolucionarios. Ahora bien, los filósofos no sólo son especialistas en derrotas, sino, sobre todo, en el ejercicio de la amistad, de modo que Zenón aguantó durante un buen rato las perrerías a que le sometió el verdugo y, cuando parecía que ya no iba a resistir más, se le ocurrió engañar al tirano y declaró que la conjura se había fraguado entre los amigos del rey, con lo cual, quiso que pensara que se había quedado solo frente a una conspiración imparable. Después, pidió al rey que se acercara para contarle al oído los detalles de la traición de algunos consejeros muy poderosos. Cuando Nearco se aproximó a su prisionero, Zenón le mordió la nariz y se la arrancó de cuajo. Acto seguido, cortó su propia lengua con los dientes y la escupió sobre la cara destrozada del dictador. El tirano encajó fatal la bromita de Zenón, ya ven ustedes qué poco sentido del humor, de modo que ordenó, entre bramidos de dolor, que introdujeran al filósofo en un mortero y lo molieran hasta quedar reducido a partículas. Así se hizo, pero la muerte del filósofo no fue en vano. El pueblo se indignó ante la injusticia de su rey y admiró la valentía de su filósofo. De modo que, a los pocos días, los eleatas se levantaron en armas contra su desnarigado señor, lo ahorcaron en mitad de la plaza en que había muerto Zenón y a éste le levantaron un gran monumento en bronce en memoria por su comportamiento heroico.

Un hombre admirable este Zenón. Sin embargo, en la historia de la filosofía suele aparecer como discípulo de Parménides, y apenas se dice nada de él. Permítanme a mí que cambie la costumbre y dedique este capítulo al discípulo, en lugar del maestro, que seguro que era uno de los conjurados que vio desde el público cómo Zenón se tragaba su sangre y su dolor para no traicionarlo. Eso sí, no vamos a negar la importancia de Parménides y vamos a explicar su doctrina, porque de ella se deriva la de Zenón. Y no sólo la de Zenón: Parménides arreó una sacudida al pensamiento que lo dejó tiritando, y todos los que vinieron detrás de él sintieron que debían rendir cuentas ante este pensador singularísimo, al que Platón otorgó el título de padre de la filosofía. De modo que a Zenón le sobraban motivos para admirarle y quererle como lo hacía. Además, dicen las malas lenguas que la relación entre Parménides y Zenón era extremadamente entrañable, ya me entienden, y no me extraña, porque estos griegos eran la mar de cariñosos, y cuando se ponían a hablar de filosofía, enseguida se les encendían las pasiones. Hoy día eso no pasa tanto, estén ustedes tranquilos.

Parménides sostuvo exactamente lo contrario que Heráclito. Si éste decía que el cambio era la única realidad, aquél defendió que el cambio era imposible y que no existía más que un ser único, eterno, inmutable e indivisible. Lo mejor de todo es que ambos tenían razón. Vamos a ver si consigo que ustedes comprendan esta aparente paradoja.

El principal problema que tiene Parménides es que resulta tan razonable, que no se puede soportar. Eso es precisamente lo que se quiere decir cuando se afirma que su pensamiento es *aporético*. *Aporía* es un término griego que significa «camino sin salida». Aplicado a lo nuestro, se refiere a un razonamiento que parte de premisas ciertísimas, de esas que los castizos llaman *impepinables*; a continuación emplea la lógica con todo rigor, esto es, que no hace trampa ninguna y deduce por derecho; lo malo es que termina por llevarnos a una conclusión que no podemos admitir de ningún modo. O sea, que nos da la impresión de que la razón se divorcia de sí misma y que nos vemos obligados a decir que sí y que no a lo mismo y por lo mismo.

—A eso se le llama esquizofrenia —puntualiza mi mujer—. Esquizofrénico prostático, cuando se alcanza cierta edad —remacha.

—Hijo, igual aún estás a tiempo de opositar a la banca.

Esto es de mi padre, claro. Bien. Tengamos paciencia. La misma que les pido a ustedes para que atiendan a estos razonamientos de Parménides y juzguen por sí mismos si esto es una locura o algo más profundo.

Dice Parménides que lo que tienen en común todas las cosas no es el número, ni el agua, ni el aire, ni el fuego, ni el *apeiron*, ni nada de esto. Lo que une a la realidad es, ni más ni menos, el *ser*, pues, en efecto, todas las cosas *son*, antes de ser agua, fuego, o lo que sea. Así pues, la filosofía ha de dedicarse al estudio del *ser*. Hasta aquí, nada que objetar. Lo siguiente será reconocer qué es lo que sabemos del *ser*, y Parménides establece estos dos principios:

A) El *ser* es, y es imposible que no sea.

B) El *no-ser* no es, y es imposible que sea.

—Hijo mío, ¿por qué no dejas esas memeces y me haces abuelo?

Ese ha sido mi padre, otra vez. Y ahora vuelve a la carga mi mujer:

—Loco, preprostático y, encima, perogrullesco.

Confío en que ustedes sepan apreciar lo que viene ahora, que son las consecuencias que Parménides extrae de ese par de perogrulladas:

1. Si el *ser* es y el *no-ser* no-es, entonces sólo hay un *ser*, porque si existiera otro *ser* distinto del *ser*, ya no sería el *ser*, o sea, sería el *no-ser*. Pero el *no-ser* no es; por consiguiente, sólo hay un *ser*.

2. Si el *ser* es y el *no-ser* no es, entonces el *ser* es inmóvil, porque, para moverse, necesitaría ir a algún sitio distinto de él mismo; pero, cualquier cosa distinta del *ser* es el *no-ser*, y el *no-ser* no es, o sea, que no hay ningún sitio al que ir. Así que el *ser* es inmóvil.

3. Tampoco tiene movimiento en su interior, porque para poder moverse tendría que tener partes, y para tener partes, tendría que haber algo entre medias que fuera *no-ser* entre una parte del *ser* y otra parte del *ser*. Pero el *no-ser* no es, así que no tiene partes ni movimiento alguno en su interior.

4. Por último, el *ser* es eterno, esto es, no ha nacido ni morirá nunca, porque el nacimiento es el paso del *no-ser* al *ser*. Pero, como no existe el no-ser, no puede existir el nacimien-

to. Y la muerte sería el paso del *ser* al *no-ser*. Pero, como el *no-ser* no es, tampoco existe la muerte.

Si siguen ahí y se sienten perdidos no se dejen dominar por la angustia y vuelvan a leerlo. Esto no lo entiende nadie a la primera. Ya les dije hace unos capítulos que la filosofía se expone por escrito, porque conviene repasar. En todo caso, les aseguro que Parménides razona bien, extremadamente bien. Y concluye que *el mundo es un ser eterno, inmóvil y compacto*. O sea, justo lo contrario de lo que sabemos que es: múltiple, lleno de nacimientos y muertes, y en perpetuo movimiento. ¿Qué ha pasado aquí, entonces? ¿Es que va a resultar ahora que esa razón con la que los griegos se enfrentaron al mito para ofrecernos una imagen más acertada del mundo no sirve nada más que para pensar lo uno, lo eterno, lo inmóvil; o sea, lo que no es, ni por asomo, el mundo en que vivimos?

Pues imagínense la impresión que debió de causar a los filósofos griegos, que tan orgullosos se mostraban de ese logos común del que hablaba Heráclito, de esas demostraciones geométricas que constituían el ideal metódico que buscaba la filosofía, y que ahora parecían haberles traicionado, dejándolos en la estacada, convirtiéndolos en personajes estrambóticos a los ojos de sus conciudadanos. Menos a los de Zenón, quien estaba convencido de que su maestro había descubierto algo importante y dedicó todo su empeño intelectual a construir unas *aporías* nuevas que callaran las voces de los críticos. Aquí vamos a exponer una de ellas, la más famosa, la de Aquiles y la tortuga. Antes de comenzar, aclararé que Aquiles era para los griegos un héroe bien conocido por sus habilidades como corredor. «Aquiles el de los pies ligeros», tal es el apelativo que le dedica Homero en la Ilíada. La tortuga, ya lo sabemos, tiene fama de todo lo contrario. Pues bien, dice Zenón lo siguiente:

Imaginemos que una tortuga se acerca a Aquiles y le reta a una carrera. El héroe no saldrá de su asombro ante el descaro del animalillo, pero, divertido, aceptará el reto. Entonces la tortuga, astutamente, pide al hombretón que le conceda algo de ventaja. Antes que corredor, Aquiles es un perfecto caballero, de modo que invita a la tortuga a tomarse toda la ventaja que desee. La tortuga le responde que no quiere abusar y que sólo se va a tomar unos cuantos metros. Cuando los contendientes ocupan sus posiciones, un juez da la salida y ambos parten a toda velocidad. Ahora bien, antes de llegar a la meta, Aquiles habrá de pasar por el punto del que partió la tortuga y eso le llevará un cierto tiempo. En ese tiempo, la tortuga, que es lenta, pero no tonta, recorre algo de espacio. Mucho menos que el que ha recorrido Aquiles, pero algo avanza. Así que cuando Aquiles llega al punto del que partió su contrincante, se da cuenta de que el bichillo ya va por delante. Muy poco por delante, pero poco es algo, y para recorrer *algo* de espacio hace falta *algo* de tiempo. Y la tortuga, que no es tonta, ya saben, aprovecha ese tiempo para avanzar otro poquito. De modo que mantiene cierta ventaja, poquísima, pero algo es algo. Entonces, Aquiles sigue, y eso le lleva un tiempo... y así una y otra vez. O sea, que Aquiles no termina de coger nunca a la tortuguita de las narices.

Sin embargo, nosotros (y Zenón y Parménides) sabemos que Aquiles alcanza a la tortuga, ¡vaya si la alcanza! Así que algo falla en el razonamiento. Y ese es precisamente el problema, que el razonamiento, por lo que sabían los griegos, era impecable. Es más, había en él cierto aire geométrico que le daba una grandeza y una solidez temibles.

Total, que Zenón termina de rematar la faena iniciada por su maestro Parménides y entre ambos plantearon a la filosofía el siguiente problema: si el pensamiento piensa bien, no puede pensar el movimiento, ni la pluralidad, ni el nacimiento, ni la muerte; pues pensar cualquiera de estas cosas implica incurrir en contradicciones, que es justo lo que no se debe hacer al pensar. Y el que venga detrás que arree.

Y tanto que tuvieron que arrear. A los filósofos que les siguieron les tocó refinar ese *logos* común, dotarlo de instrumentos, de herramientos de pensar, de conceptos con los que podamos explicarnos a nosotros mismos y a los demás el mundo plural, caduco e inquieto que nos rodea, y, naturalmente, todo ello sin contradecirse. O sea, que hay que poner de acuerdo nuestra razón con nuestros sentidos; el pensamiento, que se empeña en pensar lo Uno-Eterno-Inmóvil de Parménides; y los sentidos, que nos muestran lo Múltiple-Vivo-Cambiante de Heráclito. Pero, ojito con esto: el *ser* es y es imposible que no sea; el *no-ser* no es, y es imposible que sea. ¿Alguien se atreve a negarlo? Y ¿a alguien se le ocurre una solución a la aporía de Aquiles y la tortuga, que no niegue lo anterior? Vayan ustedes pensando en algo, a ver si son capaces. De momento, les adelanto que la solución más ingeniosa que se le ofreció a Zenón tiene mucho que ver con el mortero ese que lo redujo a pedacitos. Como si al morir, Zenón de Elea hubiera querido dejar una pista para que la filosofía solucionara los problemas que él mismo había planteado. Lo veremos en el próximo capítulo.

5. DEMÓCRITO, LA MELANCOLÍA Y LOS PANES CALIENTES

En su *Anatomía de la melancolía*, Robert Burton (1577-1640) nos dice que Demócrito de Abdera (460 - 370 a. C.) se murió de risa melancólica. Antes de morirse, Demócrito vivía en el campo y dividía su tiempo entre el estudio, el cuidado de su huerta y los paseos por el monte. En los últimos años de su vida era fama que se reía mucho, aparentemente sin ton ni son. Esta risa tonta llegó a preocupar a los ciudadanos de Abdera, hasta el punto de solicitar la ayuda del médico más hábil de toda Grecia: el gran Hipócrates. Cuando éste escuchó el caso, salió al monte a recoger un buen manojo de eléboro, que es una hierba que serena el ánimo, aclara el hígado y refrena la locura, y, así pertrechado, se presentó en la casa del filósofo sospechoso de locura. Demócrito lo recibió con la misma cordialidad con que recibía a los numerosos visitantes que acudían a pedirle consejo. Compartió con su huésped las viandas sencillas con que se nutría, y supo por Hipócrates que la ciudad se preocupaba por la salud de su mente. Demócrito respondió con palabras alegres, vehementes y de una gran sabiduría. Antes de que se hiciera de noche, Hipócrates regresó a Abdera y acudió al *ágora* para poner en conocimiento de los ciudadanos las conclusiones que había sacado de su visita al sabio. A juicio de Hipócrates, Demócrito se encontraba perfectamente sano y cuerdo. Es más, a lo largo de la conversación que había mantenido con el sabio, había llegado al convencimiento de que quienes necesitaban del eléboro eran él y el resto de los ciudadanos de Abdera, que se afanaban en cosas inútiles en lugar de dedicarse a la vida sencilla y a la contemplación de la verdad, como hacía el filósofo. De ahí surgía esa risa inextinguible que preocupaba a los abderitanos: de ver cómo la gente perdía sus vidas en sandeces, con lo fácil que es alcanzar la felicidad. Sin embargo, según Burton, esta risa ácida que brota de la contemplación de las miserias del mundo, unida a la vida de estudio y a la soledad, son propias de los caracteres dominados por Saturno, el iracundo planeta que gobierna la melancolía. Además, la risa melancólica produce en el organismo un exceso de *atrabilis*, también llamada bilis negra, lo cual, con toda certeza, terminaría por minar de verdad la salud de Demócrito, no la mental, pero sí la del resto del cuerpo, hasta acabar, incluso, con su vida. O sea, que, si yo no lo he entendido mal, Demócrito se murió de risa, que es una muerte bien graciosa, cómo no. Y la mar de filosófica, además.

Entre los antiguos Hermipo nos aclara cómo transcurrieron sus últimos días. Parece ser que una mañana el filósofo se levantó de la cama particularmente atrabiliario, y, harto ya de afanes y trajines, mandó llamar a su hermana, que era el único pariente que le quedaba vivo, y le dijo que estaba a punto de morirse. La mujer rompió a llorar y a tirarse de los pelos, no por la pérdida inminente de su único hermano, sino porque a éste se le había ocurrido morirse en plenas *tesmoforias*, que eran unas fiestas de lo más animadas, y, claro, con un muerto en casa, a ver cómo se divertía ella, y que si «como a ti no te gustan estas cosas», y «tú el caso es incordiar», y que «si quisieras de verdad a tu hermana no le harías esta faena»...Total que, por no oírla, Demócrito se encerró en su cuarto y se metió en la cama a ver si, a base de escarbar entre sus ideas filosóficas, se le ocurría alguna solución, aunque no parecía asunto fácil, porque ya se notaba la muerte en su interior. Pero, al poco tiempo, Demócrito llamó a su hermana al lecho y le dijo que si quería que no muriese durante las fiestas, habría de traerle todos los días un par de panes calientes para que él se los pusiera en las narices y pudiera, con ello, retrasar el enfriamiento de los átomos del alma. Así se hizo y Demócrito, efectivamente, no murió. Pero, pasada la semana de fiestas, la hermana se presentó en casa de su hermano sin los panes y con cara de funeral. Y a Demócrito le dio tal risa de ver la resaca fúnebre que traía encima su hermanita, que se le puso la *atrabilis* por las nubes y se murió sin experimentar dolor alguno, sino todo lo contrario.

Los abderitanos querían mucho a Demócrito porque había elaborado para ellos un buena constitución democrática. Pero, el nombre de este filósofo ha pasado a la posteridad por haber sido el primero en pensar que la realidad estaba compuesta de *átomos*. Como es natural, la historia de la ciencia presenta a este autor como un anticipador de las teorías modernas. Hemos de decir, sin embargo, que, en Demócrito, la teoría atómica no surge a partir de ningún experimento, ni tiene el menor matiz matemático. Pero eso no obsta para que el pensamiento de nuestro autor se convirtiera, desde un principio, en una tradición que pasó de boca a oído a lo largo de toda la historia de la filosofía y de la ciencia, siempre perseguido por la ciencia oficial, por la teología y, muy principalmente, por la filosofía escolástica, rancia y pedorra que se explicaba en las universidades católicas; hasta que, en el siglo XIX se consolidó como el mejor modo de comprender la estructura de la materia. La razón de que el nombre de Demócrito fuese tan maldito se debe, sobre todo, a su materialismo, que es doctrina que suele caer muy antipática a todos los beatos. También tuvieron mucho que ver los dos grandes gigantes de la filosofía griega, Platón y Aristóteles, a quienes no cayó en gracia el pensamiento de este hombre. Platón lo ninguneó rigurosamente y se dice que compraba todos los ejemplares que encontraba de la obra de Demócrito para quemarlos cuando no lo veía nadie. Aristóteles, menos visceral, dirigió contra la filosofía de Demócrito numerosas y sensatísimas críticas que lograron dificultar enormemente el éxito de este pensamiento. Pero, antes de criticarlo, veamos cuáles son sus rasgos principales.

En el capítulo anterior Parménides y Zenón nos demostraron que nada podía nacer (pasar del *no-ser* al *ser*), ni morir (pasar del *ser* al *no-ser*). Sin embargo, cualquiera puede ver que las cosas se generan y se destruyen continuamente. Y dijimos que de lo que se trataba ahora era de conciliar ambas cosas. Recuerden también que les advertí que la muerte de Zenón ofrecía una pista de cuál podría ser la solución. Pues bien, imagínense que introducimos algo en un mortero (unas cuantas hebras de azafrán, por ejemplo), como hicieron con el pobre Zenón. Si lo machacamos suficientemente, podemos convertirlo en un polvo finísimo. Pero, a partir de un cierto punto, por más que insistamos, no haremos sino revolver el polvillo, porque ya no se puede machacar más. Y lo que nunca conseguiremos será hacer desaparecer lo que habíamos introducido en un principio. Cambiará su aspecto, pero no llegará a convertirse en un *no-ser*. Demócrito elaboró la siguiente conjetura para explicar este fenómeno: los cuerpos visibles son agregados *de pequeñas partículas sólidas*, cada una de las cuales es *indivisible*, *impenetrable*, *eterna* (como el Ser de Parménides) y tan diminuta que nos resultan invisibles. Demócrito acuñó el término *átomoi* que significa, precisamente, «indivisible» para referirse a estas partículas. Estos átomos nadarían en el vacío, en sentidos y direcciones puramente casuales y azarosas, y chocarían unos con otros, de modo que unos se juntarían y formarían cuerpos (a esto lo llamamos nacer) que, más tarde, se disgregarían (se morirían, diríamos en lenguaje corriente); pero el universo contiene desde siempre la misma cantidad de átomos.

La primera crítica de Aristóteles le llegó precisamente en este punto. Lo que más le duele de Demócrito es precisamente que afirme que los átomos se mueven, sin explicarnos cuál sea la causa de ese *movimiento*. Para Aristóteles todo tenía que tener una causa (para ser más precisos, cuatro, pero eso lo explicaremos cuando lleguemos al capítulo que dedicaremos a este pensador) y conocer algo suponía poder ofrecer un recuento minucioso de sus causas. De ahí el coraje que le entraba cuando veía que Demócrito se dejaba sin explicar el origen del movimiento. Sin embargo, hemos de decir que en este punto la concepción de Demócrito era mucho más fina que la de Aristóteles, y aquí nos vamos a meter en una buena discusión filosófica. Ya me relamo de gusto. Síganme y verán qué interesante pueden llegar a ser estas cosas.

Parménides había dicho que el *Ser* carecía de movimiento porque llenaba el mundo por completo, porque era plenamente pleno, porque no había vacío, de modo que resultaba imposible moverse en su interior. Sin embargo, Demócrito afirmaba valientemente la existencia del vacío, lo cual cambiaba muchísimo el panorama. En un mundo sin vacío, no hay ninguna razón por la que los átomos no se puedan mover. ¿Por qué se mueven? pregunta Aristóteles; y ¿por qué no han de moverse? respondería Demócrito. Se mueven porque sí, porque esa es su naturaleza. Aristóteles se empeñaba en considerar que el estado natural de los cuerpos es el reposo y que todo se detiene si le das el tiempo suficiente. Sin embargo, Demócrito fue más original al pensar que el estado natural de sus átomos podía ser el movimiento, un movimiento en todas las direcciones, porque en el vacío no hay arriba, ni abajo, ni izquierda, ni derecha.

Este asalto, pues, se lo apuntamos a Demócrito, pero la guerra fue más larga y Aristóteles no era manco. La batalla siguiente se libró en torno al vacío. Afirmar la existencia del vacío no es moco de pavo. Igual ustedes piensan que sí, pero en aquella época cualquier persona sensata sabía que la naturaleza muestra por todas partes un horror al vacío difícil de contradecir. El vacío era imposible, absurdo: «Lo que *no-es* existe lo mismo que lo que *es*» afirmó Demócrito para referirse a la existencia del vacío, y nada más leer la frase nos damos cuenta del sapo que se tuvo que tragar: creer en el vacío suponía creer que el *No-ser* es. O sea, un disparate. Sin embargo, Demócrito está dispuesto a cargar con semejante culpa, porque aún le parece mucho más insensato afirmar que el Ser es uno, eterno e inmóvil, como decían los partidarios de Parménides. Ya veremos cuando le toque el turno a Aristóteles cuál fue su respuesta a esta cuestión. No se la pierdan, porque es canela en rama. Por ahora, dejemos que Demócrito disfrute de la victoria, que para eso está en su capítulo.

No se trata de darle la razón como si fuera un borracho. El atomismo ofrecía una imagen del mundo lúcida, innovadora y coherente, y solucionaba bastante bien los problemas pendientes de la filosofía. Por ejemplo, desde la visión del mundo de los atomistas, la tortuga de Zenón pierde la carrera porque el espacio no es divisible hasta el infinito, que es lo que erróneamente presuponía la aporía del de Elea, sino que consta de un número concreto de átomos, que Aquiles recorrerá en un tiempo determinado, siempre mucho menor que el de la tortuga. Ya está. Y que no nos líen más con este asunto. Además, Demócrito se esforzó notablemente en explicar todos los fenómenos desde esta nueva teoría. Según nos dice, los átomos difieren únicamente en forma y tamaño. Estas propiedades por sí solas explican la multitud de aspectos que presenta el mundo ante nuestros sentidos. Así, las cosas duras lo son porque sus átomos están más agrupados; mientras que en las blandas hay más cantidad de vacío entre un átomo y otro. Las cosas dulces están formadas por átomos lisos, mientras que los sabores agrio y amargo se deben a unos átomos ganchudos o picudos que producen pequeñas escoriaciones en la lengua. Los colores se explicaban por la disposición de los átomos sobre la superficie de los objetos, pues eso supone que la luz se refleje de un modo u otro. La misma luz es un flujo de átomos finos y sutiles que se mueven muy rápidamente a causa de su redondez perfectísima y de su pequeñísimo tamaño. Incluso el alma de los seres vivos, el principio vital que mantiene vivo al organismo, también está compuesta por átomos, redondos, sutiles, finísimos y muy volátiles a causa de su calor interno. Por eso Demócrito se colocó dos panes calientes en la nariz para retrasar su muerte, porque los átomos de las hogazas recién hechas penetrarían por los conductos respiratorios y nutrirían los átomos del alma, evitando que éstos se disgregaran y se perdieran por el universo.

Un genio excepcional, sin duda, este Demócrito, al que debemos la idea de átomo, uno de los conceptos más fecundos para interpretar el mundo. Lástima que la hermana no le llevara más panes. Pero aún nos queda la alegría de saber que todos y cada uno de los átomos que, juntos, formaron al hombre Demócrito, aún siguen con nosotros desparramados por ahí. Hasta puede que alguno de ellos forme parte de nuestro cuerpo. De ser así, seguro que es el más excelente de nuestros átomos. Y siempre lo será.

6. SÓCRATES Y LA CICUTA

«Santo Sócrates, ruega por nosotros»: así rezaba Erasmo de Rotterdam, un humanista del Renacimiento a quien no parecía importarle que Sócrates hubiera vivido cuatrocientos y pico años antes de Cristo para proclamarlo santo. Desde luego, de Sócrates (470-399 a. C.) se puede decir que fue un adelantado a su época, pero no implica que hubiera de ser un cristiano; ni tan siquiera un precristiano. Sí debía de ser una persona buenísima (mejor que muchos cristianos, santos incluidos) a juzgar por lo que cuentan quienes lo conocieron de cerca. Su discípulo Platón, por ejemplo, lo consideraba como el más bueno, sabio y justo de todos los atenienses. Pero nada de esto le sirvió para congraciarse con sus conciudadanos. Ya hemos visto que a casi todos los filósofos les pasaba lo mismo, que eran un poco como extranjeros en su casa. El caso de Sócrates fue, desde luego, el más extremo, pues sus paisanos, esos mismos atenienses tan cultos de quienes decimos que son la fuente de la que mana nuestra civilización, se reunieron en asamblea para juzgar y condenar a muerte a este hombre honrado, héroe de tres batallas y que siempre defendió en público y en privado el amor a la patria como una de las principales virtudes que deben adornar a un hombre de bien.

La acusación partió de dos ciudadanos, quienes dijeron de él que corrompía a los jóvenes y no creía en los dioses de la ciudad. Respecto al primero de los cargos, podría parecer que los atenienses acusaban a Sócrates de tocar el culo a sus alumnos, o algo así. Pero los griegos no veían con malos ojos la homosexualidad, ni tan siquiera cuando se daba entre un profesor y un alumno. Al contrario, se pensaba que no había mejor pedagogía que la que pasaba por un buen magreo. Así que, aunque Sócrates mirase con ojos golosos a sus alumnos (que parece ser que sí, que le gustaban bastante más que su esposa, que tenía muy mal carácter), los tiros iban por otro lado. A Sócrates le reprochaban el que varios seguidores suyos habían participado en la sangrienta dictadura de los treinta tiranos. Ahora bien, como dijo Sócrates en su defensa, él no podía ser responsable de las barbaridades que hubieran llevado a cabo sus discípulos, y la prueba es que también podía presumir de contar con alumnos respetables y buenos demócratas. Es más, cuando uno de los tiranos le exigió que colaborara con el gobierno y delatara a ciudadanos contrarios a la tiranía, Sócrates se negó valientemente, poniendo en peligro su propia vida. Pero los nombres de los alumnos corruptos eran demasiado conocidos en Atenas, y su relación con Sócrates, también. De modo que a la gente le cabía la duda de si él no habría tenido algo que ver en los turbios manejos de aquéllos. Y aún le quedaba defenderse de la acusación de impiedad. Esto de no creer en los dioses de la ciudad nos puede sonar hoy a rechifla, pero para los griegos se trataba de una acusación bastante grave. La unión entre el estado y la religión era total. Atenas recibía su nombre de la diosa Atenea, y las fiestas en honor de la diosa eran las fiestas en honor de la patria, y su templo, en la Acrópolis, el centro neurálgico de la ciudad, y quien insultaba a la diosa, insultaba a la ciudad, y los griegos pensaban que si consentían ofensas a sus dioses tutelares, podrían atraerse la cólera divina, que siempre se manifestaba en forma de epidemias, desastres militares o, incluso, terremotos. Así que, decir irreligiosidad equivalía a decir alta traición. Sócrates, sin embargo, jamás habló en contra de los dioses de la ciudad y participaba, como todo buen ciudadano, en los grandes festivales religiosos. Pero había sido visto con frecuencia en compañía de otros filósofos (los sofistas, de los que hablaremos un poco más adelante) que sí que eran ateos más o menos declarados. Y aunque su relación con los sofistas era de rivalidad intelectual, el pueblo ateniense no estaba para sutilezas y consideraba que Sócrates y los sofistas comían todos en el mismo pesebre. Así que, concluida la votación, Sócrates fue considerado culpable por mayoría simple. Todo esto nos lo cuenta Platón en la *Apología*, una obrita muy amena y fácil de leer que les recomiendo vivamente a todos ustedes. Pero lo mejor estaba aún por llegar.

En efecto, una vez considerado culpable, el juicio entraba en su segunda fase, en la que los acusadores solicitaban una pena y el culpable suplicaba que se la rebajaran por otra más leve. En el caso de Sócrates, la acusación solicitó la pena de muerte, una pena a todas luces excesiva, sobre todo si tenemos en cuenta que los cargos no tenían mucho sustento y que la votación que le había declarado culpable había sido muy ajustada. Así que, cuando le llegó el turno a Sócrates, todos esperaban que se presentaría en el juicio acompañado de su familia, con la ropa rasgada y sucia, en plan llorica, humildísimo y dispuesto a pagar una multa, o a solicitar el destierro, o algo así. Pero no; Sócrates se alzó orgulloso y limpio. Volvió a proclamar su inocencia y solicitó de los atenienses que, puesto que él había dedicado su vida a mejorar a la juventud, sin cobrar nunca nada a cambio, lo justo era que la ciudad lo tratase como a un héroe. Consecuentemente, pidió como pena el ser mantenido en un palacio y recibir una recompensa por parte de Atenas. Sus discípulos se ofrecieron a pagar una multa en su nombre y Sócrates dijo que aceptaría gustoso, siempre y cuando la ciudad le permitiese continuar con esas actividades «corruptoras», que para él eran más importantes que la vida misma. Naturalmente, los jueces no podían consentir semejante burla y lo condenaron a muerte.

Sócrates fue encerrado en una cárcel a la espera del cumplimiento de la condena. Pero sus amigos lograron sobornar a los carceleros y apañaron su fuga. Sin embargo, la noche que se presentaron en el calabozo de Sócrates para proponerle el plan, éste se negó en redondo y replicó que durante toda su vida se había beneficiado de las leyes de Atenas, y que siempre había defendido que los intereses de la ciudad estaban muy por encima de los intereses del individuo. Ahora que esa misma ciudad y sus leyes exigían su muerte, sería un desagradecido y un inconsecuente si eludiese su aplicación. Este episodio nos lo narra Platón en el *Critón*, un diálogo también precioso.

Por último, el día de la ejecución, los verdugos trajeron a Sócrates la copa con la cicuta, un veneno prácticamente indoloro con el que los atenienses ejecutaban las penas capitales. Cuantos lo rodeaban se sentían desolados, algunos no podían contener un llanto desesperado, pero Sócrates se erigió, una vez más, en el centro de la reunión, alzó su voz serena, pidió que sacasen a los más histéricos y consoló a todos con palabras dulces y argumentos razonables en los que, por primera y brillantísima vez, la filosofía le arrebató a la religión el papel de prepararnos para asumir nuestra muerte con dignidad. Concluida su lección, Sócrates empuñó la copa del veneno con mano firme, la apuró de un trago y murió con toda la serenidad de un gran sabio. Todo esto nos lo cuenta, una vez más, Platón en el *Fedón*, uno de los libros más bonitos, profundos y emotivos que se han escrito jamás; aunque me da un poco de miedo recomendarles su lectura, no vaya a ser que les pase lo que a mí, que lo leí muy jovencito y me inoculó el veneno de la filosofía, esa misma ponzoña que aún arrasa mis venas y que me impulsa a escribir estas páginas, cuyo tono, por momentos, apasionado, espero que ustedes sepan perdonar.

Pero veamos quién fue y, sobre todo, qué dijo este hombre a quien sus conciudadanos tomaron por un sofista antipático, pero que se supo ganar el amor más profundo de todos sus amigos. Se suele decir que el principal invento de Sócrates fue la *ética.* Éste es uno de esos términos prestigiosos que suele emplear todo el mundo, sin saber muy bien lo que significa. Pero a ustedes ya no les ha de pasar esto, porque aquí está este libro para remediarlo. La ética es el estudio filosófico de la moral. Y la moral sería el conjunto de sugerencias, consejos y normas con los que nos orientamos a la hora de decidir qué hacemos con nuestra *libertad.* ¿Ven que fácil? Si ahora ustedes quieren saber lo que es la libertad, eso es signo de que ya se han convertido a la filosofía. Estén atentos a los síntomas, porque esta enfermedad tiene mala cura. De momento, consuelen sus ansias de conocimiento con esta definición de libertad, que es del profesor don Gustavo Bueno, uno de los grandes socráticos que nos quedan en España: la libertad sería la capacidad de hacer aquello que me constituye como persona en el conjunto de la sociedad de personas. No me pidan que se lo explique, porque si lo hago no terminamos nunca. Volvamos, mejor, a Sócrates, que fue el primero en dedicarse a estos asuntos. Antes de esto, ya lo sabemos, los filósofos habían estudiado la naturaleza. Pero, ya hemos visto que la filosofía había crecido rápido y se había convertido en una mocita demasiado alambicada, lejana, sofisticada e incomprensible para el sentido común de los griegos. Por la época de Sócrates, un ciudadano inteligente que se interesara por la filosofía natural se hallaba ante el dilema de creer, con Parménides y Zenón, que sólo hay un ser, que es eterno y que es inmóvil, y por si no se lo creía, ahí estaba la demostración de que Aquiles no atrapaba a la tortuga. O bien, si esto le parecía absurdo, no le quedaba más remedio que volverse hacia Demócrito, para encontrarse con un mundo compuesto por unos cuerpecillos invisibles, que danzan en el vacío, o sea, en medio de la nada. Total, que «de Guatemala a Guatepeor». Así las cosas, no es de extrañar que los griegos anhelaran ocuparse de cosas más sencillas, más humanas. A ellas se dedicó Sócrates, en dura competencia con los *sofistas*, que es una palabra que, en principio, significó «maestro de sabiduría», pero que, después de la crítica que de ellos hicieron Sócrates y, sobre todo, Platón, ha adquirido un matiz peyorativo y hoy significa algo así como «listillo que engatusa con su verborrea fácil pero hueca».

Más que una escuela filosófica, la sofística fue una profesión: la de pedagogo ambulante. Quienes la desempeñaron supieron aprovecharse de las ganas que sentían los ciudadanos atenienses de ser dirigidos y orientados en los asuntos prácticos, sobre todo en aquellos que tenían que ver con su recién estrenada democracia. En efecto, Atenas era una democracia lo bastante pequeña como para garantizar la participación activa de todos los ciudadanos. Los cargos más importantes se proveían por sorteo y la asamblea convocaba a la totalidad de los ciudadanos, no a unos representantes, como nuestros diputados. De modo que todos los ciudadanos tenían la posibilidad y el deber cívico de dirigir los negocios del estado. No es de extrañar, pues, que demandaran una enseñanza que les capacitara para tan altas tareas y que no tardasen mucho en surgir quienes se sentían capaces de ofrecer ese tipo de enseñanzas: los *sofistas*.

Pero, aunque no formasen una escuela, sí podemos decir de todos ellos que compartían ciertos puntos. En primer lugar, la naturaleza práctica de su enseñanza. Los sofistas no se entretenían con teorías, sino que enseñaban, sobre todo, *oratoria*, o sea, a hablar en público, para que la gente pudiera defender exitosamente sus ideas en la asamblea, por muy estúpidas que fuesen esas ideas. En esto los sofistas recuerdan a los asesores de imagen que tienen nuestros políticos, que les enseñan a decir las mayores tonterías con la voz engolada y la mirada preñada de futuro. En segundo lugar, los sofistas compartían el *escepticismo*, que es una actitud filosófica que no admite la posibilidad de un conocimiento absoluto sobre nada. Para entender esto último supongamos que el conocimiento fuera una fotografía; pues bien, para que haya un conocimiento absoluto (una buena foto), es preciso contar con unos sentidos y una mente claros (una buena cámara fotográfica) que nos pongan en contacto fiable con una realidad externa fija (aquello que vayamos a fotografiar ha de estarse quieto). Los sofistas afirman que nuestros sentidos y nuestra mente nos engañan con frecuencia cuando nos muestran el mundo (o sea, que la cámara está estropeada) y que la realidad es perpetuamente mudable, tal y como había enseñado Heráclito (es decir, que aquello que vamos a fotografiar no para de moverse). Total, que no disponemos de un conocimiento del que nos podamos fiar al ciento por cien (esto es, que las fotos nos salen borrosas, y, a veces, ni salen). El escepticismo, en sí mismo, es una actitud muy sana desde el punto de vista filosófico. Podríamos decir que toda filosofía decente debería comenzar sus tareas desde ese escepticismo. Veamos, por ejemplo, lo que dice Protágoras, que es uno de los sofistas más inteligentes, respecto a los dioses: «En lo que concierne a los dioses, no dispongo de medios para saber si existen o no, ni la forma que tienen; porque hay muchos obstáculos para llegar a ese conocimiento, incluyendo la oscuridad de la materia y la cortedad de la vida humana.» Una afirmación muy valiente, para una época en que la impiedad se castigaba con la muerte. De hecho, Protágoras tuvo que salir corriendo de Atenas, y se libró por poco de tener que beber la cicuta. Murió en pleno viaje. Lo cual es una buena muerte para un sofista, pues, como dije más arriba, se pasaban la vida de un sitio a otro. También fue Protágoras quien dijo aquello tan famoso: «El hombre es la medida de todas las cosas», que significa que el hombre es el centro del mundo y, además, que la manera como las cosas se le presentan a un hombre es la verdad para él y el modo como se le presentan a otro es la verdad para éste; lo cual es tanto como decir que todas las opiniones son igual de buenas, una barbaridad que irritaba bastante a Sócrates y aún más a Platón. Y con razón, porque, si todas las opiniones son iguales, al final se impondrá la opinión del más fuerte. Como siempre, vamos. Esto, sin duda, es la peor rebaba que le cuelga al escepticismo.

Entre los griegos, el escepticismo afectó, sobre todo, a la sanción de las leyes, no discutida hasta entonces porque se basaba en la creencia en su origen divino. Los griegos pensaban que los antiguos legisladores, como Licurgo de Esparta, o Solón de Atenas, habían recibido la inspiración directa del dios Apolo. Los sofistas, además de medio ateos, o ateos del todo, viajaban mucho, y sabían que cada pueblo tiene unas leyes y unas costumbres diferentes, de modo que las constituciones no parecen tener un origen más divino que el que puedan tener las recetas de las morcillas, por ejemplo, que en cada pueblo las hacen a su modo y todos piensan que las suyas son las más sabrosas. El propio Protágoras formó parte de una comisión que otorgó una constitución a la colonia ateniense de Thurií, en el sur de Italia y fue el primero en formular una teoría sobre el origen de las leyes que hoy conocemos con el nombre de *contrato social:* hace mucho tiempo, decía Protágoras, los hombres se reunieron en grupos para protegerse de las fieras y para mejorar su modo de vida. Hasta entonces no habían tenido costumbres morales, ni leyes, pero la vida en común no era posible sin ellas. Total que, poco a poco, los hombres aprendieron a darse unas leyes que protegían a los débiles de los fuertes y regulaban la vida ciudadana.

Hubo sofistas más radicales que sostuvieron que, dado que las leyes eran puras convenciones, había que erradicarlas todas y que imperase la ley de la selva. En cualquier caso, todos los sofistas defendían la inexistencia de valores y principios absolutos: lo justo, y lo injusto; la sabiduría y la ignorancia; la bondad y la maldad...Todo esto no eran más que meros nombres, sin más realidad que la que un grupo de hombres acuerde darle en un momento determinado.

Tales eran los sofistas a los que se dedicó a combatir nuestro santo Sócrates. Una de las costumbres de Sócrates que más irritaba a los sofistas era que se rodease de gente muy sencilla, como zapateros, marinos o carpinteros, tal y como nos cuenta su discípulo Jenofonte. Y añade que constantemente les recordaba que lo más importante es conocerse a uno mismo, y para ello los invitaba a conversar «sobre cosas humanas: qué es lo divino, qué lo profano; qué es la belleza, qué la fealdad; qué es lo justo, qué lo injusto; qué es la prudencia, qué la cólera; qué es el coraje, qué la cobardía; qué es el estado, qué el estadista; qué es el gobierno, qué el gobernador.» Cosas todas ellas muy difíciles de averiguar para un zapatero y para cualquiera, incluido el propio Sócrates, que insistía una y otra vez en que él *sólo sabía que no sabía nada*. Lo cual era un buen principio, pues nadie aprende nada sobre algo si ya se cree un perfecto conocedor de ese tema. Tan en serio se tomó lo de su ignorancia que nunca escribió ni una sola página de filosofía, ni de nada. Sócrates prefería el *diálogo*, la conversación inteligente, la discusión encaminada a la obtención de la verdad. Los grandes discursos y los libros «profundos», decía, habrá que dejárselos a esos que se creen tan sabios.

Curioso alarde de ignorancia éste de Sócrates en medio de una ciudad en la que abundaban los sofistas fatuos que presumían de saber de todo y de enseñárselo a cualquiera. Frente a estos expertos en globalidades vacías, Sócrates oponía esas *técnicas sencillas* de sus amigos los zapateros, marinos y demás, que tendrían unos saberes humildes, pero al menos contaban con metas claras y métodos para llegar a ellas (el zapatero sabe qué zapato quiere fabricar y cómo hacerlo; y el marino sabe a qué puerto se dirige y cómo gobernar la nave para conseguirlo). Los *sofistas* eran como nuestros *psicope-*

dagogos, que se declaran expertos en todo, mejoradores globales de la humanidad, y capaces de enseñárselo a cualquiera, a cambio de un buen dinero, claro está. Pero luego, a la hora de ponerse al tajo, no saben ni qué hay que enseñar, ni cómo hay que enseñarlo, así que se limitan a darle la razón a todo el mundo (todas las opiniones son igualmente respetables) y a cobrar por ello. Cada vez que uno de estos sofistas tenía la mala pata de toparse con nuestro amigo, éste los sometía a un hábil interrogatorio que les demostraba que lo que tomaban por conocimientos no eran sino prejuicios (esos quistes mentales que son el cáncer que combate la filosofía) y los obligaba a reconocerse como ignorantes.

Pero la cosa no se quedaba ahí. Si el interlocutor se atrevía, Sócrates le ayudaba a escarbar entre sus ideas en busca de algún pensamiento que mereciera la pena. Todo ello a base de someterse a una charla inteligente en la que Sócrates realizaba una función que él mismo comparaba con el oficio de las parteras (*mayéutica*, se dice en griego), porque ayudaba a los otros a que parieran sus propias ideas. Aristóteles, más seco, pero mucho más preciso, denominó a todo esto *método inductivo.* Para comprender cómo funciona este método, podemos examinar el siguiente ejemplo. Imaginemos que lo que se ventila es qué sea la injusticia. Lo primero será reconocer que no tenemos ni idea del tema en cuestión. A continuación Sócrates propondría a los presentes que buscáramos casos concretos de acciones injustas, y a nosotros se nos podrían ocurrir los siguientes: escupir a una jubilada de Tarragona en mitad de los ojos, y arrearle una patada en lo del día de la boda a un zagal de Murcia. Acto seguido, habría que eliminar de nuestra consideración todo aquello que estos casos no tienen en común, y así diríamos que para que una acción sea injusta no importa que se cometa sobre un murciano o sobre un catalán, que da igual que sea vieja o joven, hombre o mujer, jubilado o en edad laboral, que se trate de un escupitajo o de una patada, y que estos recaigan sobre la vista o sobre la entrepierna. Por último, tomamos lo que queda después de la criba, y diremos que lo que tienen en común estos dos ejemplos es que hay una agresión no consentida, una invasión violenta de la libertad ajena, y diremos que eso sí que es claramente injusto.

Con este método no siempre se alcanzan resultados espectaculares. Nietzsche, incluso, maldijo a Sócrates porque había sustituido el noble y vigoroso pugilato con que los griegos dirimían sus diferencias, por una contienda verbal blandengue y estéril. Y que eso lo había hecho Sócrates porque era un birria y más feo que pegar a un padre con un calcetín sudado. Verdad es que Sócrates era feote, el pobre, pero no es menos cierto que a Nietzsche le daban unos repentes un tanto bruscos, así que mejor no le hagamos mucho caso hasta que este libro llegue al capítulo que le pertenece. De momento, a nosotros nos parece estupendísimo que la gente dialogue, en vez de liarse a tortas. Un diálogo que no es el simple enfrentamiento de monólogos que no se escuchan (que es a lo que nos tienen acostumbrados nuestros modernos representantes políticos), sino que lo que Sócrates nos ofrece es un *ideal de conocimiento* aún no alcanzado, pero sí alcanzable, si aceptamos el compromiso de participar en el esfuerzo colectivo de buscar la verdad. Aunque para eso es preciso que abandonemos esa idiotez en la que nos sentimos tan confortables y que es el filón que alimenta a los sofistas de todos los tiempos. A cambio, Sócrates promete que quien participe en el diálogo esforzado de la racionalidad saldrá mejorado. El hombre que alcanza algún conocimiento moral, nos dirá Sócrates, no cometerá nunca el mal a sabiendas. En esto consiste el llamado *intelectualismo* socrático: en pensar que no hay peor gente que los imbéciles, que las personas inteligentes son buenas, porque han comprendido que es más desgraciado el que comete una injusticia que el que la padece. Pero, eso sí, conseguir esa felicidad inteligente, llevar esa buena vida, que es la vida de los hombres buenos, no es un camino fácil. Sócrates nos exige que nos desprendamos de nuestros prejuicios; que reconozcamos humildemente nuestra ignorancia; que ahondemos en el conocimiento de nuestro propio yo, para descubrir y vencer en él a los demonios que todos llevamos escondidos; que reconozcamos la voz de la razón en la palabra ajena; que dialoguemos de verdad y sobre la verdad; que salgamos de nuestros particularismos y nos esforcemos en alcanzar principios generales... Demasiado para el cuerpo. No me extraña que los atenienses lo asesinaran. Total, dirían, es más cómodo seguir siendo un berzotas y pagar a un sofista que nos ayude a disimularlo. Pero, no culpemos a los atenienses. Si Sócrates resucitara entre nosotros, volveríamos a matarlo todas las veces que hiciera falta. Total, diríamos, mejor seguimos con nuestras opiniones, con nuestras mezquindades, con nuestra vida de marrano entontecido, con nuestras idioteces... Y con un buen psicólogo que nos dé la razón.

7. PLATÓN Y LA IDEA DE LADILLA

Según cuenta Filón, Platón (427-347 a. C.) murió de un ataque masivo de ladillas. Imagino que conocen la especie, aunque sea de oídas. Las ladillas son parientes cercanos de los piojos, pero más cochinos, porque, en lugar de alojarse en la cabeza, prefieren los rinconcillos churretosos del cuerpo, ya me entienden. Y como te críen, no hay modo de quitártelas de encima. Con azufre, dicen, y una cosa que llaman «aceite inglés» y que huele a perros. En mi barrio eran materia de un próspero comercio: los chiquillos las compraban a las «pilinguis» para revenderlas a los soldados; luego éstos se las enseñaban a los médicos militares, («me la vi paseando mismamente por mis partes, con el permiso de usía»), y obtenían una licencia de un par de meses para que no infectaran a todo el regimiento. O sea, que para un recluta, la ladilla puede ser una bendición. Pero para el filósofo que inventó el reino de las ideas porque este mundo nuestro le resultaba demasiado innoble, qué quieren que les diga. Les aseguro que me da mucho coraje divulgar esta historia tan sucia del divino Platón. Su nombre verdadero era Arístocles de Atenas. «Platón» es un mote que significa «de anchas espaldas». Su madre descendía de Solón y su padre del rey Codro, así que no parece que ésta sea una familia como para que se les venga a morir nadie de ladillas. De joven frecuentó a los sofistas, como cualquier ateniense culto; pero, cuando conoció a Sócrates, su vida cambió de rumbo: abandonó su vocación de comediógrafo, así como la carrera política que sus nobles parientes le ofrecían y resolvió dedicar su vida a seguir a su amigo. A la muerte de Sócrates, abandonó Atenas con el propósito de alejarse para siempre de la ciudad que había asesinado a su querido maestro. En Sicilia convivió con los pitagóricos y trabó amistad con Dión, quien animó a Platón a que interviniera en la política de Siracusa, gobernada por el joven tirano Dionisio. Por diversas y penosas circunstancias Platón salió muy mal parado de su encuentro con este reyezuelo. Volvió a Atenas y fundó la Academia, una institución dedicada al estudio que se erigía en una propiedad cercana al templo del héroe mítico Akademos. Pero, al cabo de bien poco, regresó a Sicilia, de donde volvió a salir escaldado. Aún tuvo que volver una vez más para quedar curado definitivamente de la fascinación del poder y consagrar el resto de su vida al estudio de la filosofía. Cuenta Diógenes Laercio que varias ciudades solicitaron sus servicios como legislador, pero ninguna aceptó la primera condición impuesta por Platón: los gobernantes debían renunciar a toda propiedad y a tener una familia. De modo que los últimos años de su vida los pasó en la Academia, examinando críticamente su propia teoría de las ideas. Hasta que se le vinieron encima las ladillas, al pobre.

La obra de Platón se conserva íntegra, pero no me pidan que se la exponga aquí en una lista. Eso es muy aburrido y mi editor me tiene prohibido aburrir a sus clientes. El que tenga curiosidad por conocer los títulos que consulte cualquier enciclopedia. Aquí nos basta saber que su obra pasó por tres etapas, más o menos diferenciadas: la primera, en la que Platón camina de la mano de Sócrates; una segunda, en la que expone su teoría de las ideas, y la última, en que se examinan los problemas y escollos que la teoría había ido acumulando desde su nacimiento.

Respecto a los comentarios que ha suscitado este autor, abundan más que las ladillas. A. N. Whitehead, un gran matemático y filósofo de este siglo, señaló que «la filosofía occidental puede reducirse a una serie de notas a pie de página que acotan la gran obra de Platón». Les aseguro que no exagera ni un pelo. Efectivamente, Platón toca todos los temas posibles en la filosofía, pero casi siempre los trata de forma incompleta, o se limita a plantearlos y a señalar los problemas que le esperan a cualquiera que intente solucionarlos; otros cuantos los aborda con un lenguaje más propio del mito que de un saber racional, y todos ellos los expone en una forma dialogada que dificulta bastante la interpretación. De ahí que los libros de Platón constituyan una fuente incesante de controversia y se puede decir que cada año se publican, literalmente, toneladas de papel dedicadas a este autor. Las valoraciones, por tanto, son múltiples: unos dicen que es un filósofo revolucionario, un antecesor de Lenin, Fidel Castro y toda esta panda. Para otros, Platón sería el prototipo del aristócrata relamido, autoritario y políticamente siniestro. Algún psicólogo ha dicho que todo se reduce a que Platón era un homosexual reprimido, y que de ahí le viene todo; pero ya saben cómo son los psicólogos, que en seguida se piensan que uno se quiere acostar con la minipimer de su madre, o algo peor. Otros señalan que es el principal suministrador de ideas con que contó la religión cristiana, que de suyo era más bien escasa de pensamiento. Mi mujer, que no se calla, dice que es el inspirador del régimen de vida que se sigue en las casas cuartel de la Guardia Civil. En fin, que hay opiniones para todos los gustos. Lo que nadie niega, sin embargo, es que a Platón le gustaban bien poco las opiniones, de modo que vamos a tratar de lograr un acuerdo claro sobre lo que ha sido la herencia de Platón y para ello nada mejor que intalarnos desde el principio en el meollo principal de su doctrina: nos referimos, claro está a la archiconocida *Teoría de las ideas*.

Comencemos con un ejemplo. Imagínense que mañana dirigieran ustedes la NASA y recibieran el encargo de llegar hasta Marte, a ver si se encuentran boniatos por allí, pongamos por caso. Pues bien, ya saben ustedes que los cohetes no funcionan como los coches, que para que anden hay que pisar constantemente el acelerador. En el espacio, al no haber (casi, casi) rozamiento, basta con la inercia para moverse (casi, casi) indefinidamente. Entonces, lo que hacen los ingenieros es poner la nave en órbita (girando alrededor de la Tierra), y luego darle un acelerón que lo manda todo seguidito y a motor parado hasta su destino. De modo que lo principal es decidir el instante preciso en que se da el acelerón; vamos, que enviar un cohete a Marte es como disparar una bala de cañón desde un tiovivo en marcha. Todo esto muy *grosso modo*, ya supondrán. El caso es que habría que empezar por pedir a las distintas estaciones astronómicas que hay en la Tierra que nos facilitaran datos precisos acerca de la posición y la órbita del planeta Marte. Cada una de ellas nos enviará unas coordenadas, porque no se ven las cosas igual desde un sitio que desde otro. Así, cuando nosotros vemos a Marte encima de nuestras cabezas, los griegos lo verán un poco escorado hacia un lado, y los argentinos igual ni lo ven. Además, dependiendo del grado de distorsión que produzca cada telescopio, así como del estado de la atmósfera en ese momento, se producirán unas pequeñas desviaciones (refracciones). Por último, habrá que calcular el espacio que recorrerá el planeta en el tiempo que tarde la nave en llegar a su destino. Nuestro trabajo, pues, consiste en recoger los datos, expurgarlos de errores, determinar las paralajes (las desviaciones relativas), calcular y corregir las refracciones, prefigurar las trayectorias de la nave y del planeta, y, por fin, determinar la posición, la diana, a la que apuntaremos nuestra nave para que llegue a Marte. Esa diana, ese punto en el espacio, es, ni más ni menos, que la idea de Marte. Es una *idea*, porque nadie la ha visto con sus ojitos, sino que ha surgido *a partir de* los datos de los observatorios, pero, sobre todo, como producto de un proceso de abstracción matemática. Aunque, que sea ideal no significa que sea irreal; al contrario, es el planeta Marte más real de todos: si queremos tener alguna posibilidad de éxito en nuestra misión, hemos de dirigir nuestra nave a esta posición ideal, y aun así, puede que la misión fracase, porque somos carne mortal y nos solemos equivocar con frecuencia, dado que la materia es la mar de mostrenca (ejemplos de mostrenquez de la materia: un matemático se presenta borracho al trabajo y le salen los cálculos de aquella manera; un ordenador se bloquea y se nos queda tontito, el pobre; las tuercas se aflojan; un meteorito choca contra nuestra nave y nos la desgracia; o, terror de terrores, Spectra consigue boicotear nuestro proyecto de recolección de boniatos en Marte antes de que James Bond pueda evitarlo.)

Respecto a cómo conocemos las ideas, Platón, tan dado al lenguaje subido de tono, decía que los sentidos corporales despiertan el alma, pues conocer una idea es verla con el ojo del alma. Cuando se explica un poco mejor, nos cuenta que ese «ver con el ojo del alma» consiste, sobre todo, en analizar la realidad de un modo matemático. Tal cual lo que hemos dicho a propósito de Marte: los *sentidos* nos despiertan (los datos recogidos en los observatorios dan inicio al proceso) y la *idea* se contempla tras una larga y penosa ascensión que es, básicamente, *abstracción matemática* (después de todos los cálculos, conseguimos fijar la posición ideal del planeta Marte.) Pero la cosa no se queda ahí. Según Platón, cuando el ojo del alma contempla la idea, no hace sino *recordar* algo que ya vio con anterioridad, porque todo conocimiento es recuerdo.

- Si lo que Platón y tú proponéis a la comunidad científica es que lance sus cohetes de memoria —me advierte Cristina—, mejor haces caso a tu padre y opositas a la banca.

Lo del conocimiento como recuerdo es algo que en Platón tiene un sustento religioso tomado directamente del *pitagorismo.* Según nuestro autor, cuando el cuerpo muere, el alma puede, por fin, abandonar su prisión corporal y volar libremente al cielo en el que habitan todas las ideas. Allí, contempla estas realidades eternas e inmutables, tras lo cual, es obligada a beber del agua de la laguna del olvido, antes de recibir un nuevo destino en otro cuerpo mortal. Pero, aunque hayamos olvidado todo lo que vimos, siempre queda una huella en la memoria, que sabremos despertar si nos entrenamos adecuadamente, sobre todo en el estudio de la aritmética, de la geometría, de la astronomía y de la música.

Así las cosas, parece que el ingeniero que determina la posición del planeta Marte se limita a escarbar en su memoria en busca de lo que vio su alma en la sala de espera de la oficina en la que le asignaban un nuevo destino. Lo cual, como muy bien señala mi mujer, constituye una parida de mucho cuidado. El propio Platón, en sus diálogos de madurez, encuentra ciertos problemas a este asunto y prefiere hablar sólo de ciertas ideas de gran rango, aquellas que conforman los grandes principios de la ética, de la lógica, de la estética y de la política, así como los axiomas que encabezan nuestra ciencia matemática. El resto de las ideas se construyen, por así decir, a partir de éstas, lo cual sería algo más acertado que afirmar que se recuerdan, sin más. Eso sí, de lo del recuerdo de esos primeros principios no le apea nadie a Platón. Claro que también esto tiene su razón de ser. En uno de sus diálogos más famosos, el *Menón*, Sócrates manda llamar a un esclavo ignorante para aclarar en qué consiste ese método suyo de la *mayéutica*. Al cabo de unas cuantas preguntas, Sócrates consigue que el esclavo demuestre un teorema geométrico. Lo cual, a juicio de Sócrates-Platón, prueba que el esclavo conocía de antemano la geometría y que lo que ha hecho el *mayeuta* no ha sido más que avivar en él el recuerdo latente que guardaba de estos asuntos. Y Sócrates acierta plenamente cuando afirma que nadie enseña nada enteramente nuevo a nadie, sino que todo aprendizaje consiste en despertar en el aprendiz el deseo de descubrir por sí mismo aquello que le propone el que ya está iniciado. Además, pensemos en lo siguiente: mi mujer considera que Sean Connery es guapísimo; yo digo lo mismo de Sofía Loren (¡Lo hermosa que está y no las anoréxicas estas de ahora!); a los dos nos entusiasma el timbre redondo y la coloratura agilísima de la soprano Joan Sutherland, y los olores de la Sierra de Guadarrama, y el reflejo del sol de la tarde sobre la fachada de la catedral de Murcia. A todas esas personas, voces, olores y cosas las llamamos bellas, pese a que resultan sumamente distintas. De modo que al llamarlas *bellas* lo que hacemos es suponer que comparten algún tipo de relación con la *Belleza* en sí misma, con la *Idea de Belleza*. Pero, ni éstas, ni ninguna de las cosas de este mundo, agotan esa Belleza. Así pues, ni Cristina ni yo hemos podido conocer la Belleza a partir de la contemplación de las cosas bellas (pues las cosas bellas son muy distintas, y ninguna de ellas es la Belleza). En consecuencia, *antes de* reconocer cualquier cosa como bella, Cristina y yo conocíamos la idea de Belleza. Platón pensó, en buena lógica, que reconocemos la belleza de las cosas porque hemos visto la Belleza antes de venir a este mundo. O sea, que las ideas son un *a priori*, un antes que, una precondición de que se produzca el conocimiento, que Platón explica con el recurso al mito de la reminiscencia de las almas. Esto, para los que ya sepan algo de filosofía les sonará a Kant. Los que no, que se esperen a que este libro llegue al capítulo dedicado al pensador de Köningsberg. De momento, podemos disfrutar de una cita del Fedro (249 c), de Platón, que anticipa muy claramente el pensamiento kantiano y aclara el sentido de la filosofía del ateniense en este punto: «El hombre debe realizar las operaciones del intelecto según lo que se llama idea, procediendo de la multiplicidad de percepciones a una representación única que es un compendio llevado a cabo por el pensamiento. Y esta representación es una reminiscencia de aquellas realidades que vio antaño nuestra alma.»

—Mira, guapo, te lo voy a decir alto y claro: decir que este mundo es irreal y que toda la realidad está en unas ideas que persisten fuera de él es una pura insensatez. Además, aún admitiendo todo este absurdo, aún queda por aclarar qué tipo de relaciones se dan entre el mundo y las ideas.

Mi compañera ha saltado como una loba. Seguro que es por la mención a la Loren, aunque no quiere reconocerlo. Aun así, no le falta razón. El único sitio en el que Platón aborda el tema de las relaciones entre el mundo que habitamos y el mundo ideal es en el *Timeo*, y lo que dice nos decepciona un poco. Según este diálogo, el mundo es el resultado de haber mezclado una materia torpe, mazacota, amorfa, corrupta y mudable con unas ideas puras y duras. La mezcla la llevó a cabo un *Demiurgo*, una especie de dios albañil que construyó el mundo con esos materiales tan dispares. O sea, que cuando nos íbamos a asomar a la solución de un problema filosófico de envergadura, nos topamos con el *mito*. En fin, imagino cómo se sentiría Aristóteles, que durante muchos años fue un discípulo de Platón y un encendido defensor de la teoría de las ideas, y luego terminó por fundar una escuela propia para explicar el mundo de otra manera. Incluso el propio Platón fue muy consciente de los problemas de su teoría, pero no veía otro modo de salvar lo que para él era irrenunciable: que debían existir unas entidades objetivas, objeto de un conocimiento firme y seguro, y no de una mera opinión. Y para que tales entidades fuesen eternas e inmutables no había más remedio que apartarlas de este mundo tan cochino, tan húmedo, tan corrupto, tan inquieto, en donde todo se pudre y cambia de un día para otro. Para entendernos, que el mundo de las ideas es como una nevera perfecta en la que se nos conservan unos conceptos que nos permiten conocer el mundo como es debido.

En todo caso, esta teoría de las ideas fue la solución que presentó Platón a los problemas que arrastraba la filosofía. Por un lado, los heredados de la escuela de Parménides y Zenón. Para Platón, la inmutabilidad y eternidad del Ser se cumplen en este mundo ideal accesible al ojo del alma. Incluso la unicidad, puesto que todas las ideas se comunican, se entretejen (lo bueno es bello y justo y armónico y exacto, etc.) y forman un sólo tapiz del que recibe la realidad el mundo en que nosotros habitamos, que es mucho menos real (ya hemos visto que el cohete había que lanzarlo hacia la idea de Marte, no hacia los distintos planetas martes que veíamos con nuestros ojos mortales), y en el que se dan el movimiento, la pluralidad, el nacimiento y la corrupción, la guerra y el devenir desvelados por Heráclito. O sea, que la tortuga de Zenón pierde la carrera en este mundo; pero, en el mundo de las ideas, Aquiles jamás logra alcanzarla.

Además, estas ideas son el fundamento objetivo que buscaba Sócrates para darles en los morros a esos precursores de la pedagogía moderna que fueron los malos *sofistas.* Ha de existir una Justicia y un Bien objetivos, eternos e inmutables y su conocimiento habilitará al gobernante para dirigir la ciudad. Todas las opiniones políticas son igualmente respetables, dirían los sofistas. Las opiniones, respondería Platón, son fruto de la imagen inestable que nos muestran unos sentidos engañosos incapaces por sí solos de salir de este mundo irreal (los datos variables y contradictorios que nos envían los observatorios sobre el planeta Marte); pero el conocimiento verdadero lo es sólo de las ideas.

—Entonces —dice Cristina— Platón es como Harry el Sucio, que cuando le critican la dureza de sus métodos policiales, responde que las opiniones son como los culos, que todo el mundo tiene uno, pero que él es el único que sabe cómo tratar a los delincuentes.

Exactamente, esa es la posición de Platón. Quien sea capaz de dar con la verdad, quien sepa hacia dónde se debe dirigir la nave de la sociedad y cómo gobernarla para que llegue a puerto, ese ha de ser el encargado de regir la ciudad. Los demás, a trabajar y a ser felices. Punto.

—Fascismo puro —dice mi señora.

No tan rápido. Ahora mismo vamos con la *política*. Toda la teoría de las ideas no es más que un cimiento que Platón necesita para levantar el edificio de un Estado perfecto o ideal. Lo cierto es que *La República* y *Las Leyes* (las dos obras de Platón centradas en la política) contienen un buen número de ideas muy fecundas, que van más allá del diseño del régimen de vida que impera en las casas cuartel de la guardia civil. Los sofistas habían considerado que la justicia social era algo externo al hombre, una convención sin fundamento en la naturaleza. Según ellos, ninguna forma de justicia social se correspondía necesariamente con nuestro modo de ser; así pues, la organización de la convivencia exigía llegar a acuerdos (eso proponía, por ejemplo, Protágoras), o bien liarse a tortas y que ganase el mejor (que es lo que defendía Trasímaco, que era un sofista muy consecuente, aunque un tanto salvaje). Platón parte del polo opuesto: la justicia es un ideal interno al alma humana; el individuo justo es el que sabe armonizar prudentemente las distintas pulsiones y pasiones que bullen en su espíritu, y consigue, así, gobernarse del mejor modo posible. Paralelamente, el mismo proceso se da en la sociedad. La justicia social se produce cuando se armonizan los intereses contrapuestos que surgen de las distintas naturalezas de los individuos que constituyen el Estado, circunstancia que sólo es posible cuando cada uno de los individuos ha alcanzado el equilibrio, lo cual, sólo se consigue, según Platón, a través de la *educación*. De ahí que el Estado platónico deba hacerse cargo de la educación de todos los individuos. Así pues, encontramos que Platón fue el primero al que se le ocurrió concebir una educación estatal. Hoy día es común que los gobernantes presuman de lo mucho que se ocupan de la educación. Pero, en la Grecia clásica, y aún mucho después, nadie en su sano juicio consideraba que el Estado debiese asumir esa tarea. Salvo Platón, ya digo, que era un genio divino. Pero, sigamos.

Platón no es tan tonto como para empeñarse en que todo el mundo pase por la misma escuela para estudiar lo mismo. Eso sólo lo puede defender alguien que ignore cuál sea la naturaleza humana, o sea, un mal sofista, o un pedagogo moderno. Platón sabía que los humanos somos muy diferentes, y que nos merecemos muy distintas educaciones. En concreto, sostenía que el hombre tenía tres almas. Ya hablaremos luego de esto. De momento, nos interesa saber que, según domine una u otra alma, los individuos serán de una u otra clase. Estas tres clases de personas, reciben, pues, tres clases distintas de educación, que les van a preparar para ocupar el puesto que les corresponde según su naturaleza, no según su nacimiento o sus privilegios. En primer lugar, estarán los menos capacitados intelectualmente, quienes recibirán una educación moral destinada a fomentar en ellos las virtudes de la convivencia, a moderar sus malos deseos y a estimularles para el trabajo. Ellos serán los *productores* de la sociedad, y deberán disfrutar de la propiedad de lo que produzcan, en compañía de sus familias, pues estas cosas son los estímulos naturales para que los trabajadores trabajen como es debido. La clase siguiente es la de los *soldados*, formada por aquellos hombres en los que predominan las virtudes del valor, y la inteligencia estratégica, y está destinada a mantener el orden y a defender al Estado de sus enemigos exteriores. La tercera clase social está formada por aquellos en los que predomina una naturaleza intelectual. Junto con la clase de los guerreros, habrán de renunciar a la propiedad y a la vida en familia. Los *intelectuales* y los guerreros vivirán en edificios comunes (esta es la casa-cuartel que le gusta tanto a mi mujer), y se someterán a un régimen de vida duro y austero; sus matrimonios se decidirán por sorteos amañados para que se mezclen las mejores sangres; su educación será rigurosa, larga, esforzada, voluntariosa, disciplinada y sumamente gratificante para las almas más excelentes. Las asignaturas principales serán las matemáticas, la música, la gimnasia y la astronomía. Sólo al final, aquellos que sean los más excelentes de todos podrán dedicarse al estudio de la filosofía. Al culminar su formación, se convertirán en gobernantes y tendrán a su cargo la organización de la educación de toda la sociedad, la redacción de las leyes y el mantenimiento de la armonía entre todas las partes del cuerpo social. Es muy sufrida la tarea del filósofo: ha de ascender penosamente a través de una durísima y escarpada formación académica que lo prepara para poder contemplar las ideas; pero, cuando el alma del filósofo se dispone a entregarse como una novia ilusionada a esas ideas a las que ama por encima de todas las cosas, la sociedad le exige que descienda al mundo para organizar la vida de quienes no pueden ascender tan alto.

—Acabáramos —interrumpe Cristina—. Por eso se os cae la baba a todos los filósofos con Platón, porque os ríe las gracias como ningún otro: nada menos que reyes-filósofos ¿y qué más, rico?

¿Qué puedo responder? La verdad es que a uno se le abren las carnes de ver lo bien que trata este hombre a nuestro gremio. Pero es que es lógico: si los filósofos son los que se dedican al estudio de las leyes ideales para el buen gobierno de los ciudadanos, es natural que sean ellos quienes se encarguen de su aplicación a la ciudad.

—Claro; y entretanto las mujeres a la cocina, como siempre.

Pues tampoco. Porque Platón dice que las mujeres han de recibir la misma educación que los hombres y la que valga para *reina-filósofa* ejercerá este oficio igual de bien que cualquier varón. Espero que mi mujer se dé cuenta del salto tan colosal que supone afirmar esto en pleno siglo IV a. C. De hecho, podemos decir que la lucidez que muestra Platón en su consideración de la mujer es una afortunada excepción, no ya en la historia de la filosofía, sino prácticamente en la historia de la humanidad. De modo que bien podemos tomar este tema como demostración palpable de cuál era el tamaño del genio de este hombre, así como la valentía intelectual a la hora de defender opiniones contrarias al sentir prácticamente unánime de su tiempo. Y esto no es fascismo, precisamente, sino poner la verdad por encima del sentido común, de los prejuicios y de la opiniones mayoritarias. Porque las opiniones, efectivamente, son como los culos.

Respecto a si Platón fue un precursor del *comunismo*, por aquello de que los gobernantes y los soldados vivirían en régimen de comuna, hay que decir que esto es justamente lo contrario de lo que hicieron los países del socialismo real. En la ex URSS y sus satélites, incluidas Cuba y China, los dirigentes políticos y sus familias disfrutaron desde el inicio de sus respectivas «revoluciones» de una serie de privilegios, que incluían la propiedad de bellísimas *dachas* en mitad de bosques idílicos, la posibilidad de viajar al extranjero, el acceso a bienes que se consideraban lujos burgueses, y que iban desde el desodorante, al champán, y tantas otras cosas de las que carecía el pueblo, que era quien se veía obligado a compartir viviendas con varias familias, y a carecer de todo lo superfluo y aun de mucho de lo necesario en nombre de un comunismo que sólo practicaban los de abajo. Así les ha ido, a los pobres. Platón proponía lo contrario: la clase trabajadora puede y debe disfrutar de lo que gane con su trabajo, con sus hijos, en sus casas, con sus ahorritos y tan ricamente. Y el que valga para gobernar, que gobierne, pero que se olvide de prebendas. Bastante privilegio tiene con que se le permita dedicarse al estudio y al gobierno. Y si no le gusta, que se aparte y deje el sitio a otro, porque al hombre verdaderamente excelente le bastará como estímulo el puro ejercicio de la filosofía, sin necesidad de recibir nada a cambio.

—Muy bien —concluye Cristina—. Ahora no nos falta más que saber cómo conseguimos que esta sociedad se ponga en marcha.

Ahí nos ha pillado a Platón y a mí. Porque el filósofo de las anchas espaldas declaraba que para construir esta ciudad perfecta haría falta que la filosofía eliminara la ignorancia, las corruptelas y la poca responsabilidad de los políticos. Tal cosa sólo ocurriría cuando cesaran todos los incompetentes que detentan el poder y permitieran que los filósofos se hicieran cargo de la ciudad. Cosa prácticamente imposible. O bien, que los que están ahora en el poder se convirtieran en filósofos, lo cual, mucho nos tememos Platón y yo, es aún más difícil. A esto es a lo que llamamos *utopía*, a una teoría sobre el estado que es imposible de llevar a cabo. Pero, ojito, eso no quiere decir que sea inútil. Las obras políticas de Platón han sido y son fuente constante de inspiración para cualquiera que pretenda mejorar la sociedad, y mucho de lo que entonces era imposible e impensable, ha pasado a ser, merced a que un día se formuló por vez primera, parte de la realidad social en que habitamos todos. Además, su lectura nos ayuda a comprendernos mejor como individuos y como grupo, o sea, que reduce nuestro cretinismo, lo cual no es poco.

Y ya que hablamos de comprendernos mejor, conviene que pasemos a la *psicología* de Platón. La exposición más completa de este tema la encontramos en el *Timeo*, que es una de las últimas obras que escribió Platón. Allí leemos que el hombre tiene *tres almas*. La primera y más noble es el *alma racional*. En ella residen nuestras facultades intelectuales superiores, tanto las intelectuales, que nos permiten comprender el mundo, como las éticas, que dirigen prudentemente la elección de nuestros actos. Su sitio se encuentra en la «redonda cabeza», dado que su forma es esférica, que es la más perfecta de las formas. De las tres, es la única inmortal; las otras dos almas constituyen la parte mortal y sensible de nuestro psiquismo. Una de ellas es el *alma irascible*, a la que le pertenecen los afectos nobles, como el coraje, la ambición, el valor y la esperanza. Reside en el corazón y su forma es casi esférica. Debajo del muro del diafragma, en el bajo vientre, se esconde el *alma concupiscible*. Cuidadito con ésta, porque es la que más quebraderos de cabeza nos trae a los humanos. En ella nacen el instinto de conservación, el apetito sexual, el gusto por el placer, y la aversión hacia el dolor. Platón abunda también en consideraciones respecto al papel del hígado y de los pulmones en la salud del alma, cosa en la que coincide con la medicina china e india, que insisten mucho en el control de la respiración y en el papel del hígado como filtro de todas las impurezas psicosomáticas.

El *Fedro*, que es un diálogo escrito bastante antes que el *Timeo*, también aborda esta cuestión, pero allí se expone en forma de mito. Las tres almas son un tronco de caballos, en el que el alma racional es el auriga (el conductor) del carro, que tiene que armonizar los impulsos de dos caballos, dócil uno (el alma irascible), mientras que el otro (el alma concupiscible) se muestra terco y obstinado. Esta exposición, junto con los argumentos que en favor de la inmortalidad del alma se exponen en el *Fedón*, fue leidísima y comentadísima por los teólogos cristianos medievales. Algunos estudiosos contemporáneos (por ejemplo, D. Gonzalo Puente Ojea, cuyas obras les recomiendo vivamente) señalan que el cristianismo primitivo y la cultura hebrea de esta época carecían de un concepto de alma inmortal, de modo que las referencias al alma o espíritu, así como a su inmortalidad, que se encuentren en los Evangelios, serían interpolaciones paulinas (San Pablo era judío, pero tenía un cierto barniz de cultura greco-romana), fruto del mestizaje cultural del cristianismo con la filosofía neoplatónica vigente a principios de nuestra era. O sea, que lo más cristiano del cristianismo no viene de Cristo, sino de Platón. Menos mal que mi madre se fue a su casa hace ya varios días, porque si me pilla en esta herejía me despelleja.

En todo caso, conviene reconocer que Platón consiguió integrar con gran ingenio y precisión elementos religiosos, médicos y filosóficos en una teoría que explica soberanamente bien las líneas maestras de lo que constituye nuestra vida psíquica. Creo que no exagero si les digo que, de toda la historia de la filosofía, Platón es el único autor que consigue combinar con provecho elementos tan dispares. Y, sobre todo, en este punto y en el resto de su obra, Platón constituye una lectura absolutamente recomendable desde el punto de vista estético. Nuestro amigo de las anchas espaldas fue, desde siempre, un escritor muy sensible al estilo y a las normas del gusto. Su prosa es, por momentos, elegante, encendida, ágil, poética, irónica, demoledora en la argumentación y envenenada de principio a fin con un irresistible poder de persuasión. Puede que esto último se deba a la forma dialogada con que Platón expuso siempre su pensamiento. El diálogo platónico es un compromiso entre la vivacidad y frescura de la charla oral que siempre defendió Sócrates como método del filosofar, y la escritura que demandaba una filosofía cuyos temas, ya lo hemos dicho en otros capítulos, son arduos y piden reposo, precisión, lectura atenta y repaso. Escritura viva y exquisita, en suma, la de Platón, que a nadie deja indiferente, excepto a aquellos que sean insensibles al amor y a la belleza presentes en nuestro mundo, pues, según nos dice en el *Fedro* y en el *Banquete*, la contemplación de la belleza del amado nos eleva hacia la belleza de la sabiduría, y de aquí a la contemplación de la Belleza en sí misma, que nunca cambia, que no aumenta ni disminuye, que no es hermosa por un lado y fea por el otro, sino que es bella en toda su maravillosa plenitud, despojada de toda adherencia carnal y de toda escoria corruptible, perdurable en el inmortal resplandor en que Belleza y Verdad son la misma cosa. Comprenderán ustedes por qué nos duele tanto a sus discípulos el saber que Platón se muriera atacado por las ladillas.

—Pero hombre, no digas tonterías —me recrimina mi mujer—. Es imposible que esos bichos maten a nadie.

Desde el punto de vista de la zoología, tal vez. Pero, cabe pensar que a Platón se lo comiera la mismísima Idea de Ladilla. Y claro, eso son palabras mayores.

8. ARISTÓTELES Y LA UVA LUPINA

Aristóteles de Estagira (384-322 a. C.) se regaló una buena muerte, después de haber vivido una buena vida. El motivo del suicidio lo comprenderemos mejor al final del capítulo, aunque ya les adelanto que, llegados a cierta edad, estos sabios de la antigüedad no necesitaban de grandes cataclismos para dar por concluido el espectáculo. Según nos cuenta Diógenes Laercio, se auxilió de un compuesto a base de uva lupina, una hierba que, adecuadamente tratada, proporciona una muerte rápida e indolora: un veneno de experto, digno de quien tanto interés puso en conocer todas las cosas naturales.

Pero, antes de poder disfrutar del espectáculo de la naturaleza, Aristóteles tenía que dar una respuesta a las viejas obsesiones heredadas de la tradición filosófica, especialmente la relativa a determinar qué es la naturaleza, si agua, aire, *apeiron*, número, fuego, Ser, átomo, Idea, o qué. Durante veinte años, Aristóteles fue alumno e incluso profesor en la Academia de Platón; de modo que tuvo la oportunidad de conocer en profundidad la teoría de las ideas y los problemas que esta teoría presentaba. Tantos, que hicieron pensar a Aristóteles que sería mejor no tratar de enmendarla, sino cambiar los planteamientos desde la raíz. Además, Aristóteles se separaba de Platón en un punto fundamental. Para el Estagirita las matemáticas se ocupan de números y figuras que son eternos, que no cambian, mientras que la naturaleza no para de alterarse ni de moverse. Consecuentemente, Aristóteles pensó que la aritmética y la geometría no eran de gran utilidad para averiguar cómo son las cosas. Las *matemáticas* son útiles para medir, o sea para saber la cantidad, pero no nos informan sobre el qué, ni el cómo. Para conocer esto último, hay que *observar*, y pensar en lo que se observa. Y esa será la base del método de Aristóteles. Recoger datos y ordenarlos. Después, habrá que eliminar lo accesorio, quedarse con lo fundamental, *abstraer* y obtener principios generales que expliquen las causas de las cosas; porque sólo hay ciencia de lo general, y el objetivo de la ciencia es determinar las causas de las cosas.

Que sólo haya *ciencia de lo general* es una afirmación que compartiría cualquier persona sensata. Un médico se interesa por la gripe en general, no por los moquitos que le cuelgan a su nene. Un botánico se ocupa de las especies vegetales, no de los tiestos que tenga en su ventana. En eso, a lo mejor le gana mi madre, que tiene muy buena mano con las plantas, pero no sabe una palabra de botánica.

Respecto a la determinación de las *causas*, debemos aclarar que lo que Aristóteles entiende por *causa* no se corresponde exactamente con lo que nosotros entendemos por tal, sino con algo mucho más amplio. En concreto, nuestro autor distingue cuatro tipos de causas: causa *material*, causa *formal*, causa *eficiente* y causa *final*. Ejemplo: si consideramos una mesa, su causa material sería la materia de que está hecha, esto es, la madera del tablero, el hierro de las patas, etc. La causa formal sería la forma que tiene, su estructura, que se define en los planos de acuerdo a los cuales la construyó el fabricante. La causa eficiente es dicho fabricante, el artesano que la hizo; y la causa final es la finalidad para la que se construyó, para comer encima de ella, o para adorno, o para varios de estos fines. Los seres naturales también tienen estas cuatro causas. Por ejemplo, un avestruz tiene como causa material la carne, los huesos, las plumas, etc., de que está hecha. Como causa formal, la forma que tenga el avestruz; como causa eficiente, sus progenitores; y como causa final, el mantenerse viva y reproducirse, como todos los seres vivos.

Así pues, recogida de datos, abstracción hacia lo general y búsqueda de las causas: tal es el método con el que Aristóteles aborda el estudio de la *naturaleza* en la *Física*, la obra en la que se reúnen los principales libros que dedicó a la *physis*, que es el término con el que los griegos se referían a la naturaleza. Al principio de esta obra, Aristóteles define el ser natural como aquél que tiene en sí el principio de su propio cambio, esto es, aquél que contiene una finalidad inmanente, es decir, el que tiene en sí su propio fin. Así, los seres naturales se diferencian claramente de los seres artificiales, cuya finalidad viene impuesta por el hombre. Un huevo se transforma en pájaro desde sí mismo y por sí mismo, sin que nadie ni nada externo a él intervenga en el cambio, por un principio inmanente; un mineral cristaliza según un patrón geométrico que surge del propio mineral. Sin embargo, un jarrón es lo que es, en función de una finalidad externa impuesta por los hombres que lo han querido hacer así.

En suma, los seres naturales se distinguen por la *finalidad* y por el *cambio*. De estos dos rasgos, el más problemático es el segundo. Dice Aristóteles en la Física que «todo cambio es, por naturaleza un salir fuera de sí». O sea, que para que las cosas cambien, han de dejar de ser lo que son y pasar a ser lo que no son, lo cual, ya lo sabemos, es justa y precisamente lo que Parménides nos advertía que no debemos pensar jamás. Pensar contradicciones es cosa de locos, así que se trata de explicar el cambio sin contradecirse, sin caer en el atomismo ni en el mundo de las ideas de Platón.

Según el Estagirita, lo que le pasa a Parménides es que se empeña en explicar el cambio desde un concepto de ser que resulta un tanto mostrenco. Vamos, que se trata de matizar. En concreto, Aristóteles distingue en el ser de las cosas su *materia* y su *forma*. Y lo que las cosas sean en *acto*, de lo que sean en *potencia*. Con estos matices consigue explicar todo tipo de cambio sin incurrir en contradicciones. Vamos a verlo, como siempre, con un ejemplo. Una mujer descansa en un banco del parque, porque se nota el cuerpo algo modorro y tristón. De repente, un mulato vigoroso pasa junto a ella y le dedica una sonrisa de azúcar pura. Naturalmente, a la mujer se le alegra el cuerpo. Ahora bien, eso (decían los seguidores de Parménides) es imposible, pues el *Ser* no puede surgir del *No-ser*, lo alegre no puede surgir de lo no-alegre. «No sea usted mostrenco, hombre de Dios», le diría Aristóteles a Parménides. Lo que ocurre no es que lo no-alegre pase a ser alegre, pues eso es, efectivamente, irracional; lo que pasa en realidad es que hay una *materia* (en este caso, las carnes de la mujer que contempla al mulato) que se mantiene como tal materia, pero que adquiere una *forma* (la alegría), distinta a la que tenía antes (la tristeza). Con lo cual, el *Ser* no se genera a partir del *No-ser*, pues eso sería absurdo, sino que pasa de *ser* una *materia* con una *forma* (la forma de la tristeza) a ser la misma *materia* con otra *forma* (la forma de la alegría).

Otra distinción que le permite explicar el cambio sin pecar contra Parménides es la que establece entre *potencia* y *acto*. Una bellota no es una encina y, según Parménides, de un no-árbol (la bellota) no puede surgir un árbol. Sin embargo, Aristóteles dice que la bellota *es* árbol en *potencia* y, por lo tanto, el cambio es la mera realización de la potencia hasta que, culminando su finalidad propia, llega a ser en *acto*; en el caso presente, hasta que llega a ser un árbol en acto; con lo cual, no se produce ningún paso del *no-ser* (encina) al *ser* (encina), sino del *ser* (encina) *en potencia* al *ser* (encina) *en acto*.

Estas distinciones nos pueden parecer hoy triviales, pero eso es muestra de hasta qué punto la filosofía de Aristóteles ha calado en nuestra forma de pensar. Piénsese, por ejemplo, en el importante papel que juega el concepto de *energía potencial,* que es puramente aristotélico, en la mecánica clásica; o la de veces que empleamos el concepto de potencialidad en nuestro lenguaje cotidiano («este niño es todo un borracho en potencia», o «esta muchacha es una escritora en potencia», por ejemplo.)

Una vez que ya ha dotado a su teoría de las armas categoriales, de los conceptos, de los matices precisos para poder pensar el cambio, Aristóteles desarrolla toda una teoría general del cambio en el cosmos. Veamos cuáles son sus rasgos principales.

Ante todo, hemos de aclarar que el concepto de cambio incluye en Aristóteles varios procesos naturales, a saber: el *movimiento*, el *crecimiento*, la *disminución*, la *alteración*, la *generación* y la *corrupción.* Todos estos procesos se hallan presentes en la naturaleza de forma visible e indudable, pero, de todos ellos, el que presenta más problemas, o el más interesante de estudiar (según se mire) es el *movimiento*, o sea, el cambio de lugar. Veamos cuales son los momentos principales de la doctrina aristotélica sobre el movimiento.

Aristóteles distingue dos tipos de movimiento: el movimiento *natural* y el movimiento no natural, o *violento.* Los movimientos naturales son aquellos en que algo se dirige hacia su lugar natural. Un movimiento violento sería aquél en el que las cosas se trasladan hacia el lugar que no les corresponde, forzadas por algún agente.

—Vamos a ver si lo he entendido —interrumpe mi amiga Antonia—. Un movimiento natural es cuando vuelvo del trabajo a casa, porque ese es mi lugar natural. Mientras que un movimiento violento es cuando voy de casa al trabajo, porque allí no quiero ir ni a tiros.

Bueno, no está mal la idea, pero, en realidad, esto de los movimientos naturales y violentos tiene más que ver con la cosmología, que con las relaciones laborales. Así que vamos a echar un vistazo a la *cosmología* que Aristóteles construye a partir de los cálculos matemáticos de su amigo Eudoxo.

El universo aristotélico es como una gran cebolla de 55 capas, 55 esferas de éter cristalino que no dejan ningún hueco vacío entre ellas. El centro del universo lo ocupa la Tierra. En una primera capa se sitúa la Luna. La región que separa la capa de la Luna de la Tierra es llamada por Aristóteles el mundo sublunar y en ella es donde se produce la *generación* y la *corrupción*, pues más allá de la Luna todo es perfecto, inmutable, incorruptible y eterno. Después de la luna se situaría Mercurio, Venus, el Sol, Marte, Júpiter, Saturno y, por último, la Esfera de las Estrellas Fijas, que marca el límite del universo.

Así, Aristóteles considera que el movimiento que realiza una piedra cuando cae hacia el suelo es un movimiento natural, porque las piedras son tierra, la tierra ocupa el centro del universo y, por tanto, todo lo térreo tiende a ir hacia el lugar que le es propio. Por encima de la tierra, se sitúa el agua, y así, si mezclamos tierra y agua en un vaso, el agua tiende a superponerse a la tierra y ese movimiento es natural, porque se dirige hacia su lugar propio. Aún por encima está el aire, de modo que si introducimos aire en el agua, vemos cómo aquél asciende en forma de burbujas, realizando también un movimiento natural hacia el lugar que le es propio. En cuarto lugar, se sitúa el fuego, que siempre asciende en llamas y volutas para dirigirse hacia el lugar que le corresponde. Por último, más allá de la esfera lunar, se sitúa el éter, (la *quintaesencia* de los medievales), apta para el movimiento circular, que, para la cultura griega (muy influida por el pitagorismo), es el movimiento más perfecto de todos, porque no tiene arriba ni abajo, ni derecha ni izquierda, y es lo más parecido a la quietud.

Por contra, los movimientos violentos son aquellos en los que los cuerpos trazan trayectorias que no les dirigen hacia su lugar natural, por lo cual, requieren de un agente que los fuerce. Tal ocurre, por ejemplo, cuando lanzamos una flecha y ésta vuela durante un período de tiempo sin caer hacia el suelo, que sería su movimiento natural y al cual siempre vuelve. Este movimiento se produce por *antiperístasis*, que consiste en lo siguiente: cuando la flecha atraviesa el aire desplaza una partícula de ese aire que, instantáneamente, ocupa el vacío que la flecha dejaría por detrás, y así, impulsa el dardo, aun cuando ya no esté presente la cuerda que lo lanzó en su origen. Esto perdura hasta que la tendencia a bajar es más fuerte que la antiperístasis, momento a partir del cual la flecha cambia bruscamente de trayectoria y cae en línea recta hasta la tierra.

—Todo esto suena rarísimo.

Porque aún no sabemos para qué sirve. Aristóteles construye esta teoría para explicar el movimiento no-natural en un mundo en el que no existe el *vacío.* Para demostrar que no existe el vacío, Aristóteles tiene un montón de buenas razones. Aquí vamos a ver una de ellas. Imaginemos que varios hombres intentan arrastrar una barca hacia la playa. Pese lo que pese la barca, cuanto más se hinque la quilla en la tierra, más tiempo tardarán en sacarla, si emplean la misma fuerza. A mitad de rozamiento, mitad de tiempo. Ahora bien, si eso lo hicieran en el vacío, el rozamiento sería nulo y, por lo tanto, literalmente, la barca no tardaría nada en recorrer cualquier distancia. Como eso es imposible, es obvio que el vacío no existe. Ingenioso, ¿verdad? Ahora sí que podemos proclamar a Aristóteles como vencedor en su lucha contra Demócrito.

Lo malo es que la trayectoria quebrada que define la *antiperístasis* es absolutamente contraria a las experiencias cotidianas. Hubiera bastado con observar atentamente la trayectoria seguida por una piedra arrojada al aire o con fijarse en una buena meada viril y «antiprostática», para darse cuenta de que este tipo de movimientos sigue una trayectoria curva. Lo que pasa es que Aristóteles no encuentra ningún sustento teórico que explique esa curva, de modo que prefiere mantenerse en sus trece, antes que decir algo inconsistente. Por ello, la teoría de los movimientos violentos constituye el punto más débil de la física aristotélica. A finales de la Edad Media, con la aparición de la artillería, surge una nueva ciencia, la balística, que estudia la trayectoria de los proyectiles. Muy pronto, la experiencia de los artilleros mostró cuán absurdos eran los planteamientos aristotélicos y los científicos más abiertos de ideas se vieron obligados a sustituir esta antiperístasis rectilínea por el *impetus*, una inercia parabólica, más acorde con los hechos. Poco a poco, la grieta se fue agrandando y, al final del Renacimiento, el edificio aristotélico amenazaba ruina por todos sus rincones. Pero esa es otra historia. Este es el capítulo de Aristóteles y me siento obligado a defenderle a toda costa. Al fin y al cabo, aristotélicos somos todos, incluída mi amiga Antonia y sus movimientos violentos hacia su trabajo.

Aún más curiosa resulta la explicación que Aristóteles ofrece de los llamados *movimientos violentos perfectos*, esto es, de los giros que realizan los astros alrededor de la Tierra. Según Aristóteles, todos los cuerpos tienden al reposo, a menos que haya una causa que los fuerce a moverse.

—La mejor prueba de eso es mi marido —confirma Antonia—, que no se mueve salvo por muy graves motivos, y siempre con gran ceremonia y prosopopeya.

Efectivamente, lo natural es moverse lo mínimo y lo lógico es que todos estuviésemos quietos desde hace ya mucho y a eso tiende Pedro, el marido de Antonia, que es un sabio. Pero, ¿por qué no se están quietas las cosas? Examinemos el problema poco a poco. En primer lugar, ¿por qué nos movemos los que estamos aquí en la Tierra? ¿Cuál es la razón por la que no nos hemos echado a dormir la siesta desde hace ya mucho tiempo? o, en términos más técnicos, ¿cuál es el agente que provoca las generaciones, corrupciones, alteraciones, aumentos, disminuciones y movimientos constantes que se producen aquí en el Mundo Sublunar? La respuesta que da

Aristóteles es que todo ese vaivén lo produce el girar del sol, que provoca las estaciones, los fenómenos meteorológicos y el ciclo global de la vida, en general. Así que ahora la pregunta se nos ha trasladado a las esferas en donde se mueven los astros incorruptibles. ¿Por qué giran los astros (y el sol entre ellos)? ¿Qué es lo que les ha impedido detenerse, como hubiera sido natural? Según Aristóteles, las esferas que trasladan a los planetas se transmiten el movimiento unas a otras (gracias a que entre ellas no existe el vacío) hasta llegar a la esfera de las Estrellas Fijas, que sería la que daría el primer giro que pone en marcha a todas las demás. Así pues (y ya llegamos al final del problema) ¿quién o qué mueve la Esfera de las Estrellas Fijas? Al llegar a este punto, Aristóteles se encuentra con un problema monumental. Hasta ahora, en el universo aristotélico no había sitio para ningún dios. La naturaleza existe desde siempre, no tiene creador alguno y cambia según principios internos (recuérdese la fórmula aristotélica que define el ser natural como aquél que tiene en sí el principio de su propio cambio). Sin embargo, a la hora de explicarse el movimiento, nuestro pensador no tuvo más remedio que admitir la existencia de un ser sobrenatural. Un dios, que, bien se puede ver, no es objeto de adoración, ni fundamento de religión alguna, sino un simple mecanismo que pone en marcha al universo. En efecto, Aristóteles dice que, más allá de las Esferas, existe un *Primer Motor Inmóvil*, un ser máximamente perfecto; tan perfecto, que se pasa el día quieto, porque fuera de él no hay ningún sitio interesante al que ir; es más, ni siquiera sabe si hay algo fuera de él mismo, porque sólo se mira a sí mismo, pues el conocerse a sí mismo es lo más agradable e interesante que puede realizar.

—Justo como mi Pedro —apunta Antonia—, que será todo lo sabio que tú quieras, pero si le quitaran la afición al fútbol, ya ni se levantaría de la cama.

El dios de Aristóteles es como un sabio perezoso, pero a

lo bestia. Un dios que no crea, ni conoce, ni mira al mundo, y que nosotros tampoco podemos conocer, ni dirigir a él nuestras súplicas.

—Pero, entonces, ¿cómo mueve el universo?

Lo mueve sin moverse, sin siquiera conocerlo, lo mueve porque las estrellas (que, como el resto de los astros, son, según Aristóteles, *Inteligencias*) aman y admiran la actividad del dios y giran en un intento de homenajear e imitar esa actividad circular que consiste en pensarse a sí mismo, y su movimiento es circular porque es el más perfecto y porque es el que más se aproxima a la quietud que mantiene ese extraño dios. Así las cosas, no es de extrañar que cuando las obras físicas de Aristóteles llegaron al conocimiento de la Europa Medieval de los siglos XII y XIII, las autoridades eclesiásticas (que entonces acaparaban los centros y canales de transmisión de la cultura) encontrasen terriblemente peligrosa esta teología, en la que la propia excelencia de la divinidad lo aleja del mundo y, sobre todo, esta imagen de la naturaleza que no necesita a nadie para ser creada, ni mucho menos para cumplir las finalidades que ella se impone a sí misma. Al lado del dios de Aristóteles, el de los hebreos parece un casero de edificio de apartamentos, pendiente de lo que hacen sus inquilinos, caprichoso, rencoroso y melodramático hasta la exageración.

Pero, vamos ya a por otro de los conceptos centrales del aristotelismo: la idea de *substancia*. Ya hemos visto que para solucionar el problema fundamental de la filosofía griega Aristóteles matiza y distingue entre *materia, forma, acto y potencia.* Gracias a estos conceptos, Aristóteles se encuentra ahora en condiciones de ofrecer una respuesta propia al viejo problema de la filosofía griega, ese que consiste en determinar qué es lo que son las cosas, si aire, agua, apeiron, etc. Tal respuesta se encuentra en su teoría de la *substancia*. Veamos cuáles son los rasgos generales que la distinguen.

El término *substancia* significa en Aristóteles lo que las cosas son de verdad, su *esencia*, aquello de lo que decimos que es esto o aquello, el sujeto de toda atribución.

—Déjate de rollos —interrumpe Antonia—. Eso de la substancia sí que lo conocemos en mi pueblo, en Valentín. Cuando yo era pequeña venía por casa un «substanciero», que era un señor que llevaba unos huesos colgados de un palo, y mi madre le pagaba no sé cuánto para que metiera un rato un par de huesos en el caldo, para darle la *substancia*.

Efectivamente, el ejemplo es perfecto y demuestra que el aristotelismo ha llegado hasta la aldea de Valentín. El caso es que la substancia o esencia es lo que hace que algo sea lo que es. En este caso es lo que hace que el caldo sea caldo y no un «aguachirle». Luego estaría lo accidental, que es lo que puede estar o no estar, sin alterar *substancialmente* el ser de las cosas. Por ejemplo, el caldo puede llevar un pellizquito de hierbabuena, para darle aroma; pero, si no lo lleva, el caldo sigue siendo igual de caldo que el que lo lleva.

—Ah, pues yo soy tan arístotélica como la que más —esta vez es mi mujer la que interviene— porque siempre he pensado que la prostatitis es *esencial* a los varones.

Estupendo: creo que ya tenemos bastantes ejemplos. Aclarado esto, la pregunta que se plantea Aristóteles es si la substancia, la esencia de los seres naturales, está en su materia o en su forma. Para Platón, la respuesta estaba clara: lo que las cosas son de verdad es su Forma, su Idea. La materia no es más que un añadido engañoso, irreal, mudable, del que nada se puede decir con verdad. Aristóteles, en cambio, nos ofrece una respuesta mucho más sutil, que pretende asumir y superar todas las concepciones filosóficas anteriores a él. Unos, nos dice, han pensado que la naturaleza era algo material (agua, *apeiron*, aire, fuego, átomo). Otros han pensado que la esencia de los seres naturales era su forma (el Número, el Ser, la Idea). Aristóteles se inclina por estos últimos porque lo que hace que algo sea lo que es, es su forma; por ejemplo, la silla es silla no por su materia, sino por su forma (seguiría siendo una silla si en vez de madera estuviera hecha de hierro, o de piedra). Y un cerdo y un hombre están hechos de la misma materia (carne y huesos, diría Aristóteles); lo que los diferencia es cómo se estructuran esos materiales. Así pues, la naturaleza, la substancia, la esencia, es, sobre todo, forma; ahora bien (y esto es lo que diferencia a Platón de Aristóteles), se trata de una forma que no está separada de una materia. De ahí que a esta doctrina de Aristóteles se la conozca con el nombre de *hilemorfismo* (*hyle* = materia y *morfé* = forma), porque considera que la realidad está constituida por substancias individuales compuestas de materia y forma, y que estas determinaciones son inseparables; tan sólo las podemos separar en el intelecto, esto es, para hablar de ellas.

Una vez que Aristóteles ya cuenta con un método definido y con unos principios generales para pensar la naturaleza, la tarea que le resta es el estudio concreto de los seres naturales. A eso dedicó la mayor parte de su vida intelectual. Y no sólo la suya, sino que supo rodearse de un buen grupo de amigos que le ayudaron en su tarea. Efectivamente, en el 366 Aristóteles funda el Liceo, una institución parecida a la Academia platónica que recibe su nombre por ocupar el gimnasio del recinto de Apolo Liceo. El régimen de vida que se seguía en el Liceo, recordaba al de la Academia, e incluía reuniones y comidas en común, dirigidas con normas de procedimiento que aseguraban la buena marcha de las discusiones filosóficas, artísticas y científicas. Abundaban las habitaciones dedicadas a la enseñanza y la investigación. El propio Aristóteles solía dar charlas en un paseo, que en griego se dice *peripato*, de ahí el calificativo de *peripatética* que se aplica a su escuela. Además de a las clases y al estudio, Aristóteles dedicó su tiempo a completar una importantísima colección de animales, así como a reunir una gran biblioteca.

De entre todos los temas que se estudiaban en el Liceo, Aristóteles mostró su predilección por el relativo a las costumbres, el carácter *(ethos)*, el repertorio de tendencias y apetitos que gobierna la conducta de cada animal, incluido el animal racional. En efecto, el animal humano también tiene su carácter, pero, además de carácter, tiene la capacidad de pensar, la cual, al tiempo que le abre inéditas posibilidades de acción, complica su vida con constantes problemas de deliberación y decisión. Así como el carácter de los otros animales se estudia en las obras zoológicas, el carácter humano, constantemente interferido y mediatizado por el pensamiento, es objeto de un tratamiento específico, conocido con el nombre de *ética*. De este modo, la ética aristotélica se diferencia radicalmente de la ética cristiana. Ésta última pretende persuadirnos para que seamos «buenos», o mostrarnos el férreo catálogo de nuestros deberes en las diversas circunstancias de la vida. Aristóteles, por el contrario, estudia nuestra naturaleza con un fin práctico, que sería el presentarnos un ideal de vida plena, de vida verdaderamente feliz. El propósito de la ética, por tanto, sería ofrecer a sus lectores autocomprensión y pautas para construirse un modelo de vida que no deje sin aprovechar ninguna de nuestras mejores posibilidades.

La ética de Aristóteles, pues, no aspira a persuadir a nadie para que se convierta en una buena persona. No hay en ella nada destinado a convencer a nadie que no lleve ya una vida ética. Las lecciones aristotélicas tienen por objeto ayudar a quienes tienen buenas naturalezas y buenos temperamentos a desarrollar una autoconciencia y una perspectiva ética coherente: reforzar reflexivamente las vidas que ya están inclinados a llevar. De modo que si es usted un mal bicho, o un indolente, o alguien inclinado a la obediencia sumisa, o al mangoneo, o no está interesado en llenar su vida de sentido inteligente, puede pasar al capítulo siguiente. O mejor, regale este libro a cualquiera que pueda aprovecharlo mejor que usted.

Ahora que ya nos hemos quedado los mejores, podemos seguir con nuestra explicación. En general, dice Aristóteles, la mayoría de la gente organiza su vida en torno a varios fines que son mutuamente excluyentes. Así, vemos a quien se afana como un enano bilbilitano para conseguir mucho dinero, para comprarse muchas cosas de las que no puede disfrutar porque no tiene tiempo, porque se afana como un enano, para conseguir mucho dinero... De modo que, los más, llevan una vida potencialmente neurótica, como la de un perro que se quiere chupar el rabo y no termina de dar vueltas para conseguirlo. La ética aristotélica no quiere corregir a nadie, ya digo, pero sí construir un modelo de vida no neurótica, por si a alguien le pudiera interesar. Y a esos posibles interesados, nos ofrece conformar un todo armonioso con nuestros anhelos en torno a un único fin que él define con el término *eudaimonía* y que nosotros vamos a traducir, indistintamente, como *vida plena* o *felicidad.*

En efecto, Aristóteles señala que hay un consenso general en que la felicidad es el fin principal de la acción humana, pero que no lo hay a la hora de concretar y explicar en qué consiste la felicidad. Los humanos más vulgares identifican la felicidad con el placer, con el dinero o con los honores que nos acarrea la vida pública. Pero quienes sostienen esto, no tienen en cuenta que la naturaleza racional del hombre es capaz de organizarse de forma que obtenga satisfacción de actividades distintas de las de asegurar los placeres básicos. El que no persigue más que este tipo de satisfacciones no hace nada por organizar su mente, se convierte en esclavo de sus apetitos y se ve abocado a llevar una vida compulsiva. Aún así, Aristóteles no se inclina por un ideal de vida ascético. Al contrario, nuestro autor es muy consciente de que no se puede ser feliz prescindiendo por completo de los placeres del cuerpo, o del dinero, o de cierto reconocimiento por parte de nuestros semejantes.

Para poder descubrir lo que es la felicidad, debemos centrarnos en lo que de distintivo tiene la vida humana. Sólo en las actividades peculiares de la vida humana descubriremos la capacidad peculiarmente humana de ser feliz. Veámoslo en la *Ética a Nicómaco*:

> «Decir que la felicidad constituye el bien supremo parece un lugar común, y todavía es deseable una idea más clara de lo que es. Ésta podría tal vez darse si primero pudiéramos comprobar la función del hombre. Pues igual que para un flautista, un escultor o un artista, y en general para todas las cosas que tienen una función o actividad, se considera que lo bueno y el bien residen en la función, así parece que ocurre para el hombre, si es que tiene una función. ¿Tienen acaso el carpintero y el zapatero funciones o actividades y el hombre ninguna? ¿Cuál puede ser la función del hombre? La vida parece común incluso a las plantas, y aquí estamos buscando lo que es peculiar al hombre. Excluyamos, pues, la vida de nutrición y desarrollo. A continuación, estaría una vida perceptiva, pero ésta también parece común al caballo, al buey y a todos los animales. Resta, pues, una vida activa propia del ser racional. Ahora bien, si la función de un hombre es una actividad del alma conforme a la razón, si establecemos que la función del hombre es un cierto tipo de vida y que ésta es una actividad o unas acciones del alma que entrañan una razón, y si una acción se realiza bien cuando se realiza conforme a la virtud adecuada; si éste es el caso, entonces el bien humano resulta ser la actividad del alma conforme a la virtud, y si hay más de una virtud, conforme a la mejor y más completa. Pero debemos añadir "en una vida completa"; pues una golondrina no hace verano, y tampoco un día o un tiempo breve hacen a un hombre venturoso y feliz.»

O sea, que la función del hombre, aquello que nos distingue de los animales es comportarnos de acuerdo a una cierta disposición u ordenación racional del alma. Esta es la razón por la que Aristóteles puede concluir que el bien humano es una actividad del alma de acuerdo con la virtud: puesto que la virtud es cierta organización racional del alma. En suma, la felicidad sería la actividad propia del ser humano completamente desarrollado y no truncado, disminuido o pervertido, la actividad de la persona en su plenitud, del humano que posee la perfecta virtud humana, que funciona bien como humano para realizar las potencialidades y funciones que le son propias. La felicidad estriba en una cierta actividad conforme a la virtud, una actividad que se alargue durante toda la vida de un hombre suficientemente provisto de bienes externos y satisfactoriamente trufada de placeres inteligentes.

Nos toca ahora aclarar qué significa el término *virtud*. Todo objeto, todo animal, toda profesión, tiene su función. El buen cumplimiento de esa función constituye la virtud (*areté*). Así, el cuchillo que corta bien, tiene la excelencia, la virtud propia del cuchillo; el médico que cura bien tiene la excelencia propia del médico; el hombre que vive bien, tiene la virtud propia del hombre, es un hombre excelente. Lo que Aristóteles quiere averiguar es en qué consiste esa virtud propia del hombre, en qué consiste la vida buena o excelente del hombre en cuanto tal, no en tanto que marido, médico o flautista.

La función del ser humano es muy compleja, y más aún lo es determinar cuál sea su excelencia. No ocurre así con los animales. Un calamar, por ejemplo, adquiere su máxima excelencia si come muchas gambas, escupe tinta a todo el que se le pone por medio y conquista a las «calamaras» más bonitas de los siete mares. Pero los hombres podemos desarrollarnos y completar nuestra vida de muchos modos. Eso sí, lo que nos distingue a los hombres es la *inteligencia,* de modo que nuestra felicidad la obtendremos en la medida en que nos dejemos guiar por esa maravillosa facultad. Dejarse guiar por la inteligencia supone, a juicio de Aristóteles, elegir el *término medio* óptimo entre dos extremos. Desgraciadamente, no se trata de una media aritmética entre dos cantidades, que sería una regla precisa. En ética no hay reglas precisas, sino que mucho depende de cada uno y de sus circunstancias. No se trata de buscar el medio objetivo, sino el medio que conviene a cada uno. La comida adecuada para uno sería demasiado copiosa para otro y demasiado escasa para un tercero. En estos temas hay que adquirir experiencia en la vida y dejarse guiar por el consejo y el ejemplo de alguna persona racional, prudente y experimentada. «La excelencia humana —dice Aristóteles— es una disposición a decidir el término medio adecuado para nosotros, conforme al criterio que seguiría el hombre prudente.» Sin lugar a dudas, Aristóteles se consideraba a sí mismo un hombre prudente y por eso se atrevió a ofrecer un detallado estudio de las virtudes que conforman la felicidad humana. El esquema es siempre el mismo. Se considera un área determinada de la conducta humana y respecto a ella se determina el término medio en que consiste la virtud, y a continuación los vicios o extremos, tanto por defecto como por exceso. Respecto a la búsqueda de placeres corporales, por ejemplo, hay que huir del vicio por defecto de la abstinencia o insensibilidad y del vicio por exceso del desenfreno. La virtud o término medio está en la templanza.

—Otra vez con rollos raros —dice Antonia—. En mi pueblo también se decía que en el término medio está la virtud, pero lo que yo quiero saber es cuántas veces a la semana es lo prudente y si tienen que ser todas con mi marido. ¿Qué me dice a esto tu Aristóteles?

Eso es algo que sólo lo sabe cada quién, y lo que conviene es dejarse guiar por la inteligencia práctica, por lo que Aristóteles llamaba la *prudencia (phrónesis)*, que es la encargada de establecer la adecuación de las reglas, de determinar cuál es el curso de acción a seguir, cuáles son los medios adecuados para obtener nuestro fin, cuál es el término medio óptimo, que no peque por exceso ni por defecto.

—Pues si eso es la prudencia —replica Antonia—, está claro que yo ni la conozco, porque, o me como tres cajas de bombones o me pongo a dieta rigurosa, pero el término medio no lo consigo nunca. Así que a ver si me dices cómo se consigue ser prudente.

Efectivamente, todo esto puede hacerse bien o mal. El hábito de hacerlo bien, de dar en el clavo con facilidad, eso es la prudencia. Respecto a cómo llegar a ser una persona prudente, Aristóteles nos remite aquí a su teoría general del aprendizaje de las virtudes. Las virtudes no se adquieren por naturaleza, ni contra naturaleza, sino de acuerdo con la naturaleza y con arreglo a costumbre. Esto es, que nadie nace prudente, valiente, estudioso o buen flautista; pero tampoco es posible aprenderlo si no se tienen dotes. Es preciso que el individuo sea capaz y que se ejercite en el hábito de desechar los extremos para que acabe adquiriendo esa excelencia del carácter.

No podemos examinar aquí todas las virtudes y defectos que considera Aristóteles. Pero sí conviene que nos aproximemos a la amistad, por cuanto ésta sería, en opinión de Aristóteles, la más importante de las virtudes morales y la más necesaria para la consecución de una vida plena. La amistad afectaría a esa área de la vida humana en la que, debido a nuestra peculiar naturaleza de animales sociales, tendemos a aproximarnos y relacionarnos con otros miembros de nuestra especie. Dentro de todas las relaciones posibles, la más excelsa, la más virtuosa, la única que resulta imprescindible para la consecución de una vida feliz, es, sin duda, la *amistad*. Podemos vivir sin amores, dice Aristóteles, pero no sin amigos. Aristóteles dedicó un buen número de páginas a describir este hábito tan peculiar y en ellas nos presenta la amistad como un hábito excelente en el que aprendemos a tratarnos con los demás sin caer en la manía obsesiva de los amantes, ni tampoco en el natural desapego que sentimos por la mayoría de nuestros semejantes. Un amor prudente, una excelencia del carácter, un tesoro necesario: todo esto y más es la amistad. Eso sí, como cualquiera de las virtudes, la amistad no está al alcance de todo el mundo. Los hay que conocen a mucha gente, pero no consiguen un sólo amigo en toda su vida. Y es que no resulta fácil. Mi amiga Antonia, sin embargo, es la mejor amiga de todos sus amigos. De modo que puede que no sea tan imprudente como ella misma se cree.

En último lugar, Aristóteles habla de las *virtudes teoréticas*. Se trataría de unos hábitos reservados a los más dotados para las ciencias teóricas. Pero, ¿para qué sirven todas estas ciencias teóricas, entre las que Aristóteles incluye, por supuesto, la *filosofía*? Para nada, responde Aristóteles. La ciencia teórica es un puro lujo, el más excelso de los lujos, el lujo por excelencia del hombre en su plenitud. La ciencia teórica no es medio para nada, sino que es el fin último del ser humano intelectualmente bien dotado, pues en ella consiste la máxima felicidad que puede alcanzar.

Sería absurdo pensar que la *vida feliz* consiste en el descanso o la diversión, nos dice en la *Etica a Nicómaco*, pues sólo descansamos y nos divertimos para poder realizar mejor alguna actividad. La felicidad no estriba en el dormir, sino en el dedicarse a la actividad más autosuficiente, más buscada por sí misma, más inútil, más placentera y más propiamente humana. Esta actividad no es otra *que la contemplación, la vida teorética, el estudio*. La felicidad del humano inteligente consiste en la vida contemplativa. Por eso los animales y los niños no pueden ser felices. Sin embargo, no podemos dedicar toda nuestra vida al estudio, porque nos agotaríamos y porque también tenemos necesidad de procurarnos bienestar externo, de cuidar nuestra salud, de alimentarnos, de divertirnos y de cultivar la amistad. El ideal de vida feliz que propone Aristóteles consiste, pues, en tener solucionados los problemas materiales inmediatos y dedicar el ocio disponible a la ciencia teórica, a la contemplación de lo que de universal y necesario hay en la realidad. Aristóteles mismo realizó en gran medida este ideal, por lo que podemos considerarlo feliz.

—Todo esto se aleja demasiado del sentir de la gente normal. A mí, por ejemplo, lo que me gusta es el cine, leer novelas románticas, comer mucho chocolate, estar muy delgada y hacer risas con los amigos. Pero, estudiar, lo que se dice estudiar, no me ha gustado nunca.

Quizás el caso de Antonia (como el de tantos otros) sea que no ha elegido bien sus estudios. Pero mis alumnos dicen que no se trata de eso, sino que Aristóteles se equivoca al considerar el estudio como un fin en sí mismo: uno estudia para conseguir un título, para conseguir un buen trabajo, para conseguir dinero... y ya no saben seguir. Muy bien, digo yo. Pues nada, adelante. Aristóteles no quiere convencer a nadie, sino acompañar la reflexión de aquellos a quienes sí que les satisface este *tipo de vida amigable, inteligente, sencilla y consagrada principalmente al estudio* de lo que a cada uno le interese. Del resto, que cada palo aguante su vela.

Por último, Aristóteles engarza la ética con la *política*. Según nuestro autor, el mejor régimen político sería aquel que posibilita que todos aquellos que tengan ganas, talento y disposición para la vida intelectual puedan disfrutar de las condiciones de ocio, tranquilidad y recursos (moderados, pues los excesivos constituyen más bien un estorbo) que hagan posible el florecimiento de ese tipo de vida, y entendió que esas condiciones se cumplirían en una *democracia*, mejor que en cualquier otro tipo de régimen.

Aristóteles, ya lo hemos dicho, disfrutó de esas condiciones durante casi toda su vida, y muy especialmente en los años en que vivió el ambiente de su Liceo. Sin embargo la muerte de Alejandro en el 323 a. C. le situó en muy mala posición. Los enemigos de Macedonia reunieron la Asamblea y declararon la guerra a Antípatro, regente del emperador para toda Grecia y amigo personal de Aristóteles. No tardaron mucho en encontrar una excusa para deshacerse, de paso, del filósofo. El sacerdote Eurimedonte (¡sacerdote tenía que ser!) acusó de impiedad a Aristóteles, la misma acusación que había recaído sobre Sócrates, y el Estagirita tuvo que huir de la ciudad, para, según sus propias palabras, «evitar que los atenienses pecaran de nuevo contra la filosofía». Pero los vientos antimacedonios soplaban fuertes y a Aristóteles lo reciben de malos modos en todas partes. Por fin, se instala en una pequeña propiedad que poseía en Calcis (Eubea); a salvo, al menos de momento, de sus enemigos; pero lejos también de sus amigos, de sus libros y del excitante ambiente intelectual que se respiraba en el Liceo. Al viejo filósofo no le quedan ya nada más que sus achaques, sus recuerdos, sus medicinas y sus venenos. Nadie nos ha dejado noticia de cuáles fueron sus últimas palabras. Puede que fueran las mismas que escribiese unos cuantos años antes, en la *Ética a Nicómaco*: «Nadie elegiría seguir viviendo sin amigos, aunque poseyera todos los demás bienes.»

9. DIÓGENES EL PERRO

Diógenes de Sínope (400 - 323 a. C.) es uno de los filósofos más simpáticos de todos los tiempos y debería ser considerado el santo patrón de cuantos practican la sana costumbre mental de ciscarse en todo. Respecto a su muerte, circulan varias leyendas, entre las cuales merece la pena citar dos: la primera, sin duda, fue inventada por alguno de sus enemigos y nos dice que un mal día Diógenes se topó con unos perros que se peleaban por repartirse un pulpo que uno de ellos había arrebatado a un pescador. Diógenes decidió que el manjar era tan bueno para él como para los perros y entró en la pelea, con tan mala suerte que uno de los chuchos le mordió en el tendón de Aquiles, a resultas de lo cual murió. La otra leyenda nos dice que, llegado a viejo, pensó que ya era momento de descansar, por lo que decidió contener la respiración hasta morir.

Ambas leyendas le cuadran bastante bien. La primera, porque Diógenes siempre se enorgullecía de vivir con la naturalidad, sencillez y despreocupación de los perros. La segunda porque, aunque resulta de todo punto imposible que alguien muera conteniendo la respiración, sí me parece que, de todos los hombres que en el mundo han sido, Diógenes es uno de los pocos dignos de merecer una muerte tan noble y de los poquísimos capaces de conseguir semejante esfuerzo de la voluntad.

Pero vamos ya a recordar la figura de este filósofo que se convirtió en un personaje de leyenda aun antes de haber muerto. La primera noticia que tenemos de su vida es que llegó a Atenas, la patria del pensamiento, perseguido por sus conciudadanos de Sínope que lo acusaban de falsificador de moneda y de haber dejado preñadas a cuatro dignísimas herederas de las mejores familias de su ciudad. Con esos comienzos ya se intuye que tan díscolo personaje habría de aportar a la historia de la filosofía griega un tono inusitado, irreverente y vivificador.

Llegado a Atenas y como alguno le reprochara su condición de desterrado le respondió: «Gracias a no tener patria me he convertido en filósofo, pues es condición del sabio el ser ciudadano del mundo.» Diógenes, en efecto, defendió vivamente el *cosmopolitismo*, una idea ético-política que luego se extendió entre los estoicos romanos y que es el germen de todo proyecto civilizador, pues consiste en poner lo humano por encima de cualquier patria. Atentos a esta idea, porque le vamos a seguir la pista a lo largo de todo este libro. Se trata de la primera semilla visible del *humanismo*, que viene a ser lo contrario del tribalismo, del catetismo, del racismo, del nacionalismo del tipo que sea. Aristipo de Cirene (435 a. C. -?) decía que él compartía el pan con cualquier ser humano, pero se sentía extranjero en todos los países.

—Sí señor —aplaude mi padre, que le tiene mucha manía a los nacionalistas—, ahí le duele.

Cualquier humano es tan humano como nosotros. Pero todas las patrias son artificiales, postizas e incómodas. Parece elemental, pero, lamentablemente, los pueblos ignoran, niegan u olvidan este principio con demasiada frecuencia, en cuyo caso terminan indefectiblemente derramando la sangre de sus vecinos, como muy bien sabe el mundo entero, incluidos los europeos, y mejor que muchos, los españoles. Pero, mejor dejemos esto de los nacionalismos antes de que se nos llene el libro de caspa y volvamos con Diógenes, a ver si recuperamos la inteligencia y la sonrisa.

Una vez instalado en Atenas, nuestro amigo resolvió

dedicarse a cultivar su mente y eligió por maestro a Antístenes, un personaje estrambótico, con escasa vocación pedagógica, que respondió a las solicitudes de Diógenes descargándole no pocos bastonazos en las costillas, para probar la constancia y firmeza de su aspirante a discípulo. Dado que el muchacho no mostró miedo alguno a sufrir del cuerpo con tal de enriquecer su espíritu, Antístenes venció la aversión que sentía hacia el oficio de maestro y se avino a acoger al postulante y mostrarle el camino de la sabiduría. Pasado un tiempo, le tocó a Diógenes cansarse de las miserias de la vida al lado de su maestro, (quien, tal y como era habitual en la época, no dejaría de utilizar sus servicios como criado para todo, ustedes ya me entienden) y decidió emprender camino por su cuenta. Fue entonces cuando adoptó los objetos con los que se le asocia en la historia de la filosofía (igual que el santoral católico identifica a San Pedro por sus llaves, o a Santa Águeda por las tetitas trémulas que exhibe en una bandeja). Ante todo, una lucerna, un humilde farolillo de barro del que no se separaba nunca y que le servía, según decía a quien le preguntase, para buscar a un hombre («niños he visto algunos, pero hombres, ninguno»); un zurrón de piel de gato en el que guardaba los mendrugos de los que se alimentaba; un bastón, con el que abrió la cabeza a más de un imbécil; y un tinaja hermosa y fragante de vino dulce que le servía de vivienda unifamiliar, de escuela filosófica y de nido de amor para los jovenzuelos de uno y otro sexo que no se conformaban con sus explicaciones teóricas y querían conocer en profundidad el alcance práctico de sus doctrinas. Además, Diógenes presumía de que con esta tinaja podía practicar ese cosmopolitismo del que tanto presumía y trasladarse de Corinto a Atenas, para disfrutar de los inviernos benignos de ésta y de los veranos suaves de aquélla, pese a que ambas ciudades eran vecinas y enemigas prácticamente desde siempre. De este modo, la pobreza y la simpatía de Diógenes le proporcionaban un lujo que no estaba al alcance de ninguno de los ciudadanos ricos de Atenas ni de Corinto, los cuales no podían permitirse esos traslados sin riesgo de ser apedreados por sus vecinos.

El pensamiento de Diógenes es, por encima de todas las cosas, un pensamiento contrario al sentido común, esto es, a lo que piensa y hace la mayoría de la gente vulgar. Para demostrar su empeño en ir *contracorriente* solía entrar al teatro cuando los demás salían. Además, despreciaba a quienes se afanaban en sus trabajos porque «discurren mucho acerca de cómo cavar y cocear, pero nada acerca de ser honestos y buenos», a los astrónomos «que miran el sol y la luna e ignoran las cosas que tienen bajo los pies».

—Mira, eso está bien —dice mi padre—. A ver si leen esto en la NASA y en vez de enviar tanto cohete al espacio se dedican a encontraros un remedio para la próstata, por ejemplo.

No sólo deberían escucharle los de la NASA. Diógenes también criticaba a los oradores «porque procuran decir lo justo, pero evitan hacerlo»; a los avaros, «porque vituperan de palabra al dinero, pero lo aman por encima de todas las cosas»; a «los que ofrecen sacrificios a los dioses para pedir por su salud y celebran en su honor banquetes contrarios a esa salud», y a los esclavos «que viendo la voracidad de sus amos, les faltan cojones para robarles la comida». Por contra, se preciaba de admirar «a los que pueden casarse y no se casan; a quienes alargan la mano extendida a los amigos; a los que les importa navegar y no navegan; a los que podrían gobernar y renuncian a ello; a los que pueden abusar de sus semejantes y se abstienen de ejercer su fuerza, y a quienes tienen oportunidad de vivir con los poderosos y renuncian a ese tipo de vida hueca». Siglos más tarde Nietzsche también decía que las ovejas se portan bien porque no tienen más remedio, porque para ser bueno de verdad hay que ser fuerte, tener garras... y no usarlas. Tal parece haber sido el modo en que Diógenes entendía la bondad.

Sus relaciones con ricos y poderosos fueron siempre hostiles. Un día lo convidaron a comer a casa de un importante comerciante y nada más llegar, el dueño del palacio le advirtió que no debía escupir en el pavimento. Diógenes escarbó ruidosamente entre sus bronquios, juntó un gargajo bien espeso y se lo estampó entre los ojos a su anfitrión, dicéndole que no había encontrado en toda la casa un lugar más innoble en donde escupir. En cierta ocasión, el poderosísimo Alejandro el Grande peregrinó hasta donde Diógenes descansaba para recibir sus consejos y ofrecerle su ayuda, pero cuando llegó a su presencia y le dijo: «Diógenes, el más sabio de los hombres todos, pídeme lo que quieras a mí que soy el más poderoso e inmediatamente te será concedido», nuestro buen amigo le respondió: «Pues ya que lo dices, me gustaría que te apartaras y me dejaras tomar el sol en paz.» Sorprendido, el emperador le reprendió: «¿No sientes temor en mi presencia?» A lo que Diógenes le repuso: «¿Acaso eres un vulgar imbécil?» «No por cierto», le respondió Alejandro. «Pues, en tal caso, no te temo, pues sólo los imbéciles son temibles para los filósofos.»

Otro día se asomó a una taberna en la que charlaban los más afamados comerciantes del Ática y comenzó a gritar: «Hombres, necesito, hombres», y cuando acudieron dos o tres de los ricachos, los recibió a palos, diciendo: «He pedido hombres, no mierdas.» En cuanto a las riquezas, no ha habido nunca un filósofo tan sencillo. Al ver cómo un muchacho se zampaba unas lentejas en un pan ahuecado y luego bebía agua con las manos, arrojó su escudilla y declaró: «Un muchacho me gana en simplicidad y en economía.» Sobre la propiedad, decía lo siguiente: «Todas las cosas son de los dioses; los sabios son amigos de los dioses; los amigos comparten todas las cosas; así que todas las cosas son de los sabios.» Esto de compartirlo todo con los dioses lo llevaba en ocasiones a unos extremos que avergonzarían a cualquier persona decente. Por ejemplo, cuentan que una vez siguió a una bellísima muchacha hasta un templo y allí, aprovechando que estaba oscurito y que la moza se inclinaba ante el dios exhibiendo un trasero poderoso, se arremangó la túnica y le arrimó ya se imaginan ustedes qué, mientras le decía, «permite que el dios disfrute de la belleza de tu rostro, por delante, mientras yo, que soy su amigo, me aproveche de lo que te dejas por detrás.»

Precisamente esta *naturalidad* a la hora de satisfacer cualquier función orgánica en público fue lo que le valió el sobrenombre de «el perruno», apodo que él adoptó como propio y que lo convirtió en el nombre de su escuela: la *escuela cínica* (de *kynos*, que en griego significa «perro»). En esto de la naturalidad, Diógenes también ha sido un precursor, en este caso de autores tan importantes como Rousseau y de la mayor parte de sus seguidores en este siglo. Efectivamente, Rousseau defendía la vuelta a un estado de naturaleza en el que los humanos reencontraran su bondad natural, se desprendieran de artificios perniciosos (como sería la propiedad privada) y recuperaran la armonía con la naturaleza. Pese a que el parecido es notorio, hemos de decir que preferimos a nuestro Diógenes, porque, de momento, él nunca cometió la estupidez de afirmar que «el hombre es bueno por naturaleza», tal y como hiciera Rousseau. Al contrario, Diógenes sabía que el hombre era blando, débil y perverso por naturaleza y él mismo se sometía a un duro entrenamiento para vigorizarse y vencer la pereza natural. Así, no era raro verle abrazarse a las estatuas heladas en invierno, o revolcarse en la arena ardiente en verano: para endurecer su cuerpo, decía. De modo que el naturalismo de nuestro amigo se limitaba a señalar la artificiosidad de muchas de nuestras convenciones; y que para ser feliz no se precisa una sobreabundancia de bienes externos.

A pesar de todas estas excentricidades era amado por los atenienses, de modo que el día que un muchacho decidió romperle la tinaja en que dormía, las autoridades de Atenas apresaron al rufián y lo condenaron a recibir cuarenta azotes en público. Y a Diógenes la ciudad le compró una tinaja nueva para que no careciera de cobijo. Cuando recibió la tinaja por parte de las autoridades, éstas le preguntaron que cuál era el mayor beneficio que había recibido de la filosofía y Diógenes les respondió que el sentirse prevenido contra cualquier avatar de la Fortuna. Pese a este reconocimiento público, nuestro amigo no dejó ni por un momento de fustigar a todas las autoridades. En efecto, al poco tiempo, vio a unos cargos públicos que llevaban preso a un muchacho que había robado una taza, y dijo: «Gran cosa es ésta, que los mayores ladrones se cuiden de castigar al más pequeño.» Y como uno de los prebostes alzara la voz para decir: «Cuídese la gente, que anda cerca un perro y les puede morder», contestóle nuestro sabio «Pierde tú cuidado, porque ningún perro se alimenta de acelgas y menos si huelen a podridas». Otro de los presentes le preguntó por la raza de perro a la que pertenecía, y el filósofo respondió que aquélla que no obedece a nadie ni sirve para trabajo alguno.

La *desvergüenza* de Diógenes llegaba en ocasiones a límites inauditos. Un mes de septiembre especialmente caluroso salió al campo y allí halló a tres mujeres subidas a una higuera recogiendo los frutos del árbol; a lo cual, ni corto ni perezoso, se asomó con descaro por debajo de las túnicas de las ciudadanas y cuando notó lo suyo erguido se tumbó en la hierba y les dijo: «Quieran los dioses que todas las higueras den higos tan hermosos como los que acabo de contemplar y aún más quieran que alguno de ellos madure, caiga sobre mí y me alivie esta necesidad tan prieta que me crece entre las piernas.» Otro día, optó por menearse la susodicha necesidad en mitad de una plaza, y cuando un hombre que comía a la puerta de su casa le llamó guarro, le respondió que mejor haría él imitándole en aquella sana gimnasia, que no atiborrándose de comida y perdiendo con ello la salud. Y es que el bueno de Diógenes no hacía ascos a nada y fue uno de los abanderados de la no discriminación de la mujer. Así, un buen día llegó hasta él un muchacho muy arregladito que solicitó sus servicios como maestro, a lo que Diógenes le espetó: «Antes habrás de levantarte la túnica para que yo vea si eres hombre o mujer, aun cuando, seas lo que seas, te admitiré a mi lado y me cobraré las lecciones sobre tus nalgas, pues ese es el principio de la salud.» También propugnaba que las mujeres fueran generosas con sus cuerpos y los repartieran entre todos los hombres, pues tal era la viga maestra sobre la que se edificaría una república natural habitada por ciudadanos sabios y saludables. Pese a todo, su amor por la vida sana nunca le llevó a cometer ningún exceso deportivo. Así, preguntado por su opinión acerca de los atletas, verdaderos héroes en el mundo griego, respondió a su auditorio: «Poca sensibilidad y menos seso entre tanto cerdo y tanto buey.» Qué no diría el bueno de Diógenes si viera y oyera a alguno de los héroes deportivos de nuestro tiempo.

Respecto a la *muerte*, que es el tema que a nosotros más nos preocupa, Diógenes supo mostrarse con la indiferencia que se le suponía a todos los buenos filósofos, y así, decía constantemente que sólo los necios la temen, «pues en nada es temible la muerte, que cuando es presente no es sentida». En consecuencia, tampoco se mostraba especialmente religioso, y sostenía que la gente debería robar las riquezas de los templos, sin preocuparse de la opinión de los dioses, que tampoco nos pedían la nuestra para resolver sus asuntos.

Llegó a venderse a sí mismo en varias ocasiones como esclavo, para agarrar algún dinero y repartirlo entre las prostitutas más alegres de Atenas. Cada vez que lo hizo fue liberado por sus amos a los pocos días, ya que no podían soportar a un siervo que se negaba a trabajar, les corría a bastonazos, perseguía a las mujeres de la familia y actuaba como si fuera él el amo de la hacienda: «Los leones no son esclavos de los que los mantienen, sino que éstos lo son de los leones, pues es cosa de esclavos el temer, y las fieras son temidas por los hombres.»

Pese a que nunca dejó de incordiar a los atenienses, el día en que Diógenes murió, todos sintieron su falta en la ciudad, puesto que incineraron el cadáver con todos los honores y le levantaron un monumento funerario a las puertas de Atenas, sobre el que erigieron una esbelta columna corintia, coronada por una bella escultura de mármol pario que representaba a un perro de mirada altiva. Con ello, reconocían lo que hoy sabemos todos: que Diógenes fue un personaje que impregnó la vida ateniense de un profundo sentido de la ética; imprimió un giro divertido a la filosofía, casi siempre demasiado solemne en sus formas; supo no ceder ante ninguna tibieza y mostrarse siempre absolutamente radical y certero en sus planteamientos; jamás se doblegó ante el poder ni ante el dinero, cuando tuvo oportunidades para hacerlo; nos enseñó que no hay más riqueza que la alegría y la jovialidad; supo descubrir la dicha que se esconde tras las cosas más sencillas, y, sobre todo, nos dejó una lección inmensa: que quien sea fuerte, se mantendrá siempre libre, aun en medio de la esclavitud.

También sus paisanos de Sínope, la ciudad que lo persiguió por falsificador y por fornicador, lloraron la muerte de su genio más ilustre, y le dedicaron una hermosa estatua de bronce, bajo la que colocaron la siguiente inscripción:

> Hasta el bronce se malogra con el tiempo;
> mas no podrán, Diógenes, tu gloria
> sepultar las edades, pues tú solo
> supiste demostrar a los mortales,
> la facilidad de la vida,
> y, con ello, nos enseñaste a ser inmortales.

10. EPICURO Y EL VINO PURO

Epicuro (341-271 a. C.) vivió y filosofó en una casita rodeada de una pequeña huerta, muy cerca de la Academia de Platón, hasta que, a la edad de setenta años, aquejado de una prostatitis de caballo, se introdujo en un baño caliente, pidió una copa de vino puro y murió serenamente en compañía de sus queridos discípulos y amigos.

—Estupendo —aplaude mi mujer—. Otro prostático, además de borracho. Esto se anima.

Vamos por partes. La expresión «vino puro» es un tanto confusa. En principio, el vino no suele ser un veneno tan fulminante como para que una copa sola (ni dos, ni tres, ni cuatro...) pueda matar a un adulto. Algunos estudiosos del mundo antiguo piensan que los griegos bebían el vino mezclado con estupefacientes, lo cual explicaría que lo rebajasen con gran cantidad de agua, y aún así, mantuviese un fuerte poder embriagador, tal y como se refleja con toda claridad en Homero o en Platón. De modo que, quizá, al decir «vino puro», se quiere expresar que no lleva agua, pero sí las otras substancias (opio, cáñamo y puede que algo de mirra); o sea, que es un trueno de vino, vamos. Si esto es así, entonces cabe pensar que Epicuro tuvo una muerte dulce y placentera, porque el opio actúa como analgésico y relajante muscular. Una cosa es que los filósofos tengan la próstata sujeta a las tribulaciones del tiempo y otra muy distinta es que vayan a consentir que esas minucias se le lleven a uno de este mundo. Epicuro salió de la vida por su propio pie, con toda la dignidad que merece el hombre más dulce de toda la historia de la filosofía y el primero que centró su especulación en el concepto de *placer*.

Su escuela recibió el nombre del Jardín, debido al huertecillo que rodeaba la casa. A diferencia de la Academia o del Liceo, la escuela del Jardín no aspiró nunca a convertirse en un centro de producción intelectual, ni tampoco en una institución dedicada a la transmisión de una educación superior. El Jardín de Epicuro pretende ser, por encima de todo, un lugar ameno en el que vivir rodeado de gente agradable; una pequeña casita en la que unos cuantos amigos puedan vivir *un modo de vida sencillo, amigable y placentero*, presidido por un modo muy peculiar de entender la reflexión filosófica.

Epicuro entiende la filosofía no como un lujo intelectual, sino como una especie de *medicina del alma*; su misión, por tanto, será la de proporcionarnos el remedio que nos libre del dolor, de la desgracia, de las miserias que abruman nuestra vida. Una filosofía que no cure las heridas del alma no tiene para él ningún valor, porque el fin último de la actividad filosófica debe ser proporcionar felicidad al ser humano.

Para cumplir este fin Epicuro actúa como lo haría cualquier médico: primero efectúa un diagnóstico y luego propone un remedio. El diagnóstico sería que el humano no alcanza la felicidad porque vive atemorizado. El remedio es cuádruple (*tetrafármakon*, en griego), pues cuatro son los temores que amenazan nuestra vida feliz.

El primero de todos sería el *temor al destino*, o sea, el fatalismo, el pensamiento de que nada de lo que hagamos podrá cambiar nuestra vida. Este fatalismo estaba muy extendido entre los griegos, debido a que ellos creían que los dioses nos tejen un destino del que nadie se puede escapar. Epicuro se enfrenta a esta superstición desde su teoría de la naturaleza atomista. Todo lo que sucede encuentra su causa en los *átomos* y sus enlaces; estos últimos se deben a fuerzas mecánicas (el peso), junto con un factor que introduce el azar: la inclinación o desviación, que cambia, a veces, su trayectoria. De modo que no existe ningún destino predeterminado por los dioses, ni por nadie. Los humanos tenemos la posibilidad de abrir nuestra vida en cada momento a nuevas e insospechadas posibilidades. Nadie escribe nuestro destino, salvo nuestra propia voluntad. La materia es libre, y nosotros somos esa materia y esa libertad.

En segundo lugar, se situaría el *temor a los dioses*. Epicuro nos enseña a no temer la cólera divina, por cuanto los dioses, si existen, están compuestos de átomos sutilísimos y viven en regiones lejanas sin preocuparse para nada de la suerte de los humanos. Desde luego, el mundo es un lugar lo suficientemente disparatado como para pensar que se halle al cuidado de ningún dios, ni para bien, ni para mal.

En tercer lugar, se situaría el *temor a la muerte*. Según el atomismo epicúreo, el alma humana, su principio vital, está compuesta por átomos etéreos y sutiles; pero átomos materiales al fin y al cabo. Al morir, se disgregan los átomos de nuestro cuerpo y los de nuestra alma, y eso supone la ausencia total de sensación. La muerte, entonces, no es nada, y, precisamente por eso, no hay nada que temer. Morir es como no haber nacido, o como sumirse en un sueño sin sueños, un sueño absoluto, libre de las crueldades y las tristezas de la vigilia.

En cuarto lugar, se situaría el *temor al dolor.* El dolor existe y es fuente de infelicidad, nos dirá Epicuro; bien lo sabía él, que padeció durante toda su vida una salud muy frágil. Sin embargo, no es difícil soportar el dolor: los dolores muy intensos duran muy poco, nos dice, y los dolores suaves son muy fáciles de soportar. De modo que no nos debemos dejar amedrentar por él.

Con esto dicho, Epicuro considera que la filosofía ha cumplido ya su primera y principal misión: librarnos de los temores que amenazan nuestra felicidad. Ahora nos queda una segunda parte, que será ofrecernos un modelo de vida feliz que va a consistir en una invitación al placer.

Epicuro mantiene como ideal de vida general que lo único que puede hacer feliz al hombre es el *placer* (por eso esta filosofía ha recibido el nombre de *hedonismo*, porque *hedoné* en griego significa placer). El hombre es un ser vivo como cualquier otro y todos los seres vivos buscan el placer y rehúyen el dolor. En consecuencia, la primera máxima reguladora de la conducta humana será: *busca el placer y rehúye el dolor.* Hasta aquí, Epicuro nos ofrece un ideal de vida que es el que sigue cualquier animal, y en esto se parece a Diógenes. Sin embargo, Epicuro se aleja del naturalismo de los cínicos. Para obtener placeres intensos y duraderos, los humanos se han de auxiliar de su *inteligencia*, de esas facultades que los separan de los animales. La razón humana recomienda que la búsqueda del placer no sea ciega, sino iluminada por la *prudencia*, que introduce ciertas limitaciones a la máxima anterior: busca el placer con prudencia y elimina el dolor de igual modo.

—Ya te veo venir —dice mi amiga Antonia—. Ahora me vas a decir que la vida placentera consiste en estudiar mucho y darse un paseíto por el campo los días de fiesta. Y, sobre todo, nada de sexo feroz, que se nos desordena el cuerpo.

—A ver, hija —corrobora mi mujer—. ¿Qué se puede esperar de un prostático *en potencia*?

Queridas mías, la prudencia, ya lo vimos en Aristóteles, es lo que nos enseña a calibrar lo que mejor nos conviene para nuestra felicidad, que no siempre es lo mismo para cada persona. En todo caso, Epicuro nos recomienda seguir dos reglas. La primera dice así: Hay que aceptar y disfrutar el placer que se nos presente, a menos que la razón prevea que de él se derivará un dolor futuro superior. O sea, que Epicuro nos recuerda que ciertos placeres pasan factura y lo inteligente es calibrar si de verdad valen su precio. Si nos ponemos morados de tocino, por ejemplo, podemos pasar un rato estupendo, pero, probablemente arruinemos nuestra salud. Y así con todo.

La segunda de las reglas viene a decir lo mismo: hay que apartarse del dolor presente, a menos que la razón prevea que su aceptación nos reportará un placer futuro superior. O sea, que no nos traguemos ninguna amargura, a menos que sepamos que es precisa para obtener algún placer que la compense.

En suma: placeres, todos, pero con prudencia, porque hay placeres que reportan dolores, y dolores que reportan placeres. Así que, a gozar todos, pero con tiento. Para ayudarnos a esta tarea, Epicuro distingue el *placer de los sentidos* y el *placer intelectual.* Respecto del primero, Epicuro señala que puesto que su satisfacción nunca puede ser completa, lo mejor es limitarlos al máximo, buscando, eso sí, la ausencia de dolor sensible.

—O sea, que se trata de copular lo justo para que no nos duela el chisme; pero ni uno más —pregunta Antonia, siempre tan explícita.

No exactamente. Recuérdese que *la ética griega no recopila obligaciones, sino que recomienda cursos de acción.* En este caso, la idea de Epicuro es que el sexo, la comida, la bebida, etc. no pueden ser el centro de nuestras vidas, aunque eso no significa que nos tengamos que abstener de nada de esto. Hay que frecuentarlos lo suficiente como para no echarlos en falta, y cada uno sabrá la dosis que necesita de cada uno de estos placeres para sentirse a gusto y satisfecho. Ahora bien, el placer fundamental es el placer de la *amistad:* «De entre las bondades que la sabiduría procura para la felicidad de la vida entera —afirma Epicuro—, la mayor, con diferencia, es la riqueza de la amistad.» A esto, hay que unir los placeres del intelecto, pues son los únicos que no nos pasan ninguna factura desagradable: «Cuando han finalizado los demás ejercicios, se recoge su fruto con trabajo; pero, en la filosofía, el goce coincide con el conocimiento, pues no se disfruta después de haber aprendido, sino que el hecho de aprender y el placer existen al mismo tiempo.» Así pues, *la vida de estudio y el cultivo de la amistad* son las fuentes de donde más claro mana el placer.

Al final, ya ven cómo hemos venido a parar más o menos al mismo sitio al que había llegado Aristóteles. Desarrollar nuestra inteligencia produce un placer inmenso, dulce y continuo, gracias al cual obtenemos la *ataraxía*, un término griego que equivale a lo que nosotros entendemos por *tranquilidad de ánimo*, que es la esencia de la felicidad. Lo que el hombre debe buscar es la paz interior, no el placer flojo, blando, lelo, banal y falso que nos proporcionan las riquezas. Así nos lo dice Epicuro en una de sus más bellas máximas: «Si quieres hacer rico a Pitocles, no aumentes sus riquezas; disminuye sus deseos.» El hombre que ha llegado a este estado de *ataraxía*, que rehúye el dolor sensible, pero lo acepta resignadamente si le sobreviene; que limita sus necesidades materiales, sin anularlas; que aspira al gozo de su alma derivado del saber y del cultivo de la amistad, este hombre será un sabio, el llamado sabio epicúreo, alguien que vive feliz, libre de inquietud, protegido por el colchón amable que supone el vivir rodeado de amigos y que no aplaza la consecución de ninguno de sus placeres: «Nacemos una vez, no es posible nacer dos veces. Es entonces irrealizable la eternidad. No obstante, tú, que no eres dueño del mañana, difieres la felicidad. Pero la vida se arruina en la espera y cada uno de nosotros muere sin haber alcanzado nunca el reposo.»

Una advertencia sí nos quiere hacer Epicuro: si la felicidad radica en la tranquilidad de espíritu, en la ataraxía, la vida social intensa será un obstáculo para el logro de la felicidad; un obstáculo sin solución, pues nada de lo que haga el filósofo podrá mejorar ni estropear ese mundo de la *política*, que se rige por reglas propias, macabras y ajenas a la recta razón. Por ello, Epicuro considera la sociedad como un mal necesario, ya que la vida del hombre al natural sería un mal mucho peor. Pero, aceptando la vida en sociedad, el sabio epicúreo y el que aspire a conseguir su ideal de vida, deben vivir lo más alejados posible de ella: «*Vive ocultamente.*» Esa es la norma fundamental, el consejo que nos ha legado Epicuro a este respecto. Vivir en sociedad sí, porque no tenemos más remedio; pero vivir lo menos socialmente posible, ya que la sociedad es una fuente de desasosiego para el ánimo.

Epicuro escribió numerosos tratados en los que explicaba su atomismo y su doctrina ética. Desgraciadamente, los cristianos, tan dados ellos a imaginar cochinadas y barbaridades, consideraron a este filósofo como una especie de representación viva de Satanás en la tierra y al Jardín como un lugar en donde tenían asiento todo tipo de orgías perversas. De ahí que durante la Edad Media (esa época tan simpática en la que la Iglesia detentaba el control de todos los centros de transmisión de la cultura), las copias existentes de los libros de Epicuro fuesen sistemáticamente quemadas, en nombre del bien de las generaciones futuras, que podríamos contaminarnos si leyéramos esas cosas tan materialistas y hedonistas. Sin embargo, han bastado los breves fragmentos que se conservan de su obra para que su doctrina haya encontrado discípulos en todo tiempo y lugar. No me importa confesar que me cuento entre ellos. Espero que ustedes, después de haber leído este capítulo, también se sientan tentados a convertir su vida en un jardín de placeres sencillos. Al fin y al cabo, la vida es brevísima y Epicuro tiene más razón que un santo cuando advierte que «todo hombre sale de esta vida con la sensación de que acaba de nacer hace un momento». Así que ya me contarán ustedes qué mejor cosa podemos hacer que cuidarnos y darnos gusto. Además, no se fíen de aquellos que reniegan del placer. O mienten, o son unos amargados y unos resentidos.

En cualquier caso, son peligrosos. Háganme caso y aléjense de ellos, porque, en palabras de Epicuro, «no existe una vida placentera sin que sea sensata, recta y justamente vivida, ni se puede vivir sensata, recta y justamente sin el placer. Quien no tiene tal criterio, no puede vivir gozosamente».

11. ZENÓN Y EL CONTROL DE LA RESPIRACIÓN

Hacia el año 300 a. C. Zenón de Citio, un comerciante chipriota de origen fenicio, naufraga y llega cubierto de algas y arruinado a la ciudad de Atenas, el centro filosófico más importante del mundo. Allí, vapuleado por la vida, harto de todo y convencido de que no hay más felicidad que la que provenga de nuestro interior, conoce a Crates, el principal discípulo de Diógenes de Sínope, quien le ofrece el consuelo de la filosofía. Muy pronto, Zenón establece su propia escuela filosófica en el Pórtico de las Pinturas o *Stoà poikile*, una especie de museo decorado con cuadros de Polignoto. Fue varón enjuto, nervudo de piernas y moreno de color. Dicen que gustaba mucho de los higos frescos y de sentarse al sol. Y que era estudioso, sobrio, parco en palabras y afable con todos, hasta el punto de llegar a convertirse en un personaje muy querido de los atenienses, quienes le confiaron la custodia de la llave de la ciudad y le entregaron una corona de oro. Según Diógenes Laercio disfrutó de una vida saludable y larga, pues llegó a cumplir los noventa y ocho años de edad.

Su muerte acaeció de esta filosófica manera: una mañana de finales de verano, Zenón dio por concluidas sus clases en el Pórtico y salió al campo, con la intención de despejarse y coger unos cuantos higos, que ya empezaban a estar maduros. Pero, nada más dar unos pasos, tropezó con una piedra y se lastimó un dedo del pie. Se levantó, siguió su camino, y, al poco, volvió a tropezar y caer al suelo. El filósofo, que nunca había tenido el menor achaque, interpretó esto como un signo de desmoronamiento físico y pronunció en voz alta estas palabras: «Oh, muerte, heme aquí dispuesto, pues siempre lo he estado. No hace falta que me llames.» Y, antes de que sonara el tercer aviso, contuvo la respiración y se murió. ¡Toma castaña!

—Anda ya —dice mi mujer—. Otra vez estamos con las mismas tonterías. Nadie puede contener la respiración hasta morir.

Hoy no, desde luego. Ya no quedan hombres como éstos, pero me juego la próstata a que Zenón sí fue capaz. No en vano su doctrina nos enseña a ser felices a través del control de las pasiones y de las llamadas del cuerpo. En todo caso, la muerte de Zenón no supuso el agotamiento de su doctrina, sino todo lo contrario. El estoicismo floreció muy por encima del resto de doctrinas filosóficas y, en el mundo romano, llegó a suplantar y aglutinar las doctrinas anteriores, hasta convertirse, de un modo casi absoluto, en la filosofía por antonomasia de la época imperial. Doña María Zambrano, una filósofa española que supo mantener vivo el estoicismo en pleno siglo XX, dijo de esta escuela que su pensamiento es «el zumo que arroja al ser exprimida la filosofía antigua cuando alguien quiere saber a qué atenerse». Los principales representantes de la escuela del Pórtico fueron Zenón, Cleantes, Séneca, Epicteto y el propio emperador Marco Aurelio. Veamos ahora cuáles fueron los rasgos de esta filosofía que supo teñir de una profunda elegancia el pensamiento del mundo grecorromano.

En primer lugar, hemos de decir que la filosofía tiene para el estoicismo el mismo carácter que para el epicureísmo. Es decir, su fin último es la búsqueda de la felicidad y, para ello, se propone diagnosticar las enfermedades del alma y aplicarles un buen tratamiento. Pero, mientras que Epicuro diagnosticaba cuatro temores básicos en el alma, los estoicos, más cercanos al naturalismo de Diógenes, decretan que la salud del alma estriba en acoplarse a las leyes de la naturaleza, en remar a favor de la corriente que marca el orden natural. De ahí la máxima fundamental del estoicismo: *vive conforme a la naturaleza*. En palabras de Epicteto: «No pretendas que lo que sucede suceda como quieres, sino quiérelo tal como sucede, y te irá bien.» O, en un texto aún más explícito, esta vez de Séneca: «Por lo pronto, me atengo a la naturaleza de las cosas; la sabiduría consiste en no apartarse de ella y formarse según su ley y su ejemplo. La vida feliz es, por tanto, la que está conforme con su naturaleza; lo cual no puede suceder más que si, primero, el alma está sana y en constante posesión de su salud; en segundo lugar, si es enérgica y ardiente, magnánima y paciente, adaptable a las circunstancias, cuidadosa sin angustias de su cuerpo y de lo que le pertenece, atenta a las demás cosas que sirven para la vida, sin admirarse de ninguna; si usa de los dones de la fortuna, sin ser esclava de ellos. Comprendes, aunque no lo añadiera, que de ello se sigue una constante tranquilidad y libertad, una vez alejadas las cosas que nos irritan o nos aterran; pues en lugar de los placeres y de esos goces mezquinos y frágiles, dañosos aun en el mismo desorden, nos viene una gran alegría inquebrantable y constante, y al mismo tiempo, la paz y la armonía del alma, y la magnanimidad con la dulzura; pues toda ferocidad procede de la debilidad.»

Respecto a qué sea la naturaleza, el estoicismo se aparta del atomismo epicúreo y resucita algunos de los postulados básicos de Heráclito: la naturaleza es un fuego siempre vivo, regido por un *lógos* universal, rector y divino. El hombre también participa de ese *lógos*, a través de su alma, que es su principio rector y la sede de su racionalidad. De ahí que vivir conforme a la naturaleza sea *vivir conforme a la razón*.

Esto último parece cosa fácil, ya que vivir de acuerdo a la razón no debe de resultar muy arduo para un ser racional. Parece fácil, pero no lo es; a esta vida racional se oponen las *pa-*

siones, afecciones del alma que nos impulsan al placer y a la búsqueda afanosa y alocada de bienes materiales, porque tales pasiones, derivadas de la ignorancia, nos engañan y nos hacen creer que esos bienes son imprescindibles para nuestra felicidad. De ahí el lema de la filosofía estoica: *anéjou kaì apéjou, sustine et abstine*, *resiste y abstente*.

—Dicho en plata: «ajo y agua» —la puntualización me la regala Antonia (la aristotélica de Valentín) que es la más diáfana de todos mis amigos.

—Pues sí, hija, «ajo y agua», y más vale que piensen eso cuando les llegue lo de la próstata —esto, no hace falta decirlo, lo dice mi Cristina, que me lleva marcadísimo.

En todo caso, sí que suena bastante a lo del «ajo y agua», pero con ciertos matices interesantes. Los estoicos insisten mucho en que cuanto más nos afanemos en la consecución de los bienes materiales, del placer sensible, mayor es la necesidad de ellos. Y eso nos puede convertir en esclavos de los bienes materiales. O sea, que es «ajo y agua», pero un ajo y un agua que no reprime, sino que libera. Es el caso que comentábamos unos capítulos antes del que trabaja como un enano, para ganar mucho dinero, para comprar muchas cosas de las que apenas disfruta, porque tiene que trabajar como un enano... Epicteto lo dice con mucho desparpajo: «Señal es de incapacidad natural pasarse la vida ocupado en las cosas concernientes al cuerpo, como en hacer mucha gimnasia, comer mucho, beber mucho, cagar mucho, follar mucho. Estas cosas se han de hacer, más bien, accesoriamente; dedíquese, en cambio, a la mente toda la atención.»

Así pues, hay que dominar las pasiones, y a este *dominio de las pasiones*, a este extinguir los deseos de placer y de bienes materiales, es a lo que llamaban los estoicos *apátheia* (carencia de pasiones). Como consecuencia de la *apátheia* el hombre vivirá de acuerdo con la razón; y la virtud consiste precisamente en eso: *vivir racionalmente*. De esta manera el hombre será feliz, ya que poseerá el único bien real que hay en el universo, la citada virtud. Sólo la virtud es un bien; sólo el vicio es un mal; todas las demás cosas son indiferentes, ni buenas ni malas. Es la teoría de la *adiaforía* (*indiferencia*).

El hombre que ha llegado a este estado, es decir, a alcanzar la *apátheia* y la virtud, es el sabio estoico, el hombre feliz y que lo será pese a las desgracias y males que le puedan aquejar. Este sabio estoico, destaca, pues, por su forma de vida, no por lo mucho que sabe de teorías filosóficas. Dice Epicteto: «Actitud y manera de ser del no filósofo: nunca espera de sí mismo provecho o perjuicio, sino de las cosas exteriores. Actitud y manera de ser del filósofo: todo provecho y todo perjuicio lo espera de sí mismo. Señales del que progresa en la filosofía: a nadie censura, a nadie alaba, de nadie se queja, a nadie acusa, nada dice de sí como si fuera alguien o supiera algo. Cuando halla algún obstáculo o impedimento, se echa la culpa a sí mismo. Ha suprimido de sí todo deseo y sólo muestra su aversión hacia aquello que, dependiendo de nosotros, es contrario a la naturaleza. Se vale para todo de un impulso moderado. Si parece necio e ignorante, no le preocupa. Y, en una palabra, se mantiene siempre alerta, vigilándose a sí mismo como a un enemigo insidioso.»

Respecto a su postura ante la sociedad, destaca su defensa del ideal *cosmopolita* introducido por Diógenes de Sínope. Así, encontramos que Séneca declara lo siguiente: «Nosotros decimos que nuestra patria es el mundo; somos ciudadanos del mundo.» De nuevo nos topamos con ese proyecto humanista que se va gestando en la Filosofía. Todos los hombres forman una única especie, hermanados por esa racionalidad que late en nuestra alma. Lo cual no significa que se considere a todos los hombres igualmente bondadosos, ni igualmente razonables, aunque las diferencias entre los hombres no han de justificar el abuso, ni el despotismo. Tal es lo que recomendaba el emperador Marco Aurelio: «Al amanecer, repítete lo siguiente: me voy a tropezar con un indiscreto, un desagradecido, un insolente, un envidioso y un insociable. Todo esto les sucede por su ignorancia del bien y del mal. Sin embargo, yo conozco la belleza del bien, y lo vergonzoso de la injusticia, así como la naturaleza débil del que comete la falta, y sé que no puedo sufrir daño ni vergüenza por parte de ningún ignorante.»

En relación con la política, el sabio estoico se muestra totalmente *indiferente*, porque su filosofía le pone al margen de todo sufrimiento, pues lo que daña a los hombres no es lo que nos pase, sino la opinión que nos merece lo que nos pase.

—Pero, vamos a ver, ¿qué se consigue con tanto aguantarse? —me interrumpe Cristina—. Al menos, la Iglesia Católica promete el cielo a aquellos que se «resignen» cristianamente a sufrir en este valle de lágrimas y de próstatas inflamadas. Pero, ¿qué nos prometen los estoicos?

Poca cosa. Aunque prefiero dejar que sea Séneca el que responda a esta cuestión:

> «El que se ha propuesto esto: "Yo veré la muerte con la misma cara con que oigo hablar de ella; yo despreciaré igualmente las riquezas presentes y ausentes, y no estaré más triste si están en otro lugar, ni más animoso si brillan a mi alrededor; yo no seré sensible a la fortuna, ni cuando llegue ni cuando se aparte; yo viviré como quien sabe que ha nacido para los demás, y daré gracias por ello a la realidad: pues, ¿cómo podría arreglar mejor mis asuntos? me ha dado a mí solo para todos, a todos para mí solo. Cuanto tenga, ni lo guardaré con avaricia ni lo derrocharé pródigamente. Nunca será para mí mucho lo que reciba un hombre digno. No haré nada por la opinión, todo por la conciencia. Al comer y al beber, mi fin será satisfacer los deseos naturales, no llenar el vientre y vaciarlo. Afable para mis

amigos, suave e indulgente para mis enemigos, cederé antes de que me rueguen y me adelantaré a las peticiones honestas. Sabré que mi patria es el mundo. Y cuando la naturaleza reclame mi espíritu o mi razón lo despida, me iré con el testimonio de haber amado la conciencia recta y las buenas inclinaciones, sin haber mermado la libertad de nadie, y menos la mía.» El que se proponga, quiera o intente hacer esto, se acercará a los dioses; y aun cuando no lo haya conseguido, ha caído, sin embargo, después de haber osado grandes cosas.»

Esto es, que el ideal de vida cristiano nos invita (nos obliga, siempre que puede) a renunciar a la felicidad en este mundo, a cambio de obtener la recompensa de una felicidad eterna en la otra vida. Sin embargo, el estoicismo es una filosofía que propone unas pautas de conducta encaminadas a obtener un cierto tipo de felicidad aquí y ahora, una felicidad que quizás no resulte muy apetecible y nos pueda parecer demasiado encorsetada, pero que, en el fondo, no es sino un método para educar la voluntad, encaminado a la obtención de la *autonomía.* Nadie puede ser feliz, nos dicen, si es esclavo de sí mismo. Los atenienses, que llegaron a convertirse en un pueblo con un buen oído para la filosofía, supieron ver muy bien cuál era el sentido de las doctrinas de Zenón de Citio cuando enterraron a este filósofo en el cementerio en el que sepultaban a sus héroes y pusieron sobre su tumba la siguiente inscripción:

Aquí yace Zenón, honor de Citio,
varón venerable y cubierto de canas,
fundador de fuerte escuela,
ciudadano del mundo.
Seguiste la virtud que nos lleva a las estrellas.
Tu filosofía es madre de la libertad.

12. EL ASESINATO FRUSTRADO DE LA FILOSOFÍA CLÁSICA

La caída del Imperio Romano se cruzó en el camino con el ascenso del cristianismo al puesto de religión única y oficial del llamado mundo civilizado. Entre uno y otro fenómeno hay fuertes y curiosos vínculos que a nosotros no nos toca desvelar. Aquí nos interesa la historia de la filosofía, no la Historia en general y, por tanto, nos basta con saber cómo se vio afectada nuestra materia por la aparición de esa nueva religión. Sobre esto, como sobre cualquier tema que roce los llamados sentimientos religiosos, las opiniones son variadas, encontradas y enconadas. O sea, que, en este punto, los eruditos suelen andar con pies de plomo, por aquello de la prudencia intelectual. Y ya me gustaría a mí poder escribir como un erudito, pero es que en el prólogo de este libro me he comprometido con la claridad, no con la prudencia. Así que ahora no me van a consentir ustedes que me ponga a marear la perdiz, ni a envolver la verdad detrás de consideraciones cursis. Total que mejor lo digo claro, subrayado y de una vez: *El encuentro con la religión cristiana le sentó a la filosofía como una patada en los mismísimos;* eso como poco. Quienes no lo ven así, suelen argumentar que, a partir del siglo VI, no hay filósofo que no tenga que ver con la religión, para bien o para mal, de modo que el cristianismo forma hoy parte innegable de la filosofía, y los filósofos tienen la obligación histórica de reconocer esta deuda. El argumento se las trae. Viene a ser como si un fanático de la cojera se aproximara a un individuo y le cortara las dos piernas; y, al cabo de los años, el criminal exigiese a su víctima que le reconociera con agradecimiento que su vida no sería la misma sin el hachazo que le diera en su día.

Supongo que recuerdan aquella cita platónica de Harry el Sucio, el iracundo policía interpretado por Clint Eastwood, quien señalaba que «las opiniones son como los culos: todo el mundo tiene uno». Para que una opinión supere ese estatus tan lamentable necesita verse reforzada con razones. Y para razones, no hay nada como los hechos. Hechos que, en el caso presente, son hechos mostrencos; hechos vergonzosos para quien se dice heredero intelectual de la Iglesia que en su día los perpetró; hechos que perfilan la catadura moral de quien los comete y de quienes niegan o minimizan su existencia; hechos que comprometen a la Historia entera de nuestra civilización; hechos que nos permiten afirmar que la Santa Madre Iglesia persiguió obsesivamente la filosofía, la ciencia y la cultura en general en el mismísimo momento en que pudo quitarse la máscara y mostrarse tal cual es.

El primer acto de este drama lo protagonizó su muy cristiana majestad imperial Justiniano I, quien, en el año 529 de nuestra era, dicta un decreto por el que ordena el cierre de la Academia de Platón, decreto que satisfizo enormemente a toda la jerarquía eclesiástica que rodeaba al emperador. A partir de este momento, ya no queda en pie ninguna de las grandes instituciones culturales del mundo grecorromano. Por todas partes se derriban los templos de los viejos dioses y se queman los libros de los filósofos paganos. La Iglesia recibe el encargo de filtrar todo el legado del mundo clásico y salvar sólo aquellos textos que puedan *servir* a la interpretación de la Escritura. A la filosofía se la degrada al papel de «chacha» de la Teología *(ancilla theologiae).* Esta servidumbre se manifiesta en que los teólogos usan la filosofía como un saco de argumentos con el que defender sus posturas, dogmáticamente admitidas antes de la investigación. A esto se le denomina hoy *racionalizar*, por oposición a *razonar*, que sería el no admitir nada como cierto salvo aquello que resulte razonable. Anden atentos a este modo peculiar de falso razonamiento, porque su presencia en nuestra sociedad es abrumadora, hasta el punto de que creo que es donde mejor se notan las raíces cristianas de nuestra cultura. Así, vemos que gente supuestamente ilustrada parte de una serie de prejuicios, busca los argumentos (en los periódicos, emisoras de radio, etc. que sabe que comparten su ideología) que le vienen bien para defenderlos, y desprecian aquellos otros que ponen en cuestión sus dogmas, en lugar de intentar abrir la mente al mundo y a las razones que lo desvelan, que es lo que nos habían enseñado los griegos. Volviendo a los inicios del Medievo, este proceder resultó en que las únicas obras filosóficas de que dispuso la cristiandad en el período que va del siglo VI al XII fueron las siguientes:

a) De Platón, sólo se conoce una parte del *Timeo*, y en traducción latina.

b) De Aristóteles, sólo algunos tratados de lógica (también en traducción latina) comentados por Boecio.

c) De Porfirio (un filósofo neoplatónico, ya de por sí bastante religioso), la *Isagogé*.

d) Algunos escritos de Cicerón y Séneca, y ciertas páginas de Lucrecio.

El resto (las «criadas respondonas», como Epicuro, Demócrito, y demás) fue prohibido, quemado y olvidado. Así que, quizás me he quedado corto con lo de la patada en los mismísimos. Lo que la Iglesia cometió contra la filosofía es un intento de asesinato en toda regla. Y si se quedó en intento fue porque la filosofía, como veremos en seguida, resultó muy mala de matar.

—Pues con tan poca lectura ya me dirás tú en qué se entretenían los monjes, como no fuera en despiojarse unos a otros y en perseguir a los novicios.

Esta puntualización un tanto desmedida se la debo a mi amigo Pedro, que estudió con los frailes y es un anticlerical de los de antes. Si me hubiese dejado continuar con mi argumentación, sin embargo, habría visto que la prohibición de los textos paganos corrió paralela a una sacralización de los textos cristianos. Los libros podían llevarnos al Cielo o al Infierno. Parece como si no existiesen más que dos autores: Dios o el Demonio; mientras que los hombres no alcanzan más que a servir de amanuenses de estas dos fuentes de inspiración. La tarea que asume la Iglesia es la de distinguir los libros buenos de los malos, los de Dios y los del Demonio, para luego estudiar los buenos y arrojar los perniciosos a la hoguera. Y así, los autores cristianos leyeron, copiaron, ilustraron, interpretaron y comentaron hasta la saciedad la Biblia (el Libro por antonomasia) y las obras de los primeros autores cristianos (la llamada *Patrística*), como Boecio, San Isidoro de Sevilla, Clemente de Alejandría, Lactancio, Pseudo-Dionisio el Areopagita (ojo al nombre), San Ireneo, Tertuliano y, por encima de todos, San Agustín de Hipona, un teólogo fundamental a la hora de definir los dogmas católicos a la luz de la filosofía platónica y del estoicismo.

La veneración hacia los textos trajo dos consecuencias fundamentales: en primer lugar, la consagración del *argumento de autoridad* (absolutamente contrario al espíritu crítico de la filosofía) como argumento no ya legítimo, sino prácticamente definitivo y único. O sea, que algo se convertía en verdadero si aparecía escrito en alguno de los textos ortodoxos. Así, por ejemplo, la Iglesia consideró durante mucho tiempo como una verdad indudable que la Virgen María fue «impregnada por la oreja», porque así lo dijo San Ambrosio, uno de los principales representates de la Patrística. A finales de la Edad Media, cuando los textos de Aristóteles, Galeno, etc., fueron admitidos a este «Cielo» de los autores venerables, sus textos se convirtieron en punto menos que sagrados y el «*Aristoteles dixit*» («Aristóteles lo dijo») en un argumento científico.

La segunda consecuencia es que la cultura medieval terminó por convertirse en una *cultura libresca*, de modo que no era raro que los astrónomos, por ejemplo, estudiasen las estrellas en los libros y no en el cielo, y así con todo. Y no sólo se interpretaban los libros, sino que el universo entero se concebía como un libro escrito por Dios, en el que el cristiano debía leer los sentidos aparentes y ocultos que el Señor había dispuesto en ese texto monumental. Este modo de interpretar, de «leer» el universo produjo una especie de cortocircuito en el pensamiento medieval, de modo que se dieron por buenas las más absurdas asociaciones, con tal que fuesen acordes con el pensamiento cristiano dominante. Por ejemplo, el león simboliza el infierno que se traga a los pecadores por su boca; pero también el perdón de los pecados, porque «con su cola borra las huellas que deja cuando camina en el desierto» (?). El unicornio se considera un animal realísimo para los medievales, porque, «en su amor por la virtud y la virginidad, se aproxima y simboliza a nuestro Señor Jesucristo». El avestruz representa la unidad de la Trinidad, porque «sus plumas perfectamente iguales (?) despiertan la idea de unidad.» La cigüeña es símbolo de la tentación, porque «la cigüeña viuda enciende la concupiscencia del macho joven restregándole el culo por el pico.» Y así podríamos seguir con un sinfín de disparates completamente al margen, no ya de algún método científico o precientífico, sino de cualquier criterio medianamente sensato.

Estos modos de leer los textos y el mundo, unidos al desarrollo de las técnicas argumentativas que, en su día, recogiera Aristóteles de los sofistas, dieron lugar a la llamada *es-*

colástica (de «escuela»), uno de cuyos primeros y principales representantes fue Pedro Abelardo, un buen hombre, muy sufrido, autor de una ética que contiene algún atisbo interesante, como tendremos ocasión de ver en el capítulo próximo.

—Bueno, pero la filosofía no llegó a desaparecer del todo —admite Pedro.

Afortunadamente, no; ya digo que la filosofía es muy mala de matar y logró renacer con renovadas fuerzas durante ese período histórico al que llamamos Renacimiento. Naturalmente, eso fue posible gracias a que toda esta gran tradición de pensamiento logró mantenerse oculta o medio disfrazada durante los más de novecientos años que transcurrieron entre el cierre de la Academia platónica y la apertura de la nueva Academia platónica en la Florencia de los Medici. El primer foco de supervivencia de la cultura clásica lo encontramos en Bizancio, el resto oriental del Imperio Romano, una civilización muy cerrada en sí misma que logró pervivir hasta el siglo XV, en que los turcos arrasaron Constantinopla. Pero, antes de que esto ocurriera, los bizantinos guardaron en sus bibliotecas una buena parte del legado del mundo clásico y de allí lo fueron irradiando poco a poco en sus escasos contactos con la Europa feudal y con el mundo árabe. Un proceso que culminó en 1438, cuando Jorge Gemisto Pletón, un filósofo bizantino del que hablaremos más adelante, llegó a Florencia y animó a Cosimo de Medici a abrir la Academia platónica florentina.

El otro foco de transmisión del legado grecorromano lo encontramos en Siria y Mesopotamia. Efectivamente, mucho antes del cierre de la Academia, la filosofía helénica había llegado hasta esas lejanas tierras, de la mano de monjes (con más amor por la cultura que sus hermanos occidentales) que acudieron allí a fundar monasterios y comunidades cristianas, y que llevaron con ellos las obras de Aristóteles, Platón, Ptolomeo, Teofrasto, Alejandro de Afrodisia, Euclides, Hipócrates y Galeno. Posteriormente, los árabes y los hebreos entraron en contacto con estos monjes, quienes les transmitieron su amor por la cultura grecorromana. Gracias a esto, la civilización árabe alcanzó un desarrollo y refinamiento sorprendentes, sobre todo si lo comparamos con lo que ocurría por entonces en Europa. Alfonso X de Castilla, que había combatido y convivido con los árabes en España, comprendió lo que valían los científicos y filósofos árabes y hebreos, y fundó la Escuela de Traductores de Toledo, donde todo este bagaje se vertió al latín, que por entonces era la lengua vehicular de la cultura cristiana. En el siglo XIII, los textos de Aristóteles y los de sus comentaristas árabes y hebreos llegan a las recién nacidas universidades europeas, donde provocan una verdadera revolución intelectual que culminaría en Santo Tomás de Aquino, quien consigue elaborar un monumental sistema teológico que se expresa en una terminología aristotélica. Pero, sobre todo, fue importante el impulso que los textos científicos y filosóficos de los árabes y los judíos dieron a la prácticamente inexistente tradición científica cristiana. Este libro se va a ocupar más adelante de Averroes, el mejor divulgador y comentador de la obra científica y filosófica de Aristóteles, además de un profundo conocedor de la filosofía política de Platón. Durante los siglos XIII y XIV el término *averroísta* pasó a ser sinónimo de hereje, revolucionario, y pecador del intelecto. Entre estos averroístas hay que destacar al genial Guillermo de Ockham, el lógico más importante de toda la Edad Media, un teólogo firme y consecuente y el padre de la filosofía moderna en Gran Bretaña. También le dedicaremos un capítulo.

—Entonces, no vas a hablar ni de San Agustín, ni de Santo Tomás. ¡Como lean este libro en el obispado, te excomulgan!

¡Qué le vamos a hacer! Un libro no puede hablar de todo, porque, para reflejar el universo, necesitaría ser tan extenso como el propio universo (Borges *dixit),* de modo que, a la hora de elegir, he optado por los autores que yo creo que son más interesantes desde el punto de vista filosófico. Agustín y Tomás pesan más como teólogos que como filósofos. De hecho, jamás razonaron en serio, sino que «racionalizaron» todo lo que pudieron y más, esto es, que usaron la filosofía como un almacén de argumentos del que sacaban todo aquello que les servía para combatir herejías, defender su interpretación de las Escrituras y sostener la fe católica, en general; pero nunca entendieron la filosofía como un procedimiento para averiguar la verdad. En cuanto a la excomunión, hoy día la Iglesia no excomulga a nadie. Más bien parece empeñada en llevarnos al Cielo a todos, nos guste o no. Así que allí nos veremos. Entretanto, sigan conmigo hasta el próximo capítulo.

13. ABELARDO Y LA INTENCIÓN PURA

Pedro Abelardo (1079-1142) ganó merecida fama por su tratamiento del problema de los universales, así como por su filosofía moral, que es un antecedente de la de Kant.

—Déjate de rollos —dice Cristina, que hoy se ha puesto a mi lado y con la escopeta cargada, me temo —; a Abelardo se le conoce y se le quiere por su *Historia calamitatum*, un libro en el que cuenta sus desgracias y sobre todo su amor por Eloísa.

Ciertamente, don Pedro padeció un amor que le desgarró el alma y el cuerpo, como en seguida explicaremos, un amor intenso y extenso, un amor que superó las más terribles desgracias, un amor que no cabe en mil boleros, un amor como no se pueden ustedes ni imaginar.

—Bueno, querido, cálmate, vuelve a lo tuyo y cuéntanos de qué se murió este panoli.

Abelardo murió triste, lejos de Eloísa y apartado de la enseñanza a la que había dedicado toda su vida.

—De eso no se muere nadie. ¿No tendría algo en la próstata, o así?

A mi compañera le brilla el triunfo en los ojos cada vez que nombra la próstata. Las mujeres han estado apartadas durante siglos de las guerras absurdas en las que nos hemos desahogado los varones, pero no por ello han dejado de organizar sus batallas domésticas, ni de celebrar sus victorias. Se ve que nuestra especie lleva en la sangre el instinto bélico. Incluso Abelardo, que era un buenazo y que abandonó la carrera militar, supo encontrar en la dialéctica un campo de batalla en el que vencer a sus enemigos de forma incruenta. La dialéctica es una vieja herencia de la enseñanza de los sofistas que estudia la forma de hacer buenos los argumentos, una especie de ciencia de la discusión. Adam Parvipontanus, por ejemplo, fue uno de los más brillantes representantes de la dialéctica parisina. En su escuela se discutían problemas tan apasionantes como los siguientes: Cuando un hombre lleva un cerdo al mercado, ¿es el hombre o la cuerda quien lo sujeta? O bien se practicaba la técnica argumentativa del monje Gualón. He aquí un par de ejemplos de los llamados argumentos *gualídicos*: todos tenemos lo que no hemos perdido, el obispo de Cartagena no ha perdido los cuernos, luego el obispo de Cartagena es un cornudo; *ángel* es una palabra, las palabras no padecen de la próstata, luego los ángeles no padecen de la próstata. (Por mi parte, no me queda sino añadir que me alegro mucho por los ángeles y lamento profundamente lo del obispo de Cartagena.)

Con este panorama, no es de extrañar que muy pronto Abelardo se hiciera el amo de la dialéctica en París. Bastó con depurar un poco los temas y otro tanto las formas, para que muy pronto se viera en condiciones de enfrentarse al que fuera su primer maestro, Guillermo de Champeaux. Según es fama, Abelardo le venció en una discusión pública acerca del problema de la naturaleza de los universales y Guillermo se vio obligado a reconocer su error delante de las mentes más preclaras de Francia. Animado por esta batalla, Abelardo se enfrentó a su otro maestro, Roscelino de Compiègne, y también salió victorioso del encuentro. A resultas de este doble éxito, Abelardo pasó a ser el lógico de moda, y su escuela, la más afamada de París. Así las cosas, un día apareció por su casa un canónigo muy poderoso y pidió a Abelardo que admitiese como alumna a su sobrinita. Abelardo accedió encantado, aunque en aquel tiempo no era muy común que las mujeres recibiesen este tipo de formación superior.

La chiquilla progresaba adecuadamente, que dicen los pedagogos, aunque su tío notaba que volvía de las clases olvidada del mundo y con las mejillas encendidas. Claro que, por entonces, solían atribuir este tipo de desarreglos a algún desequilibrio de los humores. Si el canónigo se hubiese presentado en la escuela a preguntar por su sobrina, que es algo que recomiendan mucho también los pedagogos, habría tenido ocasión de ver a Abelardo en un puro suspiro y borracho de versos tristes. Entonces, tal vez, hubiese atado cabos y se habrían evitado males mayores. Porque, Abelardo era ducho en lógica, pero un lirio del valle para las cosas de este mundo. Un buen día recibió a Eloísa (que era el nombre de la chiquilla) en sus habitaciones privadas, y allí leyeron juntos el *Cantar de los Cantares*, que es un libro en el que el rey Salomón habla del olor a nardo que desprende su amada desnuda, entre otras cosas. Y claro está, esas lecturas tórridas, en medio de París, que es mucho París, y a esas edades, que la sangre hierve sola... En fin, que la naturaleza se impuso y arrojó al maestro en brazos de la alumna y, como suele pasar entre gentes bisoñas, la unión dio como fruto un bebé hermosísimo, al que sus padres llamaron Astrolabio. A renglón seguido, los amantes se casaron en secreto, aun cuando ambos sabían que no pasaría mucho tiempo antes de que el canónigo se enterase de todo. De modo que Eloísa, que conocía bien el genio de su tío, agarró a Astrolabio, y se largó a un convento de las afueras de la ciudad y dejó a Abelardo en París con el encargo de apaciguar al canónigo. Lo cual, a qué decirles, no era grano de anís. Abelardo había deshonrado al canónigo por partida triple e inequívoca: primero, porque se llevó por delante la doncellez de su sobrina; segundo, porque consintió en el nacimiento del bastardo; y tercero, porque se casó con ella sin su permiso. Y luego, ponerle Astrolabio al chiquillo, que a mí particularmente me parece lo peor de todo. Hoy día, que se supone que en esto del sexo estamos todos la mar de liberados, por mucho menos que esto a cualquier maestro lo sacan en tres programas de televisión de los de mucho morbo, le montan una plataforma cívica para pedir su defenestración, lo echan de la escuela, lo meten en la cárcel por estupro, y allí lo violan sesenta veces, que ya sabemos la moralina que se gasta nuestra población reclusa.

—¿Y por qué no se largó con su mujer? —me pregunta Cristina.

Pues porque el vencedor de Guillermo de Champeaux y de Roscelino de Compiègne se sentía con fuerzas, argumentos, sentencias y razones sobradas como para convencer al canónigo Fulbert de la rectitud de sus intenciones, de la conveniencia de la boda e incluso pensaba que, a lo mejor, conseguía sacarle una buena dote y todo. Lo malo fue que el canónigo se presentó en casa de Abelardo acompañado de cuatro gañanes bien dotados de músculos y garrotes, pero con escasísima sensibilidad para la lógica, hasta el punto de que lo amarraron a una viga y lo molieron a palos sin hacer ni el menor caso de los razonamientos que trababa el filósofo. Así y todo, el joven enamorado no desesperó; antes bien, se dispuso a demostrar a todos los presentes que el Evangelio y el mismísimo Dionisio el Areopagita desaprobaban el uso de la violencia. En esas estaba, cuando el clérigo sacó unas tijeras, hizo así en semejante parte y dejó a su sobrino político con la palabra en la boca y sin lo del día de la boda.

—¿Las tijeras estaban bien afiladas?

La historia no lo narra, pero estoy por apostar que no. Si un canónigo decide capar al marido de su sobrina no me creo yo que se ande con ningún tipo de miramientos. El caso es que Abelardo perdió sus ilusiones, por decirlo finamente, y saboreó lo que los filósofos llaman el fracaso de la razón

—¿Y qué fracaso es ese?

Pues el que se siente al ver que, frente a un canónigo armado de tijeras (no importa si mal afiladas), no hay razones que valgan.

Abelardo se deprimió mucho, cómo no, hasta el punto de meterse a monje en la abadía de Saint-Denis y convencer a su esposa para que hiciera lo mismo en Argenteuil, en lo cual se pasó bastante, porque a ella no la había capado nadie. Sabemos que nunca dejaron de amarse, ni de enviarse el uno al otro encendidas cartas y poemas de amor. ¡Qué pena más honda! Abelardo, además, escribió numerosas obras de teología, profundizó en el problema de los universales y escribió un tratado de ética que puede que sea la obra más importante de este tipo que ha producido la Edad Media.

—La verdad es que los hombres ganáis mucho cuando os capan. Os quedáis más tranquilicos, hacéis menos el ridículo y os concentráis mejor en el estudio.

Además de verdad. Hubo un filósofo neoplatónico, Orígenes, que se castró él solito para no distraerse en su dedicación a la teología. Espero que no se enteren los pedagogos, porque igual se inventan una ley para capar a todos los estudiantes que no progresen adecuadamente.

—Mejor no me mientes a los pedagogos y cuéntame de qué va eso de los universales, que ya van dos veces que los nombras y todavía no te has explicado.

El de los *universales* es, junto con el de las relaciones entre la filosofía y la teología, uno de los problemas principales que recorren toda la filosofía medieval. La cuestión de los universales tiene un aspecto gramatical, pero también lógico y, por supuesto, ontológico. Se trata de clarificar la naturaleza de los términos generales (las ideas platónicas) y su forma de significar (el modo como se relacionan con el mundo de lo sensible). Pongamos un ejemplo: la palabra *rosa* designa un universal con el que nuestro lenguaje se refiere a las rosas existentes en el mundo. Lo que los medievales se preguntaban es si, además de las rosas que vemos, existe el universal «Rosa» de forma independiente, corpórea o no, y separado o no de las rosas existentes en nuestro mundo. La respuesta ortodoxa, como no podía ser menos, era la más disparatada, y proclamaba la existencia real de «La Rosa», incorpórea, eterna e independiente de las rosas que vemos a nuestro alrededor. O sea, Platón puro y duro, sin matices ni resquicios. A esta postura se la llamó *realismo*, porque consideraba que el universal era una cosa *real*. Sin embargo, había voces discrepantes. Roscelino, el maestro de Abelardo, sostenía que el universal era la palabra, y no la cosa. O sea, que no existe realmente la especie «rosa», sino sólo las rosas concretas y una palabra, Rosa, para designar lo que todas ellas tienen en común. A esta postura se la denominó *nominalismo* y hoy día nos parece a todos de lo más sensato, ¿a que sí? Pues a los medievales les parecía una barbaridad, una incongruencia y una herejía. La postura de Abelardo es realista, aun cuando bastante matizada. No merece la pena que entremos en sus distinciones. Hoy día, nadie en su sano juicio sostiene nada parecido; así que mejor pasamos al asunto de la ética, donde Abelardo sí que estuvo fino.

El tratado ético de Abelardo se titula *Scito te ipsum*, que significa «Conócete a ti mismo». Aunque esto suena a Sócrates, la ética cristiana es muy distinta de la ética griega. Los filósofos morales grecorromanos habían centrado su quehacer en ofrecernos una reflexión sobre la vida buena. Sin embargo, los cristianos centran su ética en una meditación sobre el *pecado* y en la descripción de los *deberes* y *prohibiciones* que constituyen el único camino (áspero y escarpado) que conduce a la salvación. Abelardo rinde tributo a la tradición cristiana y dedica su libro de ética a ofrecer un estudio minucioso de la noción de pecado. Ahora bien, esta obra alcanza una conclusión que resulta absolutamente nueva y hasta revolucionaria para su siglo: según Abelardo, las acciones humanas son moralmente indiferentes. A Dios le importa un pito el resultado de nuestros actos, pues esos actos, sean cuales fueren, no tienen valor moral alguno, ni bueno, ni malo. Lo único que cuenta desde el punto de vista moral es la *intención*. Dios no nos juzga por los actos cometidos, sino por la intención con que los cometemos. O sea, que si uno entra en la iglesia y deja una limosna en el cepillo, *aparentemente* está cumpliendo con un mandato de la Iglesia, pero si lo hace con la *mala intención* de que lo vean sus vecinos, entonces cometerá pecado de vanidad. Y si otro ciudadano roba en ese mismo cepillo, *aparentemente* está contraviniendo el mandato de Dios que nos dice que no hemos de robar, pero si lo hace con la *buena intención* de dar de comer a los pobres, en tal caso, el Señor se alegrará en el Cielo y le recompensará por su buena conducta. Ni que decir tiene que esta doctrina ética fue considerada como herética, perniciosa y no sé cuántas cosas más por las autoridades eclesiásticas, pero constituye un gran paso hacia la modernidad. Las sociedades primitivas premian o castigan a sus individuos por el resultado de las acciones que llevan a cabo. Permitámonos el siguiente ejemplo (inventado) de norma tradicional: quien mate a un hombre ha de pagar sesenta cabras a los herederos del difunto, cincuenta si al finado le olían los pies, y no importa si el culpable lo mató intencionadamente o a resultas de un accidente. Sin embargo, las morales de las sociedades más civilizadas entienden que lo que importa a la hora de juzgar un acto no es tanto el resultado, cuanto la intención con que se cometió. Un asesinato intencionado se pagaría hoy día con muchas más cabras (o años de cárcel) que si se tratase de un homicidio involuntario. Digamos también que este modo de analizar el valor de las acciones morales es un clarísimo precedente de Kant. Sólo por esto Abelardo merece un respeto.

—Lo malo es que si se entiende esta moral a rajatabla, resulta perfectamente inútil a la hora de regular nuestra convivencia. Porque, tomada en sentido estricto, significa que cualquiera puede hacer cualquier cosa, con tal que lo haga convencido de que eso es lo justo. Y en la sociedad debemos atenernos a unas normas comunes, y castigar o reeducar o lo que quieras a quien las transgrede, no importa si lo hace en nombre de qué intenciones.

Muy cierto. Pero hay que tener en cuenta que el ámbito de la ética no coincide exactamente con el del derecho. Dicho llanamente: podemos estar de acuerdo en que una persona vaya a la cárcel, aun cuando simpaticemos con sus intenciones. Un ejemplo fácilmente comprensible sería el de un individuo que robara una sucursal bancaria con vistas a donar el dinero a una ONG. En cuanto a las intenciones el ladrón merece todas nuestras simpatías morales; pero, en lo tocante al procedimiento, nadie negará el derecho del banco a defender sus depósitos y actuar jurídicamente contra este bienintencionado ladrón. En todo caso, no deja de ser cierto que la intención contará mucho a la hora de decidir la pena que merece su conducta.

—No, si no digo yo que la intención no sea importante —reconoce Cristina—, pero una ética de las intenciones puras es una ética de capados y para capados.

¿¡Cómo!?

—Abelardo se pasó la vida enamorado de Eloísa, pero sin poder culminar su amor con las acciones carnales propias de los amantes. Así que, claro, no tuvo más remedio que pensar que lo importante era la intención, no la *actualización* de esa intención; por eso digo que es una ética de castrados y para castrados.

No sé con qué *intenciones* me dice esto mi chica. El caso es que se ha puesto una colonia muy rica y la veo guapa de más; así que, me van a permitir ustedes que abandone a Abelardo en este mismo punto. Nos vemos en el próximo capítulo.

14. AVERROES, LA GUERRA SANTA Y LA MELANCOLÍA

A Averroes lo circuncidó un buen amigo de su padre y, no contento con la faena, le plantó el siguiente nombre: Abu al-Walid Muhammad ibn Ahmad ibn Muhammad ibn Rushd (1126-1198), que en árabe no suena mal, pero en cristiano resulta bastante exagerado, así que los traductores de Toledo lo dejaron en Averroes, que es mucho más manejable. Nació en Córdoba, que por entonces era, con mucho, la ciudad más civilizada, culta y brillante de Europa, con sus universidades, sus calles asfaltadas y alumbradas, sus fuentes rumorosas, sus naranjos perfumados, sus patios escarchados de albahaca, sus artesanos primorosos, sus baños públicos, sus escuelas, sus bibliotecas, sus farmacias, su Gran Mezquita, que es un bosque de mármol, y un sueño de colores y luces tenues. Pero la intolerancia de los teólogos expulsó a Averroes de su ciudad y nuestro hombre se murió de pena, de melancolía filosófica más exactamente.

—¿«Melancolía filosófica», dices? —me pregunta Cristina.

Sí: la melancolía filosófica es una especie de depresión que no la diagnostican los psiquiatras, porque no es propiamente endógena ni exógena, sino fruto de la distancia que media entre el pensamiento y la realidad. Una tristeza mortal que se produce al asomarse al abismo que separa la realidad pensada de la realidad vivida. Una patología que surge cuando se constata ese fracaso de la razón del que hablábamos cuando vimos a Abelardo.

—O sea, que los filósofos piensan el mundo de una manera, pero luego las cosas se empeñan en ir a su aire, y eso les quita las ganas de vivir.

Más o menos.

—Pues vaya tontería. Además, si el mundo no es como ellos lo han pensado, será porque no lo han pensado bien. Si te digo la verdad, me parecen más serios los filósofos que se mueren de la próstata.

Puede ser, pero, desde luego, a Averroes le sobraban razones para morirse de pena. Pero eso lo vamos a comprender mejor si tomamos la historia desde el principio. Averroes nació en el seno de una distinguida familia de *cadíes* (jueces islámicos). Estudió teología, leyes, medicina, matemáticas y filosofía. Su maestro en esta disciplina fue Abu Jafar Ibn Tufayl, médico, jurista, teólogo, filósofo y autor de una deliciosa novela filosófica titulada *El filósofo autodidacto* que les recomiendo vivamente a todos ustedes. Fue Ibn Tufayl quien introdujo a Averroes en la corte de Abu Yaqub Yusuf. El emir recibió a los dos amigos en un jardincillo del alcázar en donde solía leer a los filósofos griegos y a los poetas persas, acompañado por el ruido del agua. Cumplidas las zalemas, el príncipe preguntó a Averroes acerca de su opinión respecto a la eternidad del movimiento celeste. La pregunta era muy comprometida y Averroes sintió que su cuerpo se cubría por completo de un sudor frío. Los tres hombres presentes conocían de sobra los textos de Aristóteles y sabían que allí se demostraba que los movimientos de los astros, así como el universo en general, son eternos. Sin embargo, el Corán enseña que Dios creó el mundo y que el movimiento no es eterno, pues tuvo un principio, y tendrá un fin, cuando se cumpla la Voluntad de Allah. O sea, que Averroes se vio obligado a elegir entre Aristóteles y el Corán, entre la razón y la fe, delante de un hombre culto, que también y, sobre todo, era el defensor de la fe, el líder religioso y militar de la dinastía almohade, cuyo nombre (*Al-muwahidun*) significa en árabe «los que defienden la Unidad de Dios». Menos mal que el emir no era ajeno a la violencia de la situación y decidió responder él mismo a la pregunta, y mostró que, al menos privadamente, estaba dispuesto a reconocerle la razón a Aristóteles. Así que Averroes recuperó la serenidad, se supo protegido por la complicidad que la filosofía había creado entre ellos, y, tras una charla larga y provechosa, abandonó el palacio satisfecho y cargado de regalos. A los pocos días, Averroes recibió en su casa a un mensajero del príncipe, que le traía el nombramiento de jefe de los cadíes cordobeses, así como el encargo de abordar por escrito el comentario exhaustivo de las obras de Aristóteles.

Averroes cumplió rigurosamente el encargo y comentó las principales obras de Aristóteles (*Organon, Sobre el alma, Física, Metafísica, Sobre las partes de los animales, Parva naturalia, Meteorología, Retórica, Poética* y *Ética a Nicómaco*). Dos siglos después, el Occidente católico reconocía la calidad de estos comentarios y concedía a Averroes el honroso sobrenombre de «El Comentador». Aun hoy, quien quiera hacer un estudio completo sobre la obra de Aristóteles debe pasar por Averroes.

Particularmente, a Averroes se le conoce por la solución que aportó al problema del enfrentamiento entre la verdad de la filosofía y la verdad del Corán. Según Averroes, el Corán se dirige a todos los seres humanos, aunque no del mismo modo, puesto que no todos los hombres son iguales. Para Averroes, que sigue en esto a Platón, existen tres clases de hombres. En primer lugar, estarían los hombres de *demostración*, que exigen pruebas rigurosas y no se conforman más que con la verdad pura que surge a la luz de la razón; éstos reclamarán una lectura filosófica del Corán y serán capaces de extraer de él su sentido más profundo y preciso. En segundo lugar, estarían los hombres *dialécticos*, que se satisfacen con explicaciones probables. En tercer lugar, estarían los hombres de *exhortación*, a los que se convence con sólo excitar sus pasiones.

Pero Averroes comprobó que cuando se aborda la explicación filosófica del Corán, surgen importantes e insoslayables conflictos, como aquél por el que en su día le preguntó el emir. En este punto es donde Averroes supo mostrarse muy por encima de su mundo, un mundo en el que religión, ley, cultura y sociedad prácticamente se identifican, en el que cualquier guerra es Guerra Santa, y en el que la unidad de la fe es la viga sobre la que se sostiene el Estado. Hace un par de capítulos comentábamos que la teología cristiana había convertido a la filosofía en su sierva, obligándola a *racionalizar* los dogmas infumables de la fe. Estos procedimientos fueron seguidos posteriormente por los teólogos árabes y también por los hebreos. Sin embargo, *Averroes no racionalizó nunca.* Cuando comprueba que los razonamientos de Aristóteles respecto a la eternidad del mundo son impecables, así lo dice y punto. Y no arranca esas páginas de los códices, ni tergiversa la traducción, ni esconde el libro en el fondo de la biblioteca, ni se empecina en encontrar errores en donde no los hay. La filosofía demuestra esto y el Corán dice lo contrario, que cada cual decida por sí mismo: en esto consiste lo que luego se llamó la teoría de la doble verdad de Averroes.

Cuando, un siglo más tarde, las obras de Aristóteles y los comentarios de Averroes llegaron a París, la cristiandad se topó con el mismo problema y de ese encontronazo surgieron dos corrientes principales. La de aquellos que se niegan a *racionalizar*, a los que se denominó *averroístas*, y la de aquellos que consideran que la fe es un criterio más cierto y seguro que la razón, encabezados por Santo Tomás, quien terminó por convertirse en uno de los teólogos más apreciados por la cristiandad. En concreto, la posición que se adoptara respecto a la eternidad del mundo marcaba la diferencia esencial entre los averroístas, quienes se inclinaban decididamente por Aristóteles, y los pensadores *ortodoxos* como Santo Tomás, que no se atrevían a negar la creación del mundo, ni ninguno de los dogmas de la Iglesia.

Volviendo a Averroes, la protección que le brindaba el emir y la posición que ocupaba como jefe de los cadíes (quizá el cargo gubernamental más importante, después del de visir) le animó a hablar más claro de lo que hubiera sido aconsejable; de modo que a lo largo de su obra esparció numerosas alabanzas de la filosofía, incluso en aquellos puntos en que contradecía la fe. También se permitió criticar ferozmente a los *mutakallimunes*, los teólogos que utilizaban las técnicas discursivas y oratorias de la cultura grecorromana para explicar el Corán en el interior de la Gran Mezquita. Según Averroes, las palabras de estos líderes espirituales serían buenas para los hombres inferiores o, como mucho, para los dialécticos, a los que les bastaría alguna explicacioncilla de andar por casa para darse por satisfechos.

Además de esta polémica sobre la interpretación del Corán, Averroes entró de lleno en el terreno de la filosofía política en su comentario a la *República* de Platón. Averroes aprovecha esta obra para criticar la influencia que sobre la política del reino tienen estos *mutakallimunes*, a quienes compara con los sofistas de la época de Platón, por su carácter demagógico y por el fanatismo con el que encienden las pasiones del pueblo. Ellos son los culpables de la debilidad del estado y de la proliferación de sectas que dividen a los creyentes. Asimismo, critica la situación de degradación en la que viven las mujeres en el Islam. Averroes comparte plenamente la opinión de Platón, según la cual, las mujeres han de tener la misma consideración cívica que los varones a todos los efectos, incluso en lo que atañe a la ocupación de los más altos cargos públicos. Imagínense cómo sonaría esta copla en la Córdoba almohade del siglo XII.

Así las cosas, en 1195, el emir Abu Yusuf Yaqub, hijo de Abu Yaqub Yusuf, decide lanzar una campaña militar contra los reinos cristianos de la península. Para ello, reclama la ayuda de los *mutakallimunes,* a quienes pide que enciendan la fe del pueblo y efectúen el llamado a la *Jihad*, la guerra santa contra el infiel. En medio de ese clima de fanatismo, y con los *mutakallimunes* recrecidos en su poder, Averroes cae en desgracia. No eran tiempos propicios para un filósofo que comparaba a Aristóteles con el Profeta, un juez que prefería las leyes ideales de Platón a la *Sharía*, la vieja ley coránica por la que se guiaban los buenos musulmanes; un hombre, en suma, más de razón que de fe. El emir destituye a Averroes de su cargo de *cadí* y lo expulsa de la ciudad. El filósofo abandona Córdoba y muy pronto cae enfermo de una profunda melancolía, que era el nombre que por entonces se daba a cualquier desequilibrio mental, incluída la manía depresiva. Averroes se retira a una alquería que su familia poseía en Lucena, pero los líderes religiosos de la ciudad no tardan en expulsarlo de nuevo, de modo que cruza el estrecho y se refugia en Marrakesh, donde confía en encontrar reposo. Pero la melancolía ha minado sus ganas de vivir y a los pocos meses de instalarse en su nueva casa recibe la visita de la muerte, quien lo encuentra solo, lleno de la nostalgia que le produce el hallarse lejos de sus amigos y de su amada Córdoba, y abandonado por un príncipe que lo protegía en privado y lo condenaba en público. Así que el bueno de Averroes se fue de este mundo con el alma ennegrecida por la amargura que han sentido y sentirán siempre todos los filósofos que hablan demasiado claro y se convierten en un estorbo del fanatismo al que con tanto gusto se entregan las masas de todos los tiempos. Un fanatismo, que, aún hoy, se muestra como el verdadero motor de la Historia, un motor ciego y obstinado, que no se detiene ante ningún obstáculo que se le ponga por delante, sobre todo si el obstáculo se empeña en tener razón.

—Hijo mío —me reprocha Cristina—, qué bien se os da el melodrama y el victimismo a los filósofos.

Te agradezco que me incluyas en el gremio, aunque me temo que yo no pase de ser un aficionado. Eso sí, vivo mi afición con una dosis elevada de apasionamiento. En el próximo capítulo vas a tener ocasión de verlo de nuevo, porque este libro se va a ocupar allí de uno de mis personajes favoritos de la historia de la filosofía.

15. LA NAVAJA DE OCKHAM Y LA MODERNIDAD

A Guillermo de Ockham (1285?-1349) le tocó en suerte vivir en la primera mitad del siglo XIV, una época desgarrada como pocas. En lo político, estos años vinieron marcados por las luchas entre el Papa (Juan XXII y Benedicto XII) y el Emperador (Ludovico el Bávaro); más a ras de suelo, comienzan a escucharse los primeros latidos de una conciencia democrática, tanto en Alemania, como en Italia e Inglaterra. En lo religioso, la orden franciscana se encuentra en el centro de todas las miradas al defender la pobreza evangélica y criticar las riquezas y el lujo que rodeaban al Papa, al alto clero y al resto de las órdenes religiosas. En lo filosófico, se hace imparable la entrada de los *moderni*, o *nominales*, un grupo de pensadores unidos por su *averroísmo* y por su crítica a la filosofía oficialista, repetitiva, alambicada y caduca que se imparte en las universidades (todas ellas controladas por la Iglesia, claro está). Por último, diremos que para la gran mayoría de la población, el acontecimiento más importante, mucho más que todas las guerras que organizaban los grandes señores, fue la llegada de la peste negra, una epidemia mortal que dejó a Europa en cuadro y convencida de la inminencia del fin del mundo.

Así las cosas, Guillermo de Ockham no se quiso perder ni una sola de estas fiestas. Respecto a la primera de las contiendas, Guillermo escribió numerosas obras políticas, en todas las cuales se puso de parte del emperador. En lo religioso, Ockham fue un miembro destacado de la orden franciscana y combatió al lado de los *fratricelli*, los más radicales defensores de la pobreza dentro de la orden. Filosóficamente, Guillermo lideró a los *moderni*, quienes lo honraron con los sobrenombres de *doctor invincibilis* y *venerabilis inceptor;* este último mote hace referencia a que Ockham no pasó nunca de ser un *inceptor*, una especie de aspirante a licenciado, puesto que el rector de Oxford le negó la licenciatura por considerarlo un hereje. Un hereje de muchos quilates, eso sí, dado que el propio Papa lo llamó a su corte de Avignon para que respondiera en su presencia a las acusaciones de herejía. Guillermo consiguió evadirse de Avignon en compañía de Miguel de Cesena, por entonces general de la orden franciscana, que también había caído en desgracia frente a Su Santidad por su defensa de la pobreza evangélica. Ambos se refugiaron junto al emperador, que se mostró encantado de recibir a dos enemigos del Papa, que además eran los principales intelectuales de la época. Ockham pasó los últimos años de su vida en Munich, protegido por el emperador y dedicado a escribir numerosos tratados políticos y teológicos en los que criticaba ácidamente al Papa. Por último, se murió de peste negra, una enfermedad que llegó a convertirse en una trágica moda del siglo XIV. O sea, que Ockham fue un fraile muy en la onda, muy molón, muy en el candelero. Para que se hagan una idea comparativa, sería como si un cura de hoy se pusiera de parte de la teología de la liberación, vistiese sotanas de Adolfo Domínguez, confesase a través de Internet y, en el colmo de las moderneces, muriera de sida.

Pero, si moderna fue su vida y moderna fue su muerte, mucho más moderno fue su pensamiento. Toda su obra filosófica se coordina a partir de dos principios. El primero de ellos recibe el nombre de *Principio de Omnipotencia Divina*, y dice así:

1. Dios puede hacer cualquier cosa, excepto aquello que implique una contradicción. Con esto Ockham nos quiere de-

cir que Dios puede hacer lo que le venga en gana, pero, ojito, porque *la lógica no se la salta ni Dios.* O sea, que Dios puede hacer que un mejillón se doctore en pedagogía (aunque para eso no hacen falta grandes milagros), por ejemplo, pero no puede construir, ni tan siquiera concebir, un círculo cuadrado.

El segundo principio ha pasado a la historia con el sobrenombre de *Principio de Economía* o «*Navaja de Ockham*» y dice así:

2. *No hay que afirmar una pluralidad sin necesidad*, esto es, salvo que lo exija la razón, la experiencia, o la autoridad de la Escritura. Si prescindimos de lo relativo a las Escrituras, nos queda un principio metodológico muy útil y sensato, que viene a querer decir que no hay que admitir nada como existente salvo que tengamos una buena razón para ello. Por ejemplo, no creeremos en las hadas, hasta que alguien nos demuestre indefectiblemente su existencia. Y también se refiere a que las explicaciones cortas y sencillas son preferibles a las largas y farragosas.

La primera consecuencia que se sigue de estos dos principios es lo que los filósofos llaman un *contingentismo ontológico radical.* Tranquilos, no cierren el libro, que en seguida me explico. *Contingentismo* deriva de *contingente*, que es la palabra técnica para referirse a lo meramente posible, o sea, a lo que puede ser o no ser. *Ontológico* es lo relativo a la ontología, que es algo así como una visión global del mundo. Por último, *radical* quiere decir «hasta la raíz»; dicho en cheli: «a tope». De modo que si alguien nos pregunta, por ejemplo: «¿Tú cómo lo ves, en general?», y respondemos: «Chungo»; pues eso sería un *pesimismo ontológico radical.* En el caso de Ockham, el diálogo podría ser el siguiente:

—Usted, don Guillermo, ¿cómo lo ve, en general?

—Pues que aquí puede pasar de todo.

—Y eso ¿por qué?

—A causa del principio de omnipotencia divina.

—Me lo explique.

—Que si Dios es omnipotente, mañana puede decidir que el sol salga por el oeste, o que los ángeles cacareen y las gallinas canten misa, o que el plomo flote en el mar y el aire nos queme en los pulmones.

—Vaya lío, ¿no?

—Tampoco es para tanto. Lo mejor es considerar que nada de lo que sucede *tiene que* suceder como sucede, andar atentos a lo que nos informen los sentidos en cada momento y estar dispuestos a cambiar los principios de nuestras ciencias en el momento en que sea necesario.

—¿Y eso ocurrirá muy a menudo?

—Posiblemente no, pero vaya usted a saber.

Aclarado esto del *contingentismo ontológico radical*, podemos pasar a otros aspectos del pensamiento de Ockham. Respecto a la política, nuestro franciscano favorito agarra su Principio de Economía, se lía a *navajazos* y dice que no existe ni la Sociedad, ni la Ciudad de Dios, ni pamplinas: sólo existen individuos, tales como Pepita, Juanito y Cristinita. Y son estos individuos los que han de otorgar el consenso al gobernante, cuya legitimidad depende únicamente de ese consenso, bien directo, bien a través de electores. Respecto al Papa, le recomienda que no se complique la vida y se dedique a lo suyo, a repartir bendiciones y esas cosas, y no se meta en política. Es más, piensa que para remediar los males de la Iglesia, debería convocarse un concilio universal en el que los laicos (¡mujeres incluidas!) tuviesen una representación paritaria con los clérigos. Este concilio sería la autoridad suprema de la Iglesia, por encima del Papa. Total, una bomba. Ya les dije que Ockham era un cura modernísimo. ¡Como que si le oye cualquiera de los papas que hemos padecido durante este siglo (incluido Juan XXIII, que era el menos rancio de todos) y se ve en la tesitura de tener que discutir su autoridad con alguna feligresa, le entra tal ataque de coraje que se le levanta la sotana hasta las orejas. Así que imagínense cómo les sonaría a los clérigos del siglo XIV!

A la hora de abordar la Teología Natural Existencial, que sería el intento de demostrar racionalmente la existencia de Dios, Ockham saca de nuevo la navaja y rebana todos los argumentos que había coleccionado la teología. Según Guillermo, la mente humana es incapaz de tener experiencia de Dios; en consecuencia, nadie puede ni podrá nunca demostrar su existencia. De modo que quien cree en Dios es porque tiene el don de la *fe*, o sea, porque cree *sin razones* que avalen la creencia, y es esa creencia ciega la que se ve recompensada con la salvación. A esta actitud teológica se la denomina *fideísmo* y constituye el punto de partida de la doctrina protestante que va a surgir en el Renacimiento. El propio Lutero se declaró en varias ocasiones discípulo permanente de Guillermo de Ockham

Otros tantos *navajazos* se lleva la *Psicología Racional*, o sea, el estudio del alma mediante la razón. Al igual que la existencia de Dios, la existencia del alma es un artículo de fe. Nadie puede demostrar su existencia, y menos aún conocer sus potencias o facultades, pues tales interioridades son opacas a nuestra razón (tomen nota los psicólogos.)

Y, por fin, su teoría de los *universales*, que es el punto culminante de toda su filosofía. Guillermo de Ockham, naturalmente, se puso de parte del *nominalismo*, ya saben, aquello tan sensato que decía Roscelino respecto a que los términos generales no son más que signos arbitrarios, *flatus vocis*, aire que sale por nuestra boca, sin ninguna realidad en sí mismo. Lo único real son los seres individuales, cuyos aspectos comunes nombramos con las palabras. Ockham aportó al nominalismo su teoría de las *suposiciones*, que es un estudio muy complejo y completo del modo en que significan las palabras, y que es la madre de toda la filosofía del lenguaje contemporánea.

Por último, hemos de señalar el impulso que supuso la filosofía de Ockham para el surgimiento de la ciencia moderna. Ya hemos visto que fray Guillermo entendía que el mundo es obra de la voluntad divina, voluntad que no llegamos a conocer nunca del todo y que puede cambiar en cada momento. Pues bien, Ockham y sus seguidores consideraban un deber cristiano el abordar el estudio de la naturaleza, para así conocer mejor la voluntad de Dios. Para ello, es preciso no fiarse de los resultados que nos ofrezca ninguna teoría, ni siquiera la del gran Aristóteles, que es el filósofo preferido de Ockham. Antes bien, conviene atender a los sentidos y ofrecer explicaciones sencillas, breves y claras (*navajazo* va, *navajazo* viene) de lo que ocurre a nuestro alrededor. La eliminación del argumento de autoridad, el principio de economía, la exigencia de revisión de todas las teorías y la llamada a la observación empírica son las bases de la ciencia moderna, y todas ellas están sólidamente establecidas en Guillermo de Ockham. Así que ahora entendemos bien lo que decíamos al principio de este capítulo respecto a la modernidad de Ockham. Incluso creo que allí nos quedamos cortos. No es que Ockham sea moderno, es que casi se puede decir que salta por encima de su tiempo para convertirse en el padre de toda la nueva ciencia que surgió durante y después del Renacimiento, en el precursor de todos los movimientos democráticos, en el inspirador de la revolución teológica protestante, en el padre de la teología de la Liberación de nuestro siglo, y, lo que más nos interesa a nosotros, en el fundador de la filosofía empirista, que es el modo de hacer filosofía propio de la Gran Bretaña, como tendremos ocasión de ver cuando este libro llegue a los capítulos dedicados a estos pensadores. Será en seguida, aunque antes habremos de darnos una vuelta por el Renacimiento. Les aconsejo que no se pierdan ese paseo, porque van a tener ocasión de disfrutar de un aire muy saludable.

16. LA RESURRECCIÓN DE LA FILOSOFÍA

La filosofía atravesó la Edad Media como pudo, ya lo hemos visto, y terminó vapuleada, recortada, amedrentada y, lo peor de todo, un tanto entontecida después de haberse pasado tantos siglos trabajando de criada de la teología. El Renacimiento es el período en el que se produce el reencuentro de la cultura europea con sus raíces clásicas, que estaban asfixiadas después de siglos de traducciones sesgadas, recortes, quemas de códices y demás barbaridades. Aireadas y saneadas las raíces, la cultura occidental recuperó el vigor crítico, machacó el repugnante argumento de autoridad, y se llenó de brotes nuevos y vigorosos, a un ritmo difícilmente creíble, en la música, en la pintura, en la escultura, en la arquitectura, en la literatura, en las matemáticas, en las ciencias de la naturaleza, en la medicina, en la tecnología y, como no, en la filosofía. Tanto y tan deprisa cambió Europa en dos o tres siglos, que el Renacimiento se ha convertido en un perído histórico estrictamente indefinible, así que me voy a permitir no intentarlo siquiera. Sí diré que la filosofía renacentista se caracteriza por tres aspectos:

1. El redescubrimiento de los pensadores griegos.
2. El redescubrimiento del Ser Humano.
3. El redescubrimiento de la Naturaleza.

He escrito Ser Humano y Naturaleza con mayúsculas de respeto y dignidad; un respeto y una dignidad que se habían perdido en la Edad Media en favor de Dios, que acaparaba toda la veneración y todas las mayúsculas posibles. Pero, vamos ya a asomarnos a estos tres redescubrimientos.

1. Respecto al reverdecer de la *tradición clásica*, quisiera llamar la atención sobre un filósofo del que no se habla mucho, pero que tuvo una gran importancia. Me refiero a Jorge Gemisto Pletón (1355-1450), de quien mi amigo Juan Signes es un consumado conocedor. La llegada de Pletón a la Florencia de los Medici supuso, sin lugar a dudas, unos de los momentos esenciales del Renacimiento filosófico italiano y europeo, en general. Jorge Gemisto nació y se formó en la ciudad de Constantinopla, centro administrativo y cultural del Imperio Romano Oriental. Su admiración por Platón fue tal que llegó a cambiarse el nombre y eligió el de Pletón *(Pletho)* que, en griego, significa «pleno» y que, sobre todo, resulta casi homófono con el nombre del filósofo de las anchas espaldas. Los emperadores bizantinos contaron con Pletón como consejero político y religioso, pero fue su participación como representante de la Iglesia Griega en el concilio de Ferrara-Florencia (1438-1445) lo que permitió que Occidente recibiese la influencia de este pensador tan fecundo.

A Pletón le pagó el viaje a Florencia el clero bizantino, ya digo, pero, desde luego, sus intenciones e intereses no iban tanto por la teología, como por el dearrollo de la filosofía neoplatónica. Así que viajó a Italia con su tratado *Sobre las diferencias entre Aristótles y Platón* e intentó por todos los medios darlo a conocer entre los humanistas florentinos. La obra de Pletón tuvo una magnífica acogida y supuso el que en Italia se volviese a resucitar la admiración por Platón, que había quedado un tanto dormida en la baja Edad Media en favor de Aristóteles. Cosimo de Medici conoció a Jorge Gemisto y éste le inspiró la idea de reabrir una Academia Platónica en Florencia. Pero, quizás lo más importante que trajo Pletón a Occidente no fue su propio tratado, sino un ejemplar de la *Geografía* de Estrabón, que era uno de los muchos textos expurgados de las bibliotecas de Occidente durante la primera y más oscura parte de la Edad Media, posiblemente porque un monje estreñido habría decidido que alguno de los mapas que contenía era pecaminoso, o algo así. Lo cierto es que la *Geografía* de Estrabón cambió notablemente la concepción del mundo dominante en la Edad Media, no tanto por sus aciertos, que eran muchos, sino, sobre todo, por un error fundamental: Estrabón suponía que la Tierra era mucho más pequeña de lo que en realidad es, frente a los datos que aportaba Ptolomeo (que eran los únicos que conocía Occidente hasta la llegada de Estrabón), mucho más ajustados a la realidad. Gracias a este error, Colón, que no se separó nunca de un ejemplar de la obra de Estrabón, pudo convencer a la Corona de Castilla para que le financiara un viaje delirante e imposible hacia las Indias, un viaje que llevó a tres naves castellanas hasta las islas del Caribe, para que un genovés se entretuviera buscando japoneses por aquellas selvas de Dios. Lo que vino luego ya lo sabemos y no vale la pena detenerse en homenajes ni en lamentaciones. No me resisto a decir, sin embargo, que los españoles que fueron para allá le echaron un par de lo que ustedes ya saben, hicieron el bestia como nadie y armaron la marimorena, con el siguiente balance aproximado: un montón de indios que ardieron en las piras de la Inquisición, un montón de negros que se llevaron para allá a trabajar a las zonas en que no había indios que echarse a la boca, otro montón de oro traído a España para financiar guerras inútiles, eso en el lado malo de la balanza; y la cocacola, el carnaval brasileño, los boleros, el tango, el huachinango a la veracruzana y las películas del Oeste, en el lado bueno.

Total, un disparate mayúsculo, pero a ver quién lo hubiera hecho mejor. En todo caso, el viaje de Colón cambió el mundo y a lo que voy es a que posiblemente este drama habría comenzado mucho más tarde de no haber sido por la llegada de Estrabón a Occidente de la mano del bueno de Pletón. Si lo llega a saber, el pobre, igual se había quedado en casa. O se había ido él mismo para allá, a fumarse un buen cigarro en los brazos de una india cariñosa.

2. Pero, vamos a volver a la Academia florentina, porque allí va a tener lugar el alumbramiento de eso que llamamos el *Humanismo* renacentista. Esto del Humanismo es un conjunto de ideas que, no me cabe la menor duda, constituye el mejor y más brillante legado de la filosofía. Básicamente, consiste en una perogrullada: pensar que todos los seres humanos (sean varones, mujeres, pigmeos, suecos, vascos, casposos y lo que se quiera) forman una humanidad única. Y que aquello que los une es mucho más importante, más esencial, más fundamental, más definitivo que lo que los diferencia, que no es más que un conjunto de hermosos accidentes culturales, hormonales, étnicos, etc. Esta idea tan sencilla, tan elemental y tan de cajón, contrariamente a lo que podría parecer, no es consustancial al género humano. Es más, como señala Alain Finkielkraut, que es uno de los mejores humanistas que tenemos en nuestro siglo, lo que distingue al hombre del resto de las especies animales es que normalmente no nos reconocemos unos a otros como miembros de la misma especie. Un gato es siempre un gato para otro gato. Sin embargo, los nazis nunca reconocieron la humanidad de los judíos, los dominicos que acompañaban a los conquistadores españoles no se la reconocían a los indios, ciertos varones cabestros no se la reconocen a las mujeres, de los nacionalistas no voy a decir nada, porque me dan hasta miedo, y la mayoría de los pueblos tradicionales reservan para su etnia el término *humano* o *completo*, mientras que nombran a los vecinos con vocablos como *malos*, *monos*, *impuros*, *huevos de piojo* y otras ternezas semejantes.

La filosofía griega ya había disparado contra este prejuicio desde varias atalayas. Recuerden, sobre todo, el *cosmopolitismo* de Diógenes de Sínope y de todos los estoicos, así como el rechazo de toda patria que defendía Aristipo de Cirene. Sabemos también que hubo sofistas que defendieron la igualdad esencial de todos los seres humanos. El propio Eurípides puso en cuestión las opiniones dominantes respecto a la esclavitud o a la condición femenina. Pues bien, todas estas tendencias cristalizan en el humanismo renacentista que surge en la Academia Florentina. Marsilio Ficino, que es su figura más descollante, declara: «El alma humana es el centro del universo y en ella se cifran y condensan las fuerzas de todo. De ahí que podamos llamarla, con razón, el centro de la naturaleza, el foco del universo, la cadena del mundo, la faz de todo y el nexo y el vínculo de todas las cosas.» Hermoso, ¿eh? Aunque, el acta fundacional del humanismo sería *De dignitate hominis*, redactada por Juan Pico della Mirandola en 1486. Esta obra maravillosa se abre con un mito en el que se expone que cuando Dios creó el mundo, lo encontró tan hermoso que decidió fabricar un ser que pudiera contemplar, reconocer y admirar su obra. Entonces, se le ocurrió crear al hombre. Pero se encontró con que ya no le quedaban arquetipos, conceptos, modelos con los que diseñar a ese ser nuevo: todas las recetas habían sido ya utilizadas. De modo que hizo lo siguiente: «Cogió al hombre, esa obra de imagen difusa y, tras colocarlo en medio del mundo, le habló de la siguiente manera: «No te he dado un lugar determinado, ni una cara propia, ni un don particular, oh Adán, con el fin de que tu lugar, tu cara y tus dones, los desees, los conquistes y los poseas por ti mismo. La naturaleza encierra otras especies en unas leyes establecidas por mí. Pero tú, que no tienes límite que te acote, te defines a ti mismo según tu propia libertad, en cuyas manos te he colocado. No te he hecho celestial, ni terrenal, ni inmortal, con el fin de que, soberano de ti mismo, concluyas tu propia forma libremente, como un pintor o un escultor.»

El *Hombre*, en suma, ocupa el *centro del mundo*, y nadie es más centro que otro, porque todos somos igualmente libres, igualmente indeterminados, igualmente abiertos, igualmente inesenciales e igualmente obligados a crear nuestra humanidad incompleta, forzados a construir un concepto de lo humano en el que quepamos todos, al margen del sexo, la raza, la patria o la religión. A fines del Renacimiento, Montaigne, el más fino representante del humanismo francés, escribía lo siguiente respecto a los indígenas de América: «No hay nada bárbaro ni salvaje en esa nación, sino que cada uno llama barbarie a lo que no es hábito suyo; en realidad, me parece que no tenemos otro punto de referencia respecto de la verdad y de la razón que el ejemplo y el modelo de las opiniones del país donde nos encontramos. Ahí está siempre la religión perfecta, el idioma perfecto, el gobierno perfecto, el uso perfecto y acabado de todas las cosas.» Por la misma época Fray Bartolomé de las Casas, obispo de la aún hoy tristemente célebre región de Chiapas, defendía vigorosamente la humanidad del indio, hasta el punto de que su testimonio cambió radicalmente la historia de América. Y así podríamos seguir citando autores, movimientos de liberación (entre los cuales, uno de los más importantes sería el de la mujer) y momentos históricos que van conformando y consolidando este humanismo y que nos traerían hasta la *Declaración de los Derechos Humanos*, firmada hoy día por la práctica totalidad de los estados del mundo, aun cuando todavía nos queda muchísimo por recorrer para conseguir que esos principios sean algo más que tinta sobre un papel.

3. Por último, no me resta sino decir unas palabras de ese redescubrimiento de la Naturaleza del que hablábamos más arriba. El *renacimiento* de las obras científicas de Platón, Lucrecio, Arquímedes, así como los tratados de alquimia y de astronomía de los árabes, etc. unidos a la tradición científica que habíamos visto florecer en el siglo XIV dieron lugar a una eclosión de los

estudios que se ocupaban de la naturaleza (o filosofía natural, que es como se denomina en esta época), desde posiciones muy diversas, que van desde la alquimia y la magia, hasta las técnicas de ingeniería presentes en Tartaglia o Leonardo, por ejemplo. Pero, todos ellos coinciden en una cosa: la ciencia, el saber, el conocimiento, depende *del derrumbamiento del argumento de autoridad* heredado de la Edad Media. La Inquisición, que aún mantiene intactas sus fuerzas, se convierte en el principal enemigo de esta nueva ciencia. Afortunadamente, hubo gente como Copérnico, Kepler, Tycho Brahe, Galileo, Torricelli y Huygens, a la que no le importó enfrentarse al terror de la Iglesia y gracias a ellos contamos hoy con ese modo de aproximarse a la realidad al que denominamos ciencia experimental.

Las gentes intelectualmente honradas de Europa no tardaron en reconocer el valor de esta nueva ciencia. A partir del siglo XVI, se acumulan los éxitos de estas ciencias de la naturaleza, y la filosofía que emerge a finales del Renacimiento hereda una especie de complejo de inferioridad con respecto a estas ciencias experimentales. Todos los filósofos desde el Renacimiento hasta bien entrado el siglo XX se sienten en la obligación de indagar en la ciencia natural con el ánimo de averiguar cuál es la mecánica de ese *método* que tan buenos resultados ofrece y ver si se puede aplicar a la filosofía político-moral, que es la parte más fundamental de la filosofía, pero que, lamentablemente, se ha quedado atascada, frente a su hermana la filosofía natural. A lo largo de todos estos siglos vamos a ver cómo alrededor de esa pregunta por el método se consigue delinear el terreno ético-político en el que puede habitar ese Hombre inespecífico del que hablábamos más arriba. Un espacio de reconocimiento de lo humano en el que caben las mujeres y los hombres de cualquier condición: flacos, homosexuales, ateos, negros, filatélicos, meapilas, catedráticos, cagapoquitos, neoliberales, follatabiques, letraheridos, prostáticos, tintinófilos, socios del Barça e incluso psicopedagogos, que ya es decir.

17. LA PULMONÍA RACIONALISTA

La biografía de don Renato Descartes (1596-1650) es breve, pero intensa, como los grandes amores. Nació en el seno de una familia acomodada y muy pronto su padre lo ingresó en el mejor colegio de Francia. Al terminar su formación, ejerció el oficio de soldado de fortuna, lo que le permitió recorrer Alemania, Francia, Bohemia, Polonia, Italia y Suiza. Conoció a los intelectuales más brillantes de Europa, algunos de los cuales fueron sus amigos de por vida. Pero, llegadas ciertas edades, a uno lo que le gusta es sentarse al lado de la estufa, leer buenos libros y dejarse arrullar por el murmullo de la lluvia en el tejado. Descartes intentó llevar a cabo este ideal de vida en París, y alquiló una casa que disponía de una buena salamandra para instalarse allí a meditar por lo que le quedara de vida. Pero la ciudad de París era generosa en estímulos, la fama reclamaba al gran pensador en todos los salones en donde se apreciaba su intelecto y, lo peor de todo, la Iglesia tenía en Francia demasiado poder como para que Descartes se sintiera tranquilo. No es que don Renato fuese un ateo, ni nada parecido. Al contrario, difícilmente cabe encontrar en la historia de la filosofía un hombre más beato que éste. Para que se hagan una idea, don Renato prometió a la Virgen peregrinar a Loreto si le ayudaba a distinguir lo verdadero de lo falso.

—¿Qué es eso de Loreto: algún balneario para la próstata? —pregunta mi mujer.

Loreto es una ciudad italiana donde, según la Iglesia Católica, se encuentra la verdadera casa de la Virgen María.

—Y ¿cómo es que la Virgen puso casa en Italia?

Al parecer, cuando los musulmanes estaban a punto de invadir Nazareth, los ángeles levantaron en vilo la Santísima Casa de la Virgen y se la llevaron a Loreto, para que no cayera en manos de infieles. Aunque esto no viene mucho al caso. Así que vuelvo a don Renato. En 1633 Europa conoce la condena de Galileo a manos de la Inquisición, y Descartes, tan catolicón y tan medroso, deja en suspenso la publicación de su Física, donde defendía, al igual que Galileo, que el sol estaba en el centro del universo. Así que no es de extrañar que, al poco de llegar a París, abandonase la ciudad y se largase a Holanda, que ya entonces era lo que hoy es: el país más libre y tolerante del mundo. Allí se compró otra estufa, para meditar a su lado, tranquilito y calentito, como a él le gustaba. Pero, héteme aquí que su fama llegó hasta la corte de la reina Cristina de Suecia, y esta dama inteligente, culta y con ganas de aprender, mandó llamar al pensador francés con el ánimo de recibir sus lecciones. No era la primera vez que nuestro amigo tenía relaciones con la realeza. Antes de doña Cristina, la princesa Elisabeth de Bohemia había intercambiado una nutrida correspondencia filosófica con Descartes. Pero, una cosa es escribir cartas sentadito al lado de la estufa, y otra muy distinta, vivir en la corte. La vida de los cortesanos de entonces se parecía mucho a la de los militantes de los partidos políticos de hoy: había que intrigar, dar codazos, adular, sonreír en falso, decir muchas idioteces, y mentir hasta el punto de no distinguir lo verdadero de lo falso. Descartes ya no tenía edad ni dignidad para estas tontunas, así que rechazó la oferta de Cristina. Pero ésta supo mostrarse lo suficientemente persuasiva (hasta le envió su barco personal a Holanda) como para que Descartes se viese obligado a aceptar. Nada más desembarcar en Estocolmo, Descartes anotó en su diario que «en aquellas tierras se le helaban hasta los pensamientos». Encima, la reina decidió recibir las clases ¡a las cinco de la madrugada! Sobre esto hay opiniones. La más fundamentada sostiene que a la reina le gustaba el filósofo. Pero, claro, ella tenía veintitrés alegres y fogosos años, mientras que el bueno de Descartes ya había cumplido cincuenta y cuatro pacíficos, serenos, meditativos y religiosos años.

—Y con la próstata de aquella manera, seguro.

Es posible. El caso es que la joven Cristina de Suecia no veía el modo de estimular a un hombre tan adusto, sin comprometer su dignidad de reina. Así que, lista y ducha como era en los misterios de la anatomía masculina, decidió fijar las entrevistas con su admirado profesor a esa hora en que los varones, incluso los prostáticos, sentimos que nuestras carnes se alegran de un modo que no merece la pena detallar.

—Tampoco todas las mañanas, Paco, hijo, no mientas a tus lectores.

En fin. A lo que voy es a que el pobre Descartes se tenía que levantar a una hora que mandaba narices. Y claro, por más contento que amaneciera el filósofo, el paseíto por los corredores helados del castillo le dejaba el ánimo (y lo que no era el ánimo) reducido al tamaño de un comino, y la pobre Cristina no veía signos de nada que le permitiera inciar una conversación sobre la dilatación de la *res extensa*, que es algo así como la materia, y se veía obligada a conformarse con que el filósofo disertara sobre la *res cogitans*, que es el alma racional, que como tema de conversación está muy bien, pero para eso no hubiera hecho falta traerse al filósofo desde Holanda, ni levantarse tan temprano, ni nada de nada. Los días pasaban, y a la reina le aumentaba la sabiduría y la calentura, mientras que a Descartes se le veía cada día más helado y más mohíno. Hasta que un día el filósofo pilló una pulmonía de las de aquí te espero y se murió como un pajarito.

—Lo que no veo es qué tenga que ver esto con su filosofía, como no sea demostrar que Descartes era medio tonto, porque si se hubiera metido en la cama con la reina, allí al menos hubiera estado calentito.

No va por ahí la cosa. Se trata de resaltar la ironía que se gasta la vida, al matar a Descartes de pulmonía, siendo así que este hombre había escrito unas páginas imborrables acerca de sus meditaciones al lado de su estufa. Unas páginas que, para los entusiastas del cartesianismo constituyen el inicio de la filosofía moderna, con lo que ésta vendría a nacer junto a una estufa y terminaría muriéndose de pulmonía. Pero, vamos a comenzar por el principio.

—O sea, por lo de «Pienso, luego existo».

No, un poco antes. Vamos a irnos hasta el colegio de La Flèche, una institución regentada por jesuítas, donde Descartes recibió una educación esmerada. Ahora que medio mundo anda preguntándose qué hacer con los adolescentes, vean el plan que proponía este colegio: Los primeros cinco años aprendían Humanidades, esto es, griego y latín (hablado y escrito), además de Música, composición francesa en prosa y verso, equitación y esgrima. Los cinco años siguientes se estudiaba teología, filosofía (que comprendía tres disciplinas: lógica, ética y metafísica), astronomía, matemáticas y ciencias de la naturaleza. Ahí lo tienen. Lo que enseñaron a este muchacho en el bachillerato no se aprende ahora ni haciendo seis carreras. Con esta educación salía gente como Descartes. Con la de ahora, diseñada por muy eminentes psicopedagogos, salen *hooligans*. Descartes reconoció durante toda su vida la deuda contraída con los jesuítas de La Flèche. Aunque, cuando abandonó el colegio, tenía más dudas que certezas, señal de que le enseñaron a pensar bien. Según sus propias palabras, al recibir su graduación, sólo estaba seguro de su fe católica y de lo bien que funcionaban los razonamientos matemáticos. Así que decidió «leer en el libro de la vida», a ver si allí «ganaba experiencias y conseguía satisfacer su deseo intenso de encontrar un criterio para distinguir lo verdadero de lo falso». Tal fue el origen de su vocación como soldado de fortuna. Y, efectivamente, la vida de soldado pareció inspirarle porque, al finalizar una campaña en el corredor del Danzig, Descartes se retiró con sus compañeros al cuartel de invierno de la caballería bávara, cerca de Ulm y allí, el 10 de noviembre de 1619 tuvo una especie de éxtasis místico (estos son los efectos secundarios que suele provocar la educación religiosa, que por lo demás fue excelente, ya digo) en el que se le apareció una ciencia universal única y omnicomprensiva, una especie de *árbol de la sabiduría*, cuyas ramas abarcaban todo el *saber universal.*

—A ver si va a resultar que tu Descartes, además de un frígido, era un «colgao».

Carecemos de noticias al respecto. El caso es que Descartes dedicó el resto de su vida a explicar racionalmente esta visión. Por de pronto, ya vimos que Descartes salió del «cole» hecho un mar de dudas, pero muy seguro de su *fe en Dios* y de los *razonamientos matemáticos.* En consecuencia, decidió levantar ese saber universal *(Mathesis Universalis)* que había soñado sobre la base de esas dos certezas. Respecto a su entusiasmo por las matemáticas, Descartes sintonizaba con el pulso de la nueva ciencia, que, a su vez, había retomado el hilo de lo que pensaban los antiguos pitagóricos y Platón respecto a la naturaleza.

«La filosofía está escrita en ese grandioso libro, continuamente abierto ante nuestros ojos, que es el Universo. Pero no se puede descifrar si no se comprende el lenguaje y se conocen los caracteres en que está escrito. Está escrito en lenguaje matemático, siendo sus caracteres triángulos, círculos y figuras geométricas, sin los que es imposible comprender ni una sola palabra.» Esto lo escribió Galileo en Italia, pero podía haber sido escrito por Descartes o por cualquiera de los principales científicos de esta época. Para todos ellos, en general, y para Descartes, en particular, *el mundo posee una es-*

tructura matemática que es la que lo define y, por tanto, *requiere un método matemático* para ser conocida.

El *hombre* sería un animal compuesto de un *cuerpo*, que es pura materia medible, *res extensa*, y de un *alma* racional, *res cogitans*, que está particularmente dotada para las matemáticas. Y esa coincidencia tan maravillosa que existe entre un mundo matemático y un hombre tan racionalmente matemático está garantizada por Dios, que es como el Gran Matemático creador de la naturaleza y del hombre. Dios, Naturaleza matemática y Alma racional son, pues, las tres vigas sobre las que Descartes va a levantar su edificio. Un edificio nuevo y firme, en el que pretende que puedan encontrar acomodo las verdades de la fe y de la moral católicas, al tiempo que no esté en contradicción con los resultados y métodos de la nueva ciencia natural.

Respecto al *método*, propone seguir los mismos pasos que tan buenos resultados alcanzan en matemáticas:

1. *No admitir* como verdadera cosa alguna a menos que se presente a la mente de forma *clara y distinta.*
2. *Analizar*, esto es, dividir las dificultades en partes más simples.
3. *Sintetizar*, recomponer y avanzar desde lo simple hasta lo compuesto.
4. *Repasar* una y otra vez, hasta estar seguro de no haberse equivocado.

Ahora sólo queda que Descartes nos exponga su sistema de modo coherente y convincente.

—Un momento, ¿qué significan esa «claridad y distinción» que le van a permitir a Descartes distinguir lo verdadero de lo falso?

Mi mujer ha puesto el dedo en la llaga, porque este es uno de los puntos menos claros, aunque pueda parecer paradójico, del pensamiento de Descartes.

—A ver si te ayudo —me anima mi mujer—. Si yo veo una manzana, esta claro que la veo, y entonces la manzana será cierta. Es eso lo que dice Descartes, ¿a que sí?

Pues no. Los sentidos, según don Renato, nunca nos muestran nada de forma clara y distinta. Más bien son confusos y tienden a engañarnos. Por ejemplo, alguien que se muere de hambre puede tener alucinaciones en las que vea manzanas, lo cual no convertiría en ciertas a esas manzanas. La claridad y distinción cartesianas se refieren a algo que sale de dentro de la mente, no que viene de fuera. O sea, a una idea que se nos presenta de forma «impepinable».

—Pues vaya una birria de *criterio.* Si esto es lo que le inspiró Nuestra Señora de Loreto, más le valía haberse ahorrado la peregrinación.

Sigamos. Decíamos que Descartes tenía la intención de levantar un nuevo sistema filosófico auxiliándose de estas cuatro reglas. Para ello, lo primero que hizo fue desbrozar el terreno, limpiar el solar_ en dos palabras: declarar la *duda metódica.* Voy a dudar de todo, se propone don Renato, de lo que me dicen los sentidos, que son confusos; de los argumentos de los sabios, que han podido equivocarse antes que yo; del calorcito que me llega de la estufa; incluso voy a dudar de las certezas matemáticas, porque podría darse la circunstancia de que existiera un *genio maligno* que quisiera engañarme en todo y se entretuviera en confundirme. De modo que dudo de todo.

—Ha estado muy bien eso de limpiar el solar con la ayuda del diablo cojuelo ese. Pero no veo que Descartes dude de su propio método, de esas cuatro reglas que has escrito más arriba.

Ciertamente, la duda de Descartes no es tan total como pretende. En el fondo, Descartes nunca dudó de su método. En algo tenía que apoyarse el hombre, aunque, hay que reconocer que se trata de un desliz muy serio. No olviden este punto, porque, cuando lleguemos a Kant, volveremos a hablar de por qué Descartes dice dudar de todo, cuando en realidad no duda de lo principal. De momento, vamos a permitir a don Renato que se explique hasta el final.

Dudo de todo, dice, pero de lo que no puedo dudar es de la duda misma. O sea, añade, que pienso, y si pienso, entonces eso quiere decir que existo. Ahí tienes el pienso luego existo, o *cogito, ergo sum*, tal y como se cita normalmente.

—Pues una cosa es pensar y otra existir, así que no veo cómo puede deducir la una de la otra.

Se ve que mi compañera no le ha perdonado todavía a don Renato la faena que le hizo a la reina. Con las mujeres es tan malo no saber cuándo nos buscan como no darse cuenta de cuándo no están por la labor.

—Justamente —confirma mi Cristina—. Se trata de medir el grado de atención que nos prestáis. Mucha menos, desde luego, de la que yo le pongo a este individuo y que me hace encontrarle fallos por todos los lados.

Prosigamos. Decartes ha llegado al *yo*, al *alma racional*, a una de las tres vigas que decíamos que iban a sostener todo el edificio de su filosofía. Pero, ahora le falta salir, porque, en caso contrario, caería en lo que los filósofos llaman el *solipsismo*, que es una palabra que viene de *solus ipse*, que significa «yo solo» y que consiste en creer que en el universo sólo existe nuestro *yo*, y que todo lo que vemos, sentimos, pensamos, etc. no es más que una pura alucinación de ese *yo*. Descartes está a punto de quedarse atascado en su propio *yo*, porque la duda metódica ha arrasado con todo. Ha llegado al *yo*, pero a costa de vaciarse del todo. Lo que ve, puede ser falso, el calorcillo que siente que le llega de la estufa, sus pensamientos, incluidas las ideas matemáticas, todo eso puede ser producto de la actividad de un genio maligno. Sin embargo, hay una idea clara y distinta que no puede haber sido puesta por ningún genio maligno. Se trata de la idea de Dios, entendido como un ser infinitamente bueno y sabio. Esa idea, dice Descartes, no puede ser producida por el genio maligno, porque es una idea infinitamente bondadosa. Tampoco ha podido surgir como una invención humana, porque se trata de algo infinito, y el hombre es, siempre, finito. Así pues, si la idea de Dios no es una invención del *yo*, ni del genio maligno, su origen no puede estar más que en Dios mismo. O sea, que Dios existe y ha querido que tengamos una idea clara y distinta de Él, porque somos sus criaturas favoritas. Ya tenemos la segunda viga del edificio. Y de ésta va a salir la tercera, porque, si Dios existe, entonces puedo recobrar la confianza en esas ideas matemáticas de las que antes dudaba, porque Dios es bondadoso y poderoso y no va a consentir que un genio maligno me engañe constantemente. Así que volvemos a recobrar la confianza en la matemática como método para conocer el mundo.

—¿Y los sentidos? ¿Podemos creer en lo que olemos, vemos, etc.?

No del todo, dice Descartes, porque *las sensaciones no son nunca claras y distintas*, sino oscuras y confusas.

—Total, que después de tanto correr por el mundo, Descartes está igual que cuando salió del bachillerato. Entonces creía en Dios y en las matemáticas y ahora cree en las matemáticas y en Dios. Encima, el procedimiento de exposición me ha recordado a los Ejercicios Espirituales de San Ignacio.

¿Cómo?

—Pues que en los ejercicios espirituales también meditan, rezan y se aíslan (con estufa y todo) para que el ejercitante se encuentre con su propio *yo*. Una vez encontrado su *yo*, se procede a las «elecciones», que son un ejercicio de desprendimiento del iniciado con respecto a los contenidos de su experiencia y de sus deseos egoístas. Por último, cuando el *yo* se encuentra purificado de todo contenido, el iniciado encuentra en él a Dios y se produce el «coloquio», que es el momento en el que el iniciado se comunica directamente con el Verbo Eterno. Después, el iniciado retorna al mundo, a su vida diaria, pero ya ve en ella la huella indeleble del Altísimo y se sabe como una criatura capaz de encontrarse con Él en su interior. O sea, que tu Descartes no es más que un jesuita resabiado y un maniático del orden; además de un frígido.

Efectivamente, don Renato siempre pensó que su sistema filosófico sería del agrado de sus maestros jesuitas. Sin embargo, excepto un par de curas inteligentes, que vieron que Descartes fundamentaba una visión cristiana del mundo de un modo mucho más sólido de lo que podía hacerlo la trasnochada escolástica que se seguía explicando en las universidades, el resto de la Iglesia Católica coincidió en apreciar en Descartes un exceso de racionalismo que lo hacía peligroso, y no dudaron en prohibir todas y cada una de sus obras.

—Y ¿en dónde está el exceso de racionalismo de Descartes?

En que, por mucho que se parezca a un ejercicio espiritual, lo cierto es que aquí la exposición se hace en términos puramente *lógicos,* no teológicos; en que *nunca se apela al argumento de autoridad,* que es el modo de argumentar básico de cualquier pensamiento religioso, y en que *todo el sistema brota del yo,* es decir, de la idea de *Hombre* que había surgido en el Renacimiento. Descartes es un *humanista,* cristiano, pero humanista. Y eso de que el *yo*, con sus dudas, su razón y su método, vayan por delante de Dios es algo intolerable para el pensamiento católico ortodoxo.

—Pues a mí me parece que para lo poco que se lo agradecieron, debería haberse atrevido a soltar más lastre, porque la idea de Dios podrá ser cualquier cosa, menos clara y distinta, y los sentidos podrán engañarnos a veces, pero son nuestra única guía en este mundo y, de hecho, todo el mundo atiende a su testimonio, incluido el propio Descartes, que prefería sentir el calorcito de la estufa en su piel, a permanecer en las gélidas habitaciones de la reina.

Eso sí que es verdad. A mí también me duele el poco papel que otorga Descartes a los sentidos. Es parte de su creencia dogmática en ese método matemático del que no se desprende ni a la hora de dudar de todo. Pero más me duele aún el fin que tuvo su relación con Cristina de Suecia, que creo que es consecuencia de lo anterior. Un hombre que dudaba tanto de sus sentidos, difícilmente podía creerse la magia de lo que tenía ante sus ojos: a una joven reina que ardía de amor en medio de un palacio helado. Ya dijimos en su momento que los filósofos que mezclan la religión con la filosofía suelen terminar de mala manera. Pitágoras acabó degollado en un campo de habas; a Abelardo lo caparon, y Descartes se alejó de su estufa, pero no supo ver que le ofrecían otros modos de calentarse. De modo que nuestro amigo murió de una pulmonía que bien puede calificarse de racionalista. ¡No somos nada!

—Desde luego este hombre era bien poca cosa, al menos al lado de la princesa. Pero, dime, ¿esto del racionalismo creó escuela?

Naturalmente.

—A mí no me parece tan natural, porque ese empeño en formarse una visión del mundo al margen de lo que nos digan los sentidos resulta la mar de extravagante.

Sin embargo, no hay nada que nos entusiasme más que especular y formarnos teorías acerca del cosmos. Lo llevamos en la sangre. Es más, puede que nos resulte imprescindible para orientarnos en el mundo y en la vida, en general. Por eso tiene escuela y éxito el racionalismo, porque no se conforma con los conocimientos que obtenemos a través de nuestros sentidos y nos ofrece un mapa de lo absoluto.

—¿Y eso no es un disparate?

Puede que sí, pero se trata de un disparate irrenunciable. Si no lo comete la filosofía, lo harán otros y, al menos, con la filosofía tenemos la garantía de que ese mapa de lo real se ha hecho con la razón.

—Bueno, pues háblame de algún otro racionalista.

El más amable, tierno, honesto y dulce de todos es Baruch Spinoza (1632—1677). El pensamiento de este hombre tiene una grandeza tal que cualquiera que se asome a él tiene la sensación de contemplar una filosofía definitiva. El punto de partida de este sistema es la afirmación de que *la Naturaleza es Dios, y Dios, la Naturaleza.* A esto se le llama comúnmente *panteísmo* y, según los intérpretes, consiste en una forma sublime de religiosidad o en una manera un tanto alambicada de declararse materialista. Cuando hablamos de Tales de Mileto ya dijimos que para que hubiera religión tenía que diferenciarse la naturaleza de lo sobrenatural. De modo que yo me inclino a pensar que declararse panteísta es una manera eufemística de declararse *ateo.* Así lo debieron de pensar también los venerables rabinos de la Sinagoga de Amsterdam, que expulsaron a Spinoza de la comunidad en estos cariñosos términos: «Excomulgamos, maldecimos y separamos a Baruch Spinoza con el consentimiento de Dios bendito y el de toda la comunidad. Que sea maldito de día y maldito de noche; maldito cuando se acueste y cuando se levante; maldito cuando salga y cuando entre, que Dios no lo perdone nunca, que su cólera y su furor se inflamen contra este hombre y atraigan sobre él las maldiciones escritas en el Libro de la Ley.» La Iglesia católica, tan ardiente siempre, lo habría quemado dos veces: una por panteísta y la otra por judío. Por eso sus antepasados habían huido de España. Pero sigo. En su *Etica* Spinoza afirma que el universo contiene una única sustancia (Dios o la Naturaleza) con infinitos atributos, de los cuales sólo conocemos dos: la *extensión* y el *pensamiento.* Por eso sólo hay propiamente dos ciencias: las físicas, que miden la extensión de la sustancia, y las psicológicas, que ahondan en la naturaleza del pensar.

—Entonces, si hay una única sustancia de la que conocemos dos atributos, qué somos tú y yo: ¿lo mismo?

No. Hay una única substancia, pero esa sustancia tiene distintos *modos*. Los modos son las partes, afecciones, segmentos, estados particulares, como tú y como yo, de la substancia Dios-Naturaleza.

—Y otra duda. Hasta ahora estamos hablando de metafísica, pero has dicho que el libro de Spinoza se titulaba *Etica*.

El título se debe a que el fin de todo el sistema de Spinoza es abordar el problema moral humano: hablar del hombre, de su *libertad* y de su *felicidad*. Lo que pasa es que para que el hombre aumente su autonomía (o su libertad) es preciso que conozca las determinaciones (la necesidad) de la naturaleza y de sí mismo. El ser humano se libera por medio del conocimiento: «Cuantos más objetos conozca el hombre, mejor se comprendrá a sí mismo, mejor podrá dirigirse y proponerse sus propias reglas.» Sólo así se ahorrará esfuerzos inútiles, sólo así podrá orientar y educar racionalmente su amor propio, su *conatus* (que es el impulso que sienten todos los seres por conservar su vida y mejorarla), sólo así comprenderá la utilidad de la unión y la cooperación, sólo así entenderá que el hombre es libre únicamente dentro del Estado. Un Estado que Spinoza definió como *democrático*, por cierto, lo cual era mucho decir en su época.

—Lo que no comprendo muy bien es cómo es posible hablar de libertad, o de autonomía, si antes se ha dicho que todo lo que acaece es necesario.

Porque aquí hay que entender el término *libertad* no como la posibilidad de hacer todo lo que me dicte mi deseo (mi *libido*), sino tal y como la entendían los estoicos (vuélvase a lo dicho en las págs. 122 y ss.), a saber: como la aceptación amable y serena de las posibilidades reales de actuación que se nos abren cuando conocemos el orden de la naturaleza y, sobre todo, el orden de nuestras pasiones para, así, no dejarse zarandear por ellas por encima de los deseos que surjan de mi entendimiento racional.

—Pon un ejemplo.

Si yo sé de mi pasión por las nalgas de mis conciudadanas, pero conozco también la profunda infelicidad que me acarrearía el meterme en líos, me costará menos trabajo reprimir mi pasión nalgatoria y me ahorraré muchos disgustos, cosa que no les pasa a los que van por la vida hechos unos tontos del haba, que, a la primera ocasión, se toman dos vinos y se echan encima de su cuñada.

—¿Y cómo murió este hombre tan juicioso?

Según cuentan ocurrió mientras observaba cómo una araña se comía una mosca. Al parecer era un espectáculo que le entretenía mucho y él mismo cazaba bichos que luego ponía en las telas de las arañas, para poder contemplar la inutilidad de la pasión con que el bichejo se oponía a un destino ineluctable, y la inocencia fatídica con que la araña cumplía su papel de verdugo.

—Mejor me callo lo que opino. ¿Hay algún otro racionalista digno de mención?

Pues ya que me lo pide mi esposa voy a contarles algo de Gottfried Wilhelm Leibniz (1643-1716). De él se ha dicho que fue un intelectual enciclopédico, y no es una exageración. Leibniz destacó como teólogo, estudioso y renovador de la lógica formal, descubridor del cálculo infinitesimal (al tiempo que Newton llegaba a las mismas conclusiones en Gran Bretaña), jurista, historiador, astrónomo, filósofo y, lo más importante de todo: Leibniz fue el inventor de la carretilla. A éste y al español que inventó la fregona habría que hacerles una estatua ecuestre en la sede de la ONU, porque pocos ingenios han contribuido tanto al bienestar y a la dignidad humanas como estos dos. Al bienestar por razones obvias, y a la dignidad, porque ambos son artilugios sencillos y baratos que han contribuido a que infinidad de seres humanos trabajen con la cabeza en alto. Pero este no es lugar para hablar de inventos, así que vamos ya con la filosofía.

En este terreno Leibniz es el padre de una idea muy sugerente: el concepto de *mónada*. La *monadología* de Leibniz es un mapa conceptual de lo real en el que se considera que el universo se rige por una *armonía preestablecida*, según la cual el hombre está compuesto de unas *mónadas* armónicamente preestablecidas para comprender el universo, que, a su vez, está compuesto por otras *mónadas* armónicamente preestablecidas para ser comprendidas por el hombre. O sea que esto es estupendo, vivimos en el *mejor de los mundos posibles*, y, encima, nos enteramos de todo que da gusto.

—Quieto ahí, que si te embalas nos perdemos todos. Dos preguntas: ¿quién es el encargado de *preestablecer* la «armonía preestablecida»? Y ¿qué son las *mónadas*?

El «Preestablecedor» es Dios, naturalmente, porque es el creeador de las *mónadas*. En cuanto a éstas, son *puntos metafísicos*, o sea, una especie de trasposición al plano de la realidad de los puntos matemáticos. En el sistema de Leibniz las mónadas cumplen el papel de ser los átomos metafísicos del mundo, orientadas desde su creación hacia unos fines, sin que nada ni nadie pueda cambiar nunca esa orientación, pues las *mónadas* han sido creadas *sin ventanas*, cerradas a cualquier influencia, salvo aquella que ha querido que tenga su Creador.

—¿Qué clase de átomos son las *mónadas* esas?

Átomos inmateriales, compuestos de energía pura. Esta inmaterialidad de los átomos no tiene más sentido que marcar distancias respecto del atomismo clásico, que, desde siempre, ha sido tenido por una filosofía propia de ateos lujuriosos. El problema de esto es que cuando se niega la materialidad de los componentes del mundo resulta muy difícil explicarse todo lo que ocurre a nuestro alrededor. Leibniz dirá que, en realidad, las propiedades de la materia son subjetivas, o sea, que a nosotros nos parece que la materia es como es, pero, en realidad, la materia no es lo que parece: en concreto, la *materia es invisible e inextensa*, de suyo.

—¡Chúpate esa! Ese tío estaba loco.

No creas, en general era un hombre muy sensato: el inventor de la carretilla, nada menos; pero es que, ya lo hemos dicho muchas veces, no hay peor locura que el pretender mezclar la religión con la filosofía. De ahí no pueden salir nada más que insensateces. Con el concepto de *mónada*, Leibniz quiso crear un punto de confluencia entre el mundo matemático y el mundo físico, y que el resultado fuese perfectamente compatible con el cristianismo. Lo que le salió, sin embargo, es un engrudo metafísico colosal e infumable.

—¿Y qué es eso del mejor de los mundos posibles de que hablabas antes?

Esta idea surgió como respuesta a Peter Bayle, quien en su *Diccionario histórico-crítico* acusa a Dios de permitir el dolor y el mal que hay en el mundo. Leibniz responde en unos *Ensayos de Teodicea*, cuyo título ya indica el contenido de la obra: en efecto, el término *Teodicea* (acuñado por primera vez por Leibniz) significa «justificación de Dios». En pocas palabras, el núcleo de la *Teodicea* de Leibniz lo ocupa la idea de que vivimos en *el mejor de los mundos posibles.* Si hay dolor, es para permitir bienes mayores. Por ejemplo: un niño muere de cáncer y nos parece malo, pero con eso se permite que sus padres ejerzan la virtud de la resignación. Además, dice Leibniz, los hombres tenemos cierta tendencia a exagerar en esto de los males: nos fijamos sólo en lo malo y no reparamos en lo bueno. En cuanto al mal moral, según Leibniz, es un requisito de la libertad, pues si los hombres fuésemos todos buenos, entonces no seríamos libres.

—Menudas tonterías. O sea, que, según este pájaro, para que exista la paciencia, la resignación y la libertad, es preciso que haya enfermedades, angustia y maldad. Desde luego que este hombre es algo peor que un loco: es un sádico.

Indudablemente, todo intento de justificar el mal del mundo tiene un ramalazo de sadismo. De hecho, el propio marqués de Sade basa todo su «sistema moral» en una idea que es la hermana gemela de esta Teodicea: si existen los instintos criminales, dice el marqués, no pueden ser malos, precisamente porque son naturales. De modo que si alguien rapta a un niño, se lo lleva a su casa, lo viola y lo descuartiza porque le apetece, entonces no ha hecho más que obedecer a sus instintos naturales y eso es bueno, y muy sano, además. El cristiano diría que eso constituye una prueba inequívoca de la bondad del Altísimo, que ha creado a este violador y asesino como un ser libre, con capacidad de elegir incluso el mal. Además, su acto permite que los padres del niño desarrollen y practiquen la paciencia, la resignación y el perdón, que son virtudes muy edificantes. En cuanto al niño, Dios lo acogerá en su seno (si está debidamente bautizado, claro está). A estos sádicos, cristianos o no, habría que responderles que no todo lo natural es bueno por ser natural (la cicuta que mató a Sócrates era una infusión de lo más natural); que Dios podría haber creado un mundo lleno de seres libres y bondadosos; que el dolor es el mal absoluto, sin contrapartidas, y que, por supuesto, no vivimos en el mejor de los mundos posibles, porque este mundo sería mucho más agradable si no existieran violadores, asesinos, el sarro, la halitosis, las almorranas estranguladas, el hambre, la malaria, los juanetes, la envidia, el cáncer, el asma... y así hasta un sinfín de disfunciones y perversiones que nos amargan la vida a nosotros y al resto de los seres vivos.

—¿Y cómo murió este tipo?

Murió a resultas de una visita que hizo al zar de Rusia, que era un gran amigo suyo. Ya se sabe el clima tan áspero que hace por esas tierras y parece ser que Leibniz cogió frío, lo cual le complicó una gota que arrastraba desde hacía varios años, hasta el punto de llevárselo a la tumba.

—O sea que murió de gota y pulmonía.

Pulmonía racionalista, efectivamente.

18. EL CREPÚSCULO DE LOS ÍDOLOS Y EL AMANECER EMPIRISTA

Mientras Descartes se arrodillaba frente a Nuestra Señora de Loreto para darle las gracias por haberle guiado hacia la claridad y distinción como método para distinguir lo verdadero de lo falso, en Gran Bretaña se gestaba un movimiento filosófico cuyo destino sería devolverle a la filosofía buena parte de la sensatez que había perdido a lo largo de los siglos en que se había visto obligada a ser la chacha de la teología. Se trata del empirismo, un modo de hacer filosofía del que se ha dicho que es tan inconfundiblemente británico como el té de las cinco. Sus raíces hay que buscarlas en Ockham y en la ciencia natural de finales de la Edad Media y su característica principal es considerar que el conocimiento se origina en los sentidos. O sea, justo lo contrario que pensaba Descartes.

El primer padre que tuvo este movimiento fue Francis Bacon (1561-1626). En opinión de Bacon, el fin principal de la filosofía es mejorar las condiciones de vida de la humanidad. Para ello, es preciso que los gobiernos apoyen e impulsen las ciencias, para que éstas encuentren nuevos caminos de mejora para la industria y la producción. Pero, previamente, Bacon recomienda que eliminemos las telarañas mentales, las ideas preconcebidas, rancias y podridas, los argumentos de autoridad, los *ídolos* que atascan nuestra razón y nos impiden ver claro. Según el señor Bacon, la humanidad padece cuatro tipos de prejuicios:

1. Los ídolos de la *tribu (idola tribus)* son aquellos prejui-

cios *colectivos* que afectan a todos los hombres a causa de las limitaciones de nuestro espíritu y de la confianza excesiva que depositamos en nuestros semejantes, lo que nos impide comprobar experimentalmente todas las informaciones. Como ejemplo de este tipo de prejuicios, valdrían todos aquellos que nos hacen creer que las morcillas de nuestro pueblo son las más sabrosas, nuestras fiestas las más divertidas, y demás.

2. Los ídolos de la *caverna (idola specus).* El término alude al mito platónico de la caverna. Son los prejuicios *individuales* que constituyen el núcleo de las creencias de cada uno, aquellas ideas de las que no nos apeamos jamás, de modo que buscamos los argumentos que las confirmen y rechazamos sin analizar aquellas razones que las ponen en duda. Se suelen adquirir en edad temprana a través de libros leídos o de personas a las que admiramos mucho, y ya no se van en toda la vida.

3. Los ídolos de la *plaza (idola fori)* derivan del *lenguaje*, pues las palabras proyectan su ambigüedad sobre nuestra visión del mundo. No se olviden de esta idea, porque luego nos la vamos a encontrar de nuevo en Nietzsche.

4. Los ídolos del *teatro (idola theatri)* son aquellos que surgen de las representaciones ficticias de la realidad producidas por la *mala filosofía.*

Con esta denuncia de los *idola* que obstaculizan la buena marcha del pensamiento, Bacon intenta poner fin al modo de pensar medieval y, sobre todo, anima a sus compañeros de filas empiristas a adoptar una mirada limpia sobre el mundo que les permita conocer la realidad al margen de ideas preconcebidas. Con ello, de paso, inaugura una tradición de pensamiento que podríamos llamar la denuncia de las *ideologías,* que va a tener su desarrollo principal en la filosofía marxista, como veremos en su momento.

—No te olvides de hablarnos de la muerte de este hombre.

Bacon murió por exceso de empirismo. Un día de mucho

frío en que viajaba en su carruaje, envuelto en mantas y calentito, vio una gallina en mitad de un campo y se le ocurrió someterla a un experimento. Mandó parar al cochero, se libró de mantas y abrigos, y salió corriendo detrás del ave, hasta que consiguió atraparla, desplumarla, destriparla, y rellenarla con nieve, a ver cuánto tiempo aguantaba sin pudrirse. La idea no es muy brillante, desde luego; encima, el pobre Bacon pilló un trancazo de aúpa; tan de aúpa que se lo llevó al otro mundo en menos de una semana. A eso llamo yo una pulmonía empirista, porque en su origen late el deseo de manipular la naturaleza, de observarla y de mejorar las condiciones de vida de la humanidad a base de incrementar el campo de acción de las ciencias experimentales prácticas, un deseo que caracteriza a todos los filósofos encuadrados en esta escuela.

Otro de los pioneros del empirismo fue Thomas Hobbes (1588- 1679), quien ha pasado a la historia por ser el fundador del contractualismo, el profeta del pensamiento político moderno, el Newton de la filosofía política... la recaraba en vinagre. Bien es cierto que toda esta genialidad no podía surgir de la nada: como toda idea innovadora, el contractualismo tuvo su semilla entre los sofistas griegos; pero esta semilla había dormido durante la larga noche medieval, y fue Hobbes el encargado de despertarla, cuidarla y permitirle que se renovara con brotes aún más firmes que los que nunca tuvo entre los griegos. Dos son las obras en las que Hobbes resume su pensamiento político: *Leviathan* y *De cive*. En ellas se parte de dos principios: la *igualdad natural de los hombres y el origen humano de las leyes*. A lo mejor a ustedes esto les parece una perogrullada, pero decir esto en época de Hobbes era una verdadera locura revolucionaria. Santa locura revolucionaria, porque nos ha permitido recorrer el camino que separa el Feudalismo de las modernas democracias.

Acto seguido, Hobbes describe el *estado de naturaleza* en el que se encontraban los hombres antes del surgimiento de los primeros estados. Según nuestro autor, los humanos desconfiaban permanentemente los unos de los otros y vivían en un estado de guerra constante y total *(bellum omnium in omnes)*, arrastrando una vida «solitaria, pobre, embrutecedora, sucia y corta», y sin una delimitación clara de los derechos sobre la propiedad. De modo que los hombres cambiaron este estado natural tan lamentable por un estado artificial confeccionado a base de decisiones humanas. El motor del cambio no es ningún principio abstracto, ni ningún evanescente sentido de la justicia innata, ni mucho menos un dios que nos inspire unas leyes santas: Hobbes dice que lo que impulsa a los hombres hacia el acuerdo es el *egoísmo puro y duro*. El hombre es un lobo para el hombre *(homo homini lupus)*; todos igual de lobos; pero todos con las mismas ganas de mejorar y con el mismo miedo a no sobrevivir. La fiereza, el egoísmo y el miedo no dejan al hombre más que una salida: buscar una paz negociada con sus semejantes, firmar un pacto, sellar el *contrato social*.

—Mucho humanismo para luego concluir que los humanos somos unas fieras egoístas

La decepción que siente mi mujer es natural. A todos nos gusta que nos digan cosas bonitas y tiernas, aunque sean mentira, y tenemos cierta tendencia natural a simpatizar con aquellos autores que afirman que somos una especie altruista y razonable. Pero, lamentablemente, la historia universal tiende a dar la razón a Hobbes: ningún animal tortura y mata de forma sistemática, masiva y deleitosa a sus semejantes, salvo el animal humano. Somos fieras arteras, crueles, de la peor calaña, y más nos vale enterarnos de una vez y para siempre con el fin de poner freno a nuestros desmanes. Ahora bien, nuestro egoísmo y nuestra astucia se pueden combinar y dar lugar a un contrato racional que nos beneficie a todos.

—¿Y cómo surge ese contrato y de qué modo nos beneficia?

Mejor te contesta el propio Hobbes: «Por acuerdo de cada hombre con cada hombre, como si cada cual dijera a cada uno de los demás: "Autorizo y renuncio a mi derecho a gobernarme a mí mismo en favor de este hombre o de esta asamblea de hombres, a condición de que tú también cedas tu derecho y le autorices a actuar de esta manera.." Una vez hecho esto, la multitud, unida en una persona, se llama sociedad, *civitas* en el latín de Hobbes. Y esta es la forma en la que surge el gran Leviathan, o, para hablar con más reverencia, el dios mortal al que debemos nuestra paz y defensa: el Estado.»

—«Leviathan» es el nombre de la ballena que se tragó a Jonás, en la Biblia, ¿no?

En efecto. Y así quiere llamar Hobbes al Estado, por su enormidad, por su carácter monstruoso, que a nuestro autor no se le oculta, y porque, al final, nos engulle a todos, nos guste o no.

—El nombre me parece bien elegido, porque ciertamente el Estado sabe mostrarse como un monstruo que arrasa con todo lo que se le pone por delante. De hecho, lo que no termino de ver muy claro es que Hobbes vea el Estado como una institución capaz de terminar con la violencia natural de los humanos. El siglo XX pasará a la historia como el siglo de los exterminios masivos organizados desde el Estado: las purgas del padrecito Stalin, las *soluciones finales* del nazismo, las masacres en Manchuria durante la ocupación japonesa, el terror de los Khemeres Rojos en Camboya (mataron a la mitad de la población del país), los torturados, desaparecidos y masacrados en Argentina, Chile, Bolivia, Indonesia, Corea, Tíbet, Chiapas, Kurdistán, Timor Oriental, y tantas otras atrocidades que se cometieron y se cometen desde y por el Estado, muchas veces televisadas en directo. Pero es que en la antigüedad las cosas no eran mucho mejores. De Angel, un arqueólogo especializado en el Creciente Fértil, dice que se puede saber en qué estrato aparece el Estado porque se multiplican los muertos de forma violenta. El Estado no viene a poner paz, sino a traer la guerra.

Tiene razón mi mujer. Pero en la época de Hobbes no sabían todas estas cosas. Antes bien, a Hobbes le tocó vivir un período de la historia de Inglaterra en el que el poder del Estado se debilitó considerablemente y el resultado fue la guerra civil: un conflicto en el que, como ocurre con todas las guerras, perdieron todos y los peces más grandes se comieron a los más chicos. Así que Hobbes clamó por un Estado fuerte, una institución a la que los ciudadanos le entregaran el monopolio del ejercicio de la violencia. Un poder absoluto ejercido por un soberano que garantice el orden, el progreso y la paz. En suma, Hobbes defendió el *absolutismo*, pero no sobre una base teocrática, como sucedía en la Edad Media. El soberano recibe el poder no de manos de Dios, sino de la sociedad civil. Una *civitas* que ha surgido del pacto de unos individuos naturalmente libres e iguales, que renuncian a su libertad movidos por el egoísmo, a cambio de un orden y una paz que les permita mejorar sus condiciones de vida

Hobbes propone una monarquía absoluta. Pero nosotros podemos buscar otros caminos para garantizar la paz social. Ya hemos dicho varias veces que la filosofía nace con vocación crítica y que cualquier teoría filosófica es, de suyo, una invitación a encontrar racionalmente los fallos que contenga y a proponer alternativas mejores. Eso fue lo que hizo John Locke (1632-1704), otro buen empirista que se encargó, entre otras cosas, de corregir los excesos absolutistas de Hobbes. En sus *Dos ensayos sobre el gobierno civil*, así como en las *Cartas sobre la tolerancia*, Locke parte de la misma apelación al estado de naturaleza y al contrato social que Hobbes, aunque, a diferencia de aquél, no ve a los hombres como lobos, sino como liberalotes pacíficos. El estado de naturaleza no es ese estado de guerra permanente y total, sino que reina la armonía entre los miembros de una especie que posee el don de la razón. El contrato social tiene como fin el perfeccionamiento de ese estado natural y culmina en un Estado liberal que ha de garantizar la propiedad privada, la libertad de pensamiento, la división de poderes y el ejercicio de la *tolerancia.* Fue sobre este concepto sobre el que más escribió Locke, aunque, por tratarse de una idea recién nacida, presenta todavía un alto grado de inmadurez. Por ejemplo, Locke no extendía esa tolerancia ni a los «papistas» (los católicos), ni a los ateos. A los primeros porque los consideraba enemigos declarados de Inglaterra. A los últimos, porque los ateos son, para Locke, una especie de demonios infames que no piensan más que en inmoralidades públicas y privadas. Así y todo, la idea de la tolerancia es una importante novedad introducida en el terreno del pensamiento moderno y nada más que por eso, Locke debe figurar en el cuadro de honor de la humanidad. Su obra, además, ejerció una influencia poderosísima en la Ilustración inglesa, francesa, alemana, italiana, e incluso en los redactores de la Constitución de Estados Unidos, todavía hoy vigente.

—Se te ha olvidado hablar de la muerte de Hobbes.

Hobbes arrastró una vida larga y agitada, esto último no por su gusto, sino porque le tocó vivir la suerte de un país en guerra. De ahí que su obra defienda la racionalidad de renunciar a la libertad a cambio del orden y la paz. Afortunadamente, los últimos años de su vida los pudo pasar en calma, dedicado a traducir la *Ilíada* y a escribir sus memorias. Hasta que, a la nada despreciable edad de 91 años, Hobbes murió en paz, mientras dormía y justo al día siguiente de haber completado su autobiografía. Una muerte, sin duda, ordenada y cabal, tan ordenada y cabal como lo fue su obra filosófica.

—Y ¿cómo murió Locke?

De modo parecido a Hobbes. Locke vivió, pensó, escribió y murió como un burgués liberal y apacible. Los últimos años de su vida se retiró a vivir en casa de su buena amiga Lady

Marsham, en donde recibía a diario la visita de sus amigos (entre los que se encontraba Newton). «Su muerte —escribió Lady Marsham— fue igual que su vida: natural, sencilla y poco afectada.» Pues nada, así da gusto.

Por último, y antes de hablar de Hume, quisiera presentarles a George Berkeley (1685-1753), un clérigo anglicano que se empeñó en acabar con el materialismo que «infectaba» el empirismo, desde dentro del propio empirismo.

—¿Es que los empiristas son materialistas? —pregunta Cristina.

En general, sí. Aunque aquí hay de todo, como en botica. Locke era muy beato, por ejemplo. Pero, si se cree que la fuente del conocimiento son los sentidos, eso implica que el límite del conocimiento son esos mismos sentidos. Dicho de otra manera: no conocemos del mundo más que lo que podemos ver, oír, oler, etc. y lo que midamos, comparemos, razonemos, pensemos y especulemos sobre eso que vemos, olemos, oímos, tocamos, etc. Si esto lo unimos a la navaja de Ockham (recuérdese lo dicho en la pág. 151 y ss.), nos da como resultado que no existe nada más que aquello de lo que podamos tener una referencia sensible, directa o indirecta (por indirecta me refiero a que puedo saber que mi amigo Pedro ha estado en mi casa, porque percibo el olor que ha dejado su colonia, aunque no lo vea a él directamente). Por otra parte, es obvio que los sentidos nos ponen en contacto con un mundo material. Nadie (en su sano juicio) huele a un ángel, ni paladea al Espíritu Santo. De modo que es lógico que el empirismo termine por declararse materialista.

—¿Y dónde está el problema?

Efectivamente, yo no se lo veo por ningún sitio. Pero a la gente religiosa el materialismo le pone de los nervios, porque, si sólo existe un mundo material, ya me dirás tú dónde se meten a su Dios, a su alma y, sobre todo, a ver cómo nos convencen de que no debemos darle gusto al cuerpo. Dicho en términos técnicos: el *materialismo* suele traer como consecuencia el *ateísmo* y el *hedonismo* (véase lo que dijimos a propósito de Epicuro en las págs. 112 y ss.) Y Berkeley era muy religioso. Tanto como para que lo nombraran obispo.

—Pues, según tu teoría, todos los que mezclan la religión con la filosofía terminan mal.

Efectivamente; y Berkeley no fue una excepción. Todo comenzó en 1728, época en la cual Berkeley se casó con Ana Foster y, juntos, partieron hacia el Nuevo Mundo con el ánimo de difundir el Evangelio entre los indios. Por suerte para los indios, el gobierno de su majestad no parecía tener prisa en conceder a Berkeley la cantidad que éste reclamaba para construir un *College* en América desde el que difundir la Palabra de Dios. Cansado de esperar una ayuda que no tenía visos de llegar nunca, Berkeley regresa a Londres, donde es nombrado obispo de Cloyne. Pero, aunque no había conseguido convertir ni un solo aborigen, lo que sí consiguió es un buen número de recetas de los indios, de esas «sabias y naturales», ya me entienden. Uno de los remedios consistía en una mezcla de varios hierbajos con agua de alquitrán. Berkeley llegó al convencimiento, no sabemos cómo ni por qué, de que el brebaje en cuestión era una panacea universal, buena para combatir los piojos, la sarna, el sarampión, la modorra, la debilidad, el tembleque, la halitosis, la melancolía, el dolor de codos, la bizquera, el estreñimiento, la odiosísima inflamación de la próstata y los dolores difusos, en general. En su familia no se usó nunca otra medicina que ésta. Pero se ve que el remedio debía acarrear una serie importante de efectos secundarios no del todo deseables (imagínense cómo le debe de sentar al hígado el recibir por la mañanita un buen buche de petróleo). Como no podía ser menos, la salud de toda la familia se deterioró notablemente. Primero fueron cayendo los más obedientes de sus hijos (o sea, los que se tomaban diligentemente la medicina que les preparaba su papá). A continuación, el Señor se llevó consigo a unos cuantos de sus feligreses que tuvieron el mal tino de dejarse guiar por los consejos médicos de su obispo. Por fin, le llegó el turno al propio obispo, que, de haber justicia en el mundo, debería haber muerto el primero. Pero, lo peor de todo es que la gente no se desengañaba. Hasta el punto de que el remedio pasó a formar parte de la farmacopea de la Casa Real Británica. Se sabe que la reina de entonces lo usó con fruición, y que, desde entonces, no son pocos los miembros de la *Royal Family* que echan mano de este precipitado, lo cual puede explicar el que tengan todos esas caritas tan raras y esas orejotas, los pobres. Pero esa es otra historia.

Lo importante es, que antes de morirse de este modo tan chusco, el obispo Berkeley tuvo tiempo de decir unas cuantas cosas, muy chuscas también, pero que no dejan de resultar bastante sugerentes. Berkeley parte de los principios empiristas de Locke, que, por entonces, era el filósofo de moda en Inglaterra y en Francia. Según estos principios empiristas, lo único que conocemos del mundo son aquellas cualidades que nos resultan accesibles a través de los sentidos, como el olor, el sabor, el color, etc. Ahora bien, si sólo tenemos noticia de estas cualidades, y sólo la tenemos en tanto que son percibidas, entonces *esse est percipi*, *ser es ser percibido*, y podemos afirmar tranquilamente que no existe nada más que esas percepciones y la mente que las percibe. Sostener la existencia de una materia responsable de que nosotros veamos, olamos, etc. esas cualidades sería redundante. Dicho en dos palabras: en el mundo sólo hay espíritus e ideas (percibidas por esos espíritus); en cuanto a la materia, el mundo de las cosas reales, sobra.

—Vamos, que según este hombre no existe el vino, sino sólo el sabor del vino percibido por un alma. Ni la rosa, sino sólo su olor y su aspecto percibido por otras almas. Y así con todo lo demás. Entonces, ¿de dónde provendría el sabor del vino o el olor de la rosa?

De Dios, naturalmente, que es el Creador del Universo. Un Universo que no contiene más que espíritus creados a imagen y semejanza de Dios, e ideas percibidas por esos espíritus.

—Entonces, ¿nuestros cuerpos tampoco existen?

Tampoco.

—O sea, que cuando me como unas banderillas picantonas y se me fastidian las hemorroides, con perdón de la audiencia, en realidad no existen ni las banderillas, ni las almorranas, ni nada de nada, salvo mi espíritu que tiene la idea del sabor picante y la idea del escozor de almorranas.

En efecto, todo esto resulta la mar de extravagante. Sin embargo, en la India, que cuenta con una tradición filosófica milenaria, ha habido multitud de escuelas filosóficas que han mantenido una posición semejante a la del obispo Berkeley. Por ejemplo, hay *gurús* que dicen que el Universo es el sueño de un dios loco. Otros dicen que el Todo es un pensamiento imperfecto de Shiva...

—Sí, muy bien, a mí también me gustan mucho los cuentos de la India misteriosa, con sus yoguis en ayunas y sus varitas de incienso y lo que quieras. Pero, lo cierto y verdad es que sufrimos, y disfrutamos de la vida, por muy soñada que nos la quieran presentar. De modo que lo más práctico e inteligente que podemos hacer es poner nuestra capacidad racional a trabajar para que nuestra estancia en este mundo, que es el único que conocemos, nos resulte lo más grata posible. Y no veo cómo nos puede ayudar el pensar que todo esto no es más que un sueño, o un conjunto de ideas en mi cabeza. Es más, cada vez que oigo a un individuo decirme que este mundo no es real, o que es el tránsito para otro que es mejor, o cualquier tipo de rollo *trasmundano*, tengo la impresión de que lo quiere es que baje la guardia para robarme cartera.

Algo de eso hay, ciertamente. Pero la filosofía de este obispo aficionado al alquitrán contiene también ciertos aspectos positivos. Berkeley nos ha revelado, con gran acierto, que nosotros *no conocemos las cosas, sino lo que conocemos de las cosas*; que no vemos el mundo, sino las visiones que tenemos del mundo; que yo no me enamoro de una mujer, sino de la idea que me he formado de esa mujer, y así sucesivamente. Lo cual no quiere decir que el mundo objetivo y separado de mí no exista, como pretendía Berkeley. Ya veremos el aspecto que cobra esta idea en el pensamiento de Kant, especialmente en su distinción entre el *fenómeno* y el *noúmeno,* y, posteriormente, en la teoría de la verdad de Nietzsche.

Pero, antes de llegar a estos autores, no debemos perdernos la oportunidad de asomarnos al pensamiento de David Hume. Su obra es la cima del empirismo. Además, murió como mueren los grandes pensadores: defendiendo sus ideas hasta el final.

19. DAVID HUME Y EL MAYORDOMO DESCONSOLADO

El 24 de agosto de 1776 Escocia se vistió con su mejor cielo y un sol benigno, impropio de esas latitudes. Pese al clima veraniego, James Boswell sintió su espalda recorrida por un escalofrío justo cuando estaba a punto de entrar en la habitación en la que agonizaba David Hume. Lo acompañaba el mayordomo de la casa, en cuyo rostro hierático se adivinaba apenas una sonrisa milimétrica que denotaba cierta satisfacción tan contenida como inoportuna. La alegría del criado no se debía a la perspectiva de verse por fin libre de un amo tiránico. Todos los testimonios coinciden en que Hume fue uno de esos santones laicos que tanto abundan en este gremio de los filósofos, gran amigo de sus amigos, y amable y generoso con sus servidores. Pero también se había ganado cierta fama de ateo contumaz. Los obispos anglicanos estuvieron en un «tris» de excomulgarlo. Y la Iglesia Católica incluyó todas sus obras en el *Index*, su *Hit Parade* de libros prohibidos. Esta fama de hombre sin Dios, a los ojos de la gente sencilla de aquella época, lo convertía en una especie de monstruo abominable. De modo que, ahora que estaba a punto de morirse, todos confiaban en que se retractara de su impiedad y confesara su arrepentimiento. Tal era la esperanza del criado: que su amo hubiera elegido a Boswell como depositario de esta última confesión. Boswell no era un ministro del Señor, pero toda Escocia reconocía en él a un católico serio y practicante; además, se trataba del cronista y biógrafo más riguroso y renombrado de la Gran Bretaña, testigo cabal, por tanto, de una confesión *in extremis*, y uno de los mejores amigos de Hume. Aunque, hemos de advertir (por aquello del rigor) que el catolicismo de Boswell nunca le impidió frecuentar los salones más alegres, las tertulias más amenas, los libros más sensatos, los pensamientos más libres, las mesas mejor abastecidas, las meretrices más cariñosas, y los especialistas en enfermedades venéreas más reconocidos de toda Europa. Así que no debía de parecerle muy buen negocio el asistir a la confesión de un moribundo, por muy amigo suyo que fuese.

El criado llamó con los nudillos, solicitó permiso e introdujo a Boswell en la habitación, tras lo cual volvió corriendo a las cocinas para rezar con el resto de criados por el arrepentimiento de su patrón.

La entrevista se prolongó por espacio de casi tres horas, al cabo de las cuales Boswell apareció por la puerta con el gesto serio y las manos por fin, secas. El mayordomo lo acompañó hasta el vestíbulo, pero no permitió que se fuera sin que antes le aclarase la duda que minaba su mente:

—¿Milord?

—¿Sí?

—¿Cómo habéis encontrado a mi amo?

—De excelente humor, aunque asegura que no pasará de esta noche.

—¿Debo llamar a un clérigo para que le ayude a rendir sus cuentas ante el Todopoderoso?

—Me temo —respondió Boswell con gesto misterioso— que vuestro amo prefiere rendir cuentas a la filosofía.

Y partió hacia su casa, dejando al criado sumido en un mar de dudas. Esa misma noche, Boswell añadiría a su diario (publicado póstumamente bajo el título de *Private Papers*) la siguiente anotación: «*David Hume is about to pass away. As a farewell dinner, he has put up a lively, cheerful defense of his disbelief in immortality.*» Que viene a decir lo siguiente: «David Hume está a punto de abandonar este mundo. Como cena de despedida ha preparado una defensa enérgica y alegre de su falta de fe en la inmortalidad.» Efectivamente, Hume murió esa misma madrugada, cuando acababa de cumplir los sesenta y cinco años de edad. Me imagino el disgusto del criado, que perdió un amo razonable y no le quedó el consuelo de saberlo en el cielo.

A la decepción del mayordomo hemos de sumar la sorpresa de todos cuantos sólo conozcan la superficie del pensamiento de Hume. En efecto, los libros de texto, que cada día se parecen más a los peores programas de televisión, nos suelen presentar a un Hume preocupado sólo por la teoría del conocimiento. Sin embargo, Hume fue, como es natural, un hombre de su tiempo: el Siglo de las Luces. Un siglo en el que la filosofía se puso al servicio del combate contra la ignorancia, el fanatismo, la superstición y el mal gusto. Así pues, si bien es cierto que Hume se ocupó bastante de las cuestiones metodológicas, siempre lo hizo pensando que el método era un camino que le habría de llevar a la que él consideraba su meta y su anhelo más profundo: construir una crítica a la religión que mostrase que la teología es un cúmulo de palabras sin sentido y que las creencias religiosas caminan por la vida desnudas de ropajes racionales, y, lo que es peor, son la fuente de todas las supersticiones, intolerancias y fanatismos que oprimen a los hombres desde el principio de los tiempos. Aunque, para que esta crítica sea substanciosa, firme, sólida y definitiva, necesita contar con unos buenos cimientos, que Hume reúne en la parte metodológica de su obra, aquella por la que más se lo conoce y que lo convierte en el más firme representante del empirismo inglés. *Empirismo* e *Ilustración:* dos buenos cañones con los que defenderse de los asaltos de la irracionalidad.

En opinión de Hume, hasta ahora la filosofía no dispone de un *método* conveniente, y esto le ha ocurrido porque no ha sabido discurrir por el camino seguro que transitan las verdaderas ciencias, sobre todo a partir de Newton. Esto, ya lo sabemos, es lo que nos vienen diciendo todos los filósofos desde el Renacimiento para acá. Forma parte de ese complejo de inferioridad que le salió a la filosofía cuando vio lo bien que le iba a las ciencias de la naturaleza. En lo que se distinguen unos filósofos de otros es, no tanto en el diagnóstico, cuanto en el remedio que proponen. Para Hume sería, ya lo hemos dicho, el método empírico. Veamos con qué matices. En opinión de Hume, las ciencias de la naturaleza progresan porque no consideran nada como cierto a menos que venga avalado por el testimonio de los sentidos. Así pues, la experiencia sensible se va a constituir en la base y el límite de esta nueva filosofía. Hasta ahora, nada que no hubieran dicho los otros empiristas. Sin embargo, Hume supo llevar esta filosofía a su más alto grado de desarrollo, quizás porque nadie como él ha sabido exponer con mayor claridad y sencillez los principios de esta doctrina.

Como todo *empirista*, Hume hace depender el conocimiento de la experiencia, de los sentidos. En su intento de formular esto con total precisión, propone llamar «percepción a cualquier cosa que pudiera presentarse en la mente, sea que empleemos nuestros sentidos, o que nos impulse la pasión, o que ejercitemos nuestro pensamiento y reflexión». O sea, que Hume llama *percepción* a cualquier acto mental, del tipo que sea. A continuación, divide todas nuestras percepciones en dos géneros: *impresiones* e *ideas*. Las impresiones son aquellas percepciones que se presentan con una mayor fuerza y vivacidad, y bajo esta denominación se incluyen las *sensaciones* y *pasiones* que hacen su primera aparición en la mente. Las ideas surgen cuando reflexionamos, razonamos, recordamos o imaginamos algo que esté relacionado con alguna o varias impresiones. Por ejemplo, si comparto viaje en el ascensor con una vecina bien perfumada, cuando huelo sus efluvios, se me está produciendo una impresión de sensación (olfativa, en este caso). Si, a resultas del gulusmeo, me enamoro, en tal caso, estoy padeciendo una impresión de pasión. Si luego llego a casa y me acuerdo de lo bien que olía mi vecina, entonces, tendré una idea de sensación, que será algo más desvaída que cuando la disfrutaba en directo, por eso las ideas son más débiles que las impresiones. Y si, al cabo de una semana, me replanteo ese enamoramiento tan tonto, habré tenido una idea de pasión.

En todo caso, *toda idea viene siempre precedida de una impresión* (para recordar un perfume, antes tengo que haberlo olido, para maldecir un amor, antes tengo que haberlo padecido, para añorar el sabor de un guiso, antes tengo que haberlo paladeado), y Hume sostuvo que incluso de las ideas más complejas, o más fantásticas cabe encontrar sus elementos sensoriales o impresiones. Por ejemplo, la idea de hombre lobo surge cuando juntamos en nuestra imaginación las cualidades de un hombre con algunos de los rasgos de los lobos. O sea, que los sentidos y las pasiones nos proporcionan los materiales, los ladrillos, con los que luego la imaginación, la memoria y la razón construyen sus edificios, incluidos los fantásticos. En aquellos casos en que no resulte posible hallar los datos sensoriales de los que se deriva una idea, podemos asegurar que se trata de un concepto tan hueco como una calabaza seca. Por ejemplo, si alguien me habla del estreñimiento de los arcángeles tendré que preguntarle si existe algún dato sensorial del que haya podido derivar una idea tan curiosa. En caso de no poder hallarse dicho dato sensible, sabré que el estreñimiento de los arcángeles no es propiamente una idea, sino que se trata de una extravagancia sin fundamento, pura palabrería vacía, una de esas trampas que nos tienden quienes pretenden turbar nuestra mente y llenarla de supersticiones y fanatismos.

Con este solo principio (todas las ideas provienen de impresiones) Hume se lleva por delante el edificio que había construido la metafísica clásica y, de paso, todo el andamiaje que aún le quedaba a la religión. Para ello, va a examinar cada una de las supuestas ideas que constituyen el cuerpo principal de la metafísica racionalista y de la religión, y nos va a demostrar que todas ellas están perfectamente huecas, que no valen como materia de conocimiento más que esos arcángeles estreñidos de los que hablábamos más arriba.

Las principales ideas falsas son, según Hume tres: la falsa idea de *Causa*, la falsa idea de *Yo* y la falsa idea de *Dios*. Veamos cuál es el tratamiento que reciben.

Comencemos por la idea de *Causa*. Su importancia radica en que, para Hume, la causalidad aparece como cómplice de toda generalización empírica. Por consiguiente, sólo si la relación causa—efecto está suficientemente fundamentada podremos alcanzar conclusiones válidas sobre cuestiones de hecho (cosas concretas) que vayan más allá de las evidencias de nuestra memoria y de nuestros sentidos. Por ejemplo, mi amigo Manolo tiene las almorranas algo levantiscas y nota que cada vez que toma café se le emberrenchinan por encima de lo tolerable. En consecuencia, ha decidido que el cafelito le provoca un sufrimiento que no se mercce, y ha suprimido su consumo. Es más, cuando se junta con Cristina, mi mujer, y con Lola, otra amiga común, que las dos son bastante almorranosas, les recomienda que sigan su ejemplo y dejen el café. Pero, ¿de dónde extrae la seguridad que le permite anatemizar a esa infusión tan maravillosa?

Cuando Hume examina este asunto, descubre que el fundamento de todos nuestros razonamientos acerca de la relación causal descansa en la *experiencia*: «Preséntese un objeto a un hombre muy bien dotado de razón y luces naturales. Si este objeto le fuera enteramente nuevo, no sería capaz, ni por el más meticuloso estudio de sus cualidades sensibles, de descubrir cualquiera de sus causas o efectos.» O sea, que por mucho que uno mire, huela, palpe, escuche o saboree mil y una tazas de café, no hay manera de percibir el nexo, el pegamento que une lo que llamamos causa, con lo que llamamos efecto; la ingestión del café, con la irritación de las almorranas (en rigor, para que el experimento fuese completo, habría que oler, palpar, mirar, escuchar y paladear mil y una almorranas, pero eso convertiría esta pequeña investigación en una guarrada mayúscula sin por ello mejorar el resultado ni en un ápice). Y, *si no tenemos ninguna impresión sensible de dicho nexo, podemos afirmar, con toda tranquilidad, que no existe*, por la misma razón que decimos que no existen los duendes del bosque: porque no hemos visto ni rastro de ellos. No podemos estar seguros de que el café irrite necesariamente las almorranas: solamente podemos estarlo de que eso ha ocurrido en un número concreto de veces, pero no de lo que vaya a ocurrir mañana. Únicamente la costumbre, el hábito, nos lleva a suponer que el futuro será parecido al pasado. Así pues, cuando hablamos de causalidad, no hablamos de una ley de las cosas, sino de una *ley de nuestro modo de pensar las cosas*, exclusivamente producida por la experiencia acumulada y por el *hábito*. O sea, que si yo compruebo varias veces que cada vez que me siento en una silla determinada gano al mus, terminaré por pensar que ésa es mi silla de la suerte, aunque no vea nada en ella que me lo asegure. Y así con todo.

Con lo cual, ninguna ley científica cuenta con una certeza plena. O, lo que es lo mismo, no podemos estar plenamente seguros de nada, salvo de lo que hayamos visto y comprobado hasta hoy, que suele ser bien poca cosa. Que la aspirina alivia el dolor de cabeza es algo que sabemos porque se lo ha aliviado a mucha gente. Pero cada caso es cada caso, y las evidencias del pasado no garantizan nuestras previsiones futuras, aun cuando Hume reconozca que no tenemos nada mejor para guiarnos y que es plenamente legítimo que lo hagamos así. Pero hemos de contar siempre con la posibilidad de que lo que hasta ahora ha venido ocurriendo de una determinada manera, mañana lo veamos de otra. Dicho brevemente: Hume nos pide que estemos atentos y dispuestos a cambiar de ideas cuando las circunstancias lo demanden. Tal es el principio del escepticismo sano, de la inteligencia madura y del progreso del conocimiento.

Es el turno ahora de la falsa idea de *Yo*. Según Hume, esta supuesta idea no es más que una pura invención de filósofos y teólogos. Estos últimos prefieren hablar de *Alma*, pero se trata de la misma cosa: una palabra con la que aludimos al conjunto de nuestras experiencias y estados mentales pasados y presentes. Es decir, que el *Yo* no es más que un puñado de estados mentales que varían a cada momento: ahora me preocupa un poco el que ustedes no entiendan esto que escribo, y tengo algo de hambrecilla. Dentro de un rato me reuniré con unos amigos para tomar el aperitivo, en la plaza de las Flores, uno de los rincones más bonitos de Murcia; y, en ese momento, me sentiré relajado, escucharé la risa de mis amigos (¡qué mejor música!), disfrutaré del perfume que me regalarán los naranjos, acariciaré mi lengua con el contraste entre lo salado de una anchoa limpísima y la dulzura fragante de un buen vermut de grifo; a lo mejor, hasta me fumo un puro mexicano muy fresquito y aromatizado con vainilla de Paplanta: un placer inusitado. Y yo seré en ese momento todo eso, más el recuerdo de lo que ahora siento, más otros sentimientos y sensaciones que ahora no puedo prever; pero, en todo caso, no seré el mismo que ahora, ni lo soy cuando trato con mis alumnos, o cuando hablo con mi suegra, o cuando me meto solo al retrete. Porque, de lo que nunca seremos capaces es de captarnos a nosotros mismos como algo que recibe esos estados mentales, sino que lo único que encontramos cuando intentamos averiguar dónde está nuestro yo es el cúmulo de sensaciones y pensamientos que constituye nuestra vida mental en cada momento.

Y vamos ya con la idea de Dios: el bastión más antiguo e inexpugnable en el que se refugian desde siempre todos los fanatismos y que Hume va a derribar con la misma facilidad que si se tratara de un castillo de naipes. Para Hume, la falsa idea de Dios, que significaría la idea de un ser infinitamente inteligente, sabio y bueno, se habría formado al reflexionar sobre las operaciones de nuestro propio pensamiento y al aumentar sin límites nuestras cualidades de bondad y sabiduría. A partir de ahí, una proyección sin fundamento de toda esta reflexión produciría el hábito de creer en la existencia de un tal ser trascendente. Los hombres hemos creado una ficción que contiene todas nuestras cualidades elevadas al máximo. De ahí que los dioses de los vikingos sean guerreros rubios y temibles como ninguno, y el de los hebreos una especie de jeque reseco, celoso, vengativo y malhumorado. Porque cada uno nos hacemos un dios a nuestra mejor imagen y semejanza. Respecto a los supuestos argumentos que apoyarían la existencia de Dios, Hume dice que el único que le merece algo de respeto es aquel que habla del orden del mundo, un argumento que encontramos por primera vez en Cicerón y luego en Santo Tomás, que se lo copió al romano y no le dio ni las gracias. Hume lo resume del siguiente modo:

1. Los productos de la invención humana son fruto de la inteligencia. (Una máquina de fotos —y éste es un ejemplo nuestro, naturalmente— no ha podido surgir sola, sino que la ha tenido que diseñar y fabricar alguien inteligente.)
2. El universo se asemeja e incluso supera los productos de la invención inteligente. (El ojo humano se parece a una cámara de fotos y, en cierto sentido, la supera.)
3. En consecuencia, el universo tiene un creador inteligente. (O sea, que si la cámara de fotos nos hacía pensar en la existencia de un ingeniero, el ojo humano nos ha de hacer pensar en un Super Ingeniero Universal, esto es, en Dios.)

La objeción que pondrá Hume a este argumento es que el Universo no muestra uniformemente esa supuesta semejanza con los productos de la invención inteligente. (Esto es, que la naturaleza es más chapucera de lo que presuponen los creyentes y, por seguir con nuestro ejemplo de la vista, abundan los legañosos, astigmáticos, miopes, hipermétropes, daltónicos, bizcos, tuertos e incluso los simpáticos ciegos que nos venden el cupón de la ONCE). Y, sobre todo, que por encima de lo que pensemos del orden y buen gobierno del mundo, resulta innegable que en la naturaleza abundan la crueldad y el sufrimiento, en un espectro amplísimo, que va desde la calvicie, al cáncer infantil; desde el granizo que arrasa una cosecha, al terremoto que se lleva por delante a miles de víctimas inocentes; desde la peste porcina, a la desaparición masiva de especies enteras. Y todo este dolor resulta demasiado patente, agudo e incomprensible como para permitirnos la creencia en un Padre Amantísimo.

A estas alturas podemos comprender mejor el origen de las inquietudes del mayordomo de Hume. El pensamiento de su amo era, sin lugar a dudas, demoledor, y, en muchos de sus aspectos, definitivo. Si intentamos sostener en la mente a un mismo tiempo la crítica de la causalidad, la de Dios y la del yo, podremos darnos cuenta del alcance de este ilustrísimo e ilustradísimo pensador. En efecto, si no hay una serie causal que encadene los acontecimientos naturales de forma estable (o sea, si la cosas no cuentan con pegamento alguno que las ligue necesariamente); si tampoco existen garantías de la permanencia del sujeto humano que conoce, sino que tal sujeto no es más que un grupo de estados mentales variables, y, además, no existe un Dios que (como ocurría en Descartes) nos ayude a salir de nuestro embrollo y nos garantice la verdad de nuestras proposiciones, en tal caso, cualquier pretensión de saber algo concreto de tipo general, cualquier afirmación del tipo «El café irrita las almorranas» o «Todos los castrados tienen buena voz» (dicho de forma técnica: toda proposición universal referida a las cuestiones de hecho) no será nada más que *probable* y no es ya posible contar con una certeza absoluta. Este lúcido *escepticismo* es, a la vez, lo más notable y lo más inquietante del pensamiento de David Hume.

Pero, aún nos queda por ver cuáles fueron las consecuencias morales que Hume extrajo de su método escéptico. Desde luego, no pueden ser muy tranquilizadoras para el criado, porque, sin Dios, ni cielo, ni infierno, ni tan siquiera un alma humana que responda de sus actos, ¿qué clase de moral nos queda? Un tío mío, que es de los de ideas tan fijas como rancias, diría que de aquí al «libertinaje» y todos en «porretas». Algo así debía de temerse el mayordomo. Sin embargo, el bueno de Hume nunca llegó tan lejos. Ante todo, nuestro autor intenta aplicar en el terreno moral los mismos principios que le hemos visto seguir en la teoría del conocimiento. Si allí decíamos que toda idea surge de una sensación, aquí diremos que toda la moralidad ha de surgir de nuestros sentimientos. Lo contrario, o sea, obedecer unas leyes morales que no deseamos, es fuente de todo tipo de hipocresía y de inmoralidad. Para que se vea lo que quiere decir esto, basta con hacerse la siguiente pregunta: si fuésemos uno de esos ancianos que necesitan ayuda en su domicilio, ¿a quién preferiríamos que nos mandaran, a un voluntario que disfruta ayudando a la gente, o a un individuo que llega en plan sacrificado, a cumplir con un deber que le dicta la sociedad, o la religión? Indudablemente, Hume acierta al señalar que las únicas actitudes verdaderamente morales son aquellas que surgen de nuestros sentimientos.

Sin embargo, el mayordomo, o mi tío mismo, aún nos podrían clavar la siguiente preguntita envenenada: ¿qué pasa con los que disfrutan con el crimen, con la violencia, con la explotación de sus semejantes? Según Hume, existe un sentimiento moral que, probablemente, es casi universal en nuestra especie y que se trataría de una especie de *simpatía* por la felicidad humana y una aversión natural hacia el dolor y la miseria de nuestros semejantes. Pero, claro, igual que hay sordos y ciegos, también hay gente incapaz de sentir tal sentimiento. Tales casos, diría el escocés, vendrían a ser lamentabilísimas excepciones que no justifican el que hayamos de cambiar nuestros principios. Como todo ilustrado, Hume creía que la humanidad es perfectible mediante la educación, pero sólo hasta un cierto punto. Igual que nunca podremos explicarle a un ciego de nacimiento en qué consiste el color rojo, habrá personas que no lograrán comprender jamás aquello que nos enseñaba Sócrates y que compartiría nuestro querido Hume: que es más desgraciado quien comete una injusticia que quien la padece. Guardémonos de este tipo de cretinos. Para ellos están pensados nuestros códigos penales. A nosotros nos queda disfrutar de nuestros buenos sentimientos. Yo me voy ya con mis amigos, a pasar un buen rato queriéndolos. Nos vemos en el próximo capítulo.

20. EL DESMORONAMIENTO DE LA RAZÓN PURA: KANT

Don Manuel Kant (1724-1804) nació, vivió y murió en Köningsberg, una pequeña ciudad de Prusia oriental. Su padre fue guarnicionero y su madre una mujer dotada de una brillante inteligencia natural, además de una santa, como todas las madres. Ambos progenitores fueron estrictos seguidores del *pietismo protestante*, que enseña que la religión forma parte de una experiencia interna que se expresa en la simplicidad y en la obediencia a la ley moral. Cada uno se entretiene como puede y Kant dedicó su obra filosófica a levantar un entramado racional en el que *integrar estas enseñanzas pietistas con los logros principales de la razón ilustrada.* Que la filosofía kantiana consiguiera o no este propósito es algo que se verá a lo largo de este capítulo. Pero de lo que no cabe ninguna duda es de que Kant vivió siempre dentro de los estrechos límites que marcaban sus principios morales. Canijo, estrecho de pecho, enfermizo y dueño de un rostro más propio de un fetillo que de un filósofo, Kant mantuvo durante toda su vida un régimen de vida severo y regular. Cuentan que todos los días salía a pasear a la misma hora, al mismo ritmo y por las mismas calles, hasta el punto de que sus conciudadanos ponían en hora los relojes a su paso. Sus comidas también llegaron a convertirse en todo un rito riguroso. Para empezar, Kant odiaba comer solo, porque creía que la compañía facilita la digestión; pero también detestaba comer fuera de su casa; así que decidió rodearse de invitados a dirario, siempre los mismos, porque tampoco era muy dado a conocer a gente nueva. Aunque un día que le fallaron sus amigos, mandó a su criado que saliese a la calle a invitar al primero que pasara por la puerta. La comida daba inicio a la una en punto, y cada invitado era servido con sus platos favoritos. El menú de Kant era, cómo no, siempre el mismo: bacalao fresco cocido, carne asada (aunque él se limitaba a masticarla, sacarle el jugo y escupir luego el bolondrio reseco), pan, mantequilla y queso inglés rallado. Durante la comida no bebía nada, ni siquiera la bebida nacional prusiana, la cerveza, a la que atribuía un pernicioso efecto sobre las almorranas. Terminada la colación, se concedía media copa de vino hervido con cáscaras de naranja, y una pipa, la única que se fumaba en todo el día. Kant no volvía a probar bocado hasta la mañana siguiente en que, nada más levantarse (siempre a las cinco de la mañana) se tomaba una taza de té aguado y una rebanada de pan de ese negruzco y casposo que toman los estreñidos. Lector infatigable, su cultura era amplísima y llegó a convertirse en un experto en campos tan dispares como la astronomía, la física, las matemáticas, la literatura inglesa y francesa, la geografía, la historia, la ingeniería civil y, como no, la lógica, la metafísica y la filosofía moral.

La muerte venció al fetillo de Köningsberg tras un asedio lento y cruel. Los últimos años de su vida los vecinos de Kant vieron cómo poco a poco el célebre filósofo perdía su discernimiento, su ingenio y hasta sus manías. El primer síntoma le llegó en forma de un desmayo en mitad de la calle. Caído en el suelo, se percató de que era incapaz de levantarse por sí solo. Al cabo de una hora una joven pasó cerca y, aunque Kant no se atrevió a pedirle el favor, ella reconoció al filósofo y adivinó su apuro, de modo que se ofreció para ayudarle a ponerse de pie. Kant no pudo pronunciar ni una sola palabra de agradecimiento. Se limitó a recomponer su traje y su peluca, cortó una rosa y se la entregó a la muchacha. Fue la única vez que el sabio de Köningsberg tuvo un detalle bonito con una chica, y también marcó el inicio de su decadencia física y moral. Los médicos que le visitaron le diagnosticaron una hipocondria aguda, que es uno de tantos eufemismos con que la medicina describe la decadencia que nos trae el tiempo. Lo más triste, lo más increíble, es que Kant murió con la cabeza perdida, no se sujetaba ni los pedos, el hombre, después de haber sido la cabeza más brillante de su siglo. Sus últimas palabras fueron las siguientes: «*Es ist gut*», que significa «Eso está bien» o «Eso es bueno». No sabemos qué quiso decir Kant con esto, aunque eso no es lo único que nos intriga de su obra.

Efectivamente, Kant no es un autor fácil de leer; ni mucho menos. Lo cual provoca que los pronunciamientos, las versiones, las aversiones y las tonterías que se vierten sobre él se multipliquen como los panes y los peces del famoso milagro. De todas las sandeces que se pueden decir sobre el pequeño gran hombre de Köningsberg, la más imperdonable es la que sostiene que la filosofía kantiana se sitúa a medio camino entre el racionalismo y empirismo. Quienes piensan esto deberían dejar la cátedra y probar suerte en el mundo del boxeo, por ejemplo. Porque basta con leerse lo que pone en el prólogo a la segunda edición de la *Crítica de la Razón Pura* para darse cuenta de que Kant no es ni racionalista ni empirista; ni tan siquiera un racionalista descafeinado ni un empirista meapilas. Kant es muy suyo y su grandeza consiste precisamente en su singularidad. Respecto a cuáles sean los rasgos que determinan esa singularidad, es algo que les voy a explicar enseguida y creo que lo van a entender estupendamente. Si no es así, llámenme y les devuelvo el dinero que hayan pagado por el libro, previa promesa solemne de haber hecho antes el esfuerzo de leerse estas páginas con cierta atención, al menos dos veces. Algunos filósofos sólo se entregan a aquéllos que los merecen, y Kant es, desde luego, uno de ellos.

En sus años mozos, Kant sí fue un racionalista. El racionalismo es un modo de hacer filosofía que entusiasma a los jóvenes intelectualmente inquietos (si es que queda alguno, después de tanto manoseo pedagógico), porque aporta seguridad y certeza en una época de la vida en que no se puede vivir sin ellas. Sin embargo, tarde o temprano, la vida termina por mostrarnos que sabemos bien pocas cosas de casi nada. A Kant le llegó esta revelación de la mano de Hume, quien le enseñó que no se puede hacer filosofía sin tener en cuenta cuáles son los límites del conocimiento. Los racionalistas, muy ufanos ellos, pretenden saber cómo es el mundo antes y al margen de lo que sobre él nos informen los sentidos; mientras que los empiristas dicen que sólo se puede hablar de aquello de lo que tenemos experiencia sensible, y aún así, con mucho tiento. Kant no olvidará nunca la lección prudente del empirismo. Lo cual no quiere decir que comulgue con la totalidad de la filosofía de Hume. De entrada, el de Köningsberg encuentra al escocés excesivamente corrosivo con la religión. Además de esto, siempre se mostró sumamente interesado en la metafísica. Al principio de su obra, distingue entre *filosofía académica* y *filosofía mundana*. En la *Introducción* a este libro les decía yo que todos ustedes son filósofos en un sentido mundano, dado que disponen de un arsenal de ideas espontáneas, diluidas en el acaecer de sus vidas, una visión del mundo en general en la que integran sus experiencias cotidianas. La filosofía académica sería la sistematización crítica de esas ideas llevada a cabo por los especialistas. Si han tenido ustedes la paciencia de seguir este libro desde el principio, ya no son unos simples filósofos mundanos, sino que también han comenzado a serlo en un sentido académico del término. Pues bien, la filosofía académica y la mundana confluyen ambas en la *metafísica*, una rama del saber más antigua que cualquier ciencia, nos dice Kant, porque existe desde que el hombre es hombre, y seguiría existiendo aunque un abismo de barbarie hiciera desaparecer a todas las otras ramas del saber. En opinión del de Köningsberg, la pasión que exhiben los escépticos a la hora de desprenderse del lastre metafísico resulta un tanto pueril. La metafísica existirá siempre porque responde a aquellas preguntas que la Razón se plantea sin cesar. Tales preguntas se pueden agrupar, según Kant en tres principales:

1. *¿Qué puedo saber?*
2. *¿Qué debo hacer?*
3. *¿Qué me cabe esperar?*

A la primera pregunta se responde desde la *teoría del conocimiento*; las otras dos serán objeto de la *ética;* y las tres se resumen en una: *¿Qué es el hombre?,* que será objeto de estudio de la filosofía, en general.

Comencemos por la primera de las cuestiones, abordada por Kant en su *Crítica de la Razón Pura*.

—Un momento. Ya es la segunda vez que nombras la obrita esa y no has aclarado lo que significa el título. Si no me explicas las cosas no sé de qué me va a servir el haberme casado con un filósofillo de la escuela preprostática.

Pues me temo que mi amada esposa no va a tener más remedio que practicar la virtud estoica de la paciencia. Con los libros de filosofía ocurre como con las novelas de misterio: que uno no comprende el porqué del título hasta que ya lleva bien avanzada la lectura. Por eso les decía antes que este capítulo conviene leerlo dos veces. De momento, abran sus mentes y prepárense a penetrar en la *Crítica de la Razón Pura*.

El punto de partida de la *teoría del conocimiento* de Kant es el mismo que el de todos los autores desde Descartes hasta aquí: el complejo de inferioridad de la filosofía frente a la ciencia. Según Kant, la metafísica no cuenta todavía con la suerte de haber descubierto un método que la sitúe en el camino de progreso por el que ya transitan el resto de las ciencias. Habremos de fijarnos en ellas para ver cómo han conseguido darse a sí mismas ese método que tan buenos resultados les reporta. Posiblemente este sea el punto en el que la filosofía de Kant se ha mostrado más acertada: a la hora de explicar cómo se obtiene el conocimiento en la matemática y en la ciencia natural. Dejaremos a un lado la matemática, porque este libro no tiene espacio ni ganas de ocuparse de filosofía de la matemática, que es un asunto harto arduo y trabajoso. Mejor nos vamos hacia las ciencias de la naturaleza. Según Kant, nuestro conocimiento del mundo natural se convirtió en ciencia cuando algunos estudiosos se percataron de que el conocimiento de su objeto se ha de determinar parcialmente *a priori*. Vamos a pararnos en este punto y a explicar bien esta idea. A juicio de Kant, Galileo se convirtió en el padre de la ciencia moderna gracias a que fue el primero que supo ver que el conocimiento científico se debía basar en el *experimento*, esto es, en la reproducción controlada de una sección de la realidad, idealizada en nuestro laboratorio. Galileo se propuso acabar con la ciencia aristotélica que, desde el siglo XIII, se había convertido en el modelo oficial y único desde el que se explicaba el universo. En ese empeño, Galileo repasa la ciencia aristotélica (especialmente su teoría del movimiento) desde una perspectiva matemática, justo la contraria de la adoptada por el *Estagirita*, para quien la matemática no tenía nada que ver con la naturaleza (recuérdese lo que vimos en las págs. 79 y 80). Uno de los primeros problemas que abordó Galileo fue el de la caída de los graves. La ciencia aristotélica sostenía que las cosas se caían según su peso (las manzanas llegan antes al suelo que las hojas del manzano). Cosa muy natural y muy razonable, hasta el punto de que eso es lo que pensamos todos hasta que nos topamos con un profesor de Física que nos explica que no, que una leve pluma y un saco de plomo caen a la misma velocidad en el vacío. Eso fue lo que descubrió Galileo. Pero, en ese descubrimiento hubo mucho de *a priori* y muy poco de observación de la realidad. *A priori* significa «antes de la experiencia» y en este caso se refiere a lo siguiente. Imaginemos, nos dice Galileo, que subimos a una torre y arrojamos desde ella una pesa de de 60 kg. Si ésta tardara 3 segundos en caer al suelo, ¿Cuánto tardaría otra que pesara solamente 1 kg? Si seguimos el modelo aristotélico, continúa Galileo, la menos pesada habrá de tardar 180 seg (= 60 x 3), o sea, ¡3 minutazos!, cosa a todas luces disparatada. No hace falta subirse a la torre para saber que si uno arroja una pesa de 60 kg y otra de 1 kg ambas caen más o menos a la vez. La diferencia la notaríamos si tiráramos una hoja de papel y una piedra. Luego debe de tratarse, no tanto del peso, sino de la resistencia que ofrecen al aire. Así pues, si eliminásemos el aire, todas las cosas caerían a la misma velocidad. A continuación, Galileo dedujo (también *a priori*) que el movimiento de caída no es uniforme, sino acelerado, porque la pesa lleva más velocidad al llegar que al salir; y que esa aceleración es uniforme, porque la naturaleza no da saltos, y la velocidad que gana entre el quinto piso y el cuarto, habrá de ser la misma que la que gana entre el cuarto y el tercero. Ahora ya sólo le quedaba medir las velocidades reales durante la aceleración. Un problema de tomo y lomo, porque este asunto no se puede determinar *a priori*, esto es, hay que ver cómo caen las cosas y hacer sobre ello unos cálculos muy precisos. Lo malo es que, así de buenas a primeras, no hay modo de verlo. Por más que subamos a lo alto de cualquier torre y arrojemos cosas de distintas formas y procedencias (por ejemplo: podríamos tirar una mortadela, un psicopedagogo, el suegro de cualquiera de mis amigos, un orinal lleno, otro vacío, un cura sin capar, etc.) nunca podremos averiguar el valor de las velocidades, por mucho que nos fijemos. Entonces a Galileo se le ocurrió una idea genial. Reproducir este fenómeno en condiciones ideales para que la razón pudiera reconocer lo que andaba buscando. Aquí el problema es que las cosas caen demasiado rápido para que podamos medir la velocidad. Entonces lo que hizo Galileo fue construir en su casa un plano ligeramente inclinado (menos de dos grados), pulirlo y engrasarlo bien (eliminar rozamientos) y arrojar por él bolas de metal perfectamente esféricas para ver cómo caían y a qué velocidad. Aquí tenemos el primer experimento de la ciencia moderna. Por primera vez un científico se ha dado cuenta de que a la naturaleza se acude, no como el que sale a ver qué pasa, sino con una *idea preconcebida*, con una sospecha, con una hipótesis o principio *a priori*, y, para poder confirmarlo, se diseñan experimentos, esto es, se reproduce el fenómeno natural en unas condiciones prefijadas también *a priori* desde las que la razón podrá ver, medir y comprobar si su hipótesis es o no correcta, puesto que la razón reconoce únicamente aquello que se le presenta en la forma que impone *a priori* la propia razón. De este modo, Galileo puso en marcha algo que tracendía el resultado del experimento, puesto que, además de descubrir las leyes matemáticas que describen el movimiento de caída de los graves, descubrió el método, el camino por el que discurre la ciencia de entonces acá.

Pues bien, Kant se percata de que éste es el modo de proceder, no sólo de la ciencia, sino del conocimiento en general. Hasta ahora, nos dice, tanto el Racionalismo como el Empirismo han supuesto que el conocimiento dependía del objeto conocido. En efecto, para *Descartes* la naturaleza tiene una esencia matemática; en consecuencia, sólo podrá ser conocida con un método matemático. Y para *Hume*, el mundo está compuesto por una serie de entes materiales de los que no podemos saber nada salvo lo poco que sobre ellos nos informan los sentidos. En ambos casos, pues, y pese a que las conclusiones a que llegan son mutuamente excluyentes, los dos autores comparten la idea de que el método depende de cómo sea el objeto que se pretende conocer. Kant propone lo contrario. Probemos de una vez, dice, a considerar que *es el objeto conocido el que se tiene que adecuar a las condiciones* a priori *que le impone la razón que lo conoce.* De este modo, concluye, podemos representarnos fácilmente la posibilidad de una metafísica (esto es, un conocimiento *a priori* sobre la realidad) quc no sea un disparate. En efecto, la metafísica será ahora la exposición del sistema de todas las condiciones *a priori* que la razón impone sobre el mundo, así como la explicación de la necesidad de su uso. Ésa es la tarea fundamental que aborda la *Crítica de la Razón Pura.*

—Y seguimos sin saber qué significa el dichoso titulito —protesta Cristina.

Podemos probar a explicarlo ahora. De entrada, he de decir que el título está mal puesto. Al poco tiempo de haber escrito esta obra, el propio Kant reconoció que el título adecuado hubiera sido *Crítica de la Razón Pura Teórica.* Me explico. La Razón es la gran facultad, la potencia, la capacidad humana por excelencia, y tiene varias aplicaciones: si se aplica a conocer la naturaleza, se trata de la razón *teórica*; y cuando se aplica a decidir qué debo hacer, entonces se trata del uso *práctico.* Como esta obra se ocupa del conocimiento, tendría que haber añadido el calificativo de *teórica.* Además, se llama *Pura* porque Kant va a estudiar cuáles son los elementos puros a priori que intervienen en el conocimiento, esto es, aquellas formas que la razón imprime a todo cuanto es conocido por ella. En cuanto al término *Crítica* hace referencia a ese rasgo propio de la filosofía, que mantiene viva esa vocación no dogmática con la que nació en Grecia y que la abre a mejoras, discusiones, refutaciones y *críticas* racionales. Así pues, el título anuncia que la Razón se va a juzgar a sí misma desde una perspectiva no dogmática, para considerar cuáles son las posibilidades que tiene de establecer unos conocimientos seguros, o lo que es lo mismo, cuál es el alcance de los conocimientos que puede lograr sin valerse de la experiencia.

—Esto de los conocimientos al margen de la experiencia me parece un disparate del que ya nos habíamos librado gracias a Hume. Parece que los filósofos no lográis escapar de la tentación de hablar de lo que no se puede saber.

Mucho cuidado con esto: Kant no pretende ofrecer ningún conocimiento que traspase los límites de la experiencia. No quiere hablar de lo que está más allá de lo sensible, sino de lo que está más acá. Me explico. Acabamos de ver que la ciencia empírica avanza en la medida en que observa la naturaleza desde unas condiciones *a priori*. Eso es lo que hace un biólogo cuando prepara un portaobjetos con una muestra de tejido tintado y arreglado para poder encontrar en él, a través del microscopio, aquello que ande buscando. Y así en toda la ciencia. Kant extiende este procedimiento y dice que todo el conocimiento se produce de este modo. Que la razón dispone de un arsenal de elementos a priori, o sea, necesarios y anteriores a la experiencia, unos moldes fijos a los que se tiene que acoplar toda cosa si quiere ser conocida. De lo que se trata, entonces, es de averiguar cuáles son esos moldes y porqué no podemos conocer sin ellos. Hume creía que las impresiones sensibles se transformaban inmediatamente en ideas. Kant descubrió que ese proceso no es tan sencillo, que para ser conocidos, los datos de los sentidos tienen que amoldarse a unos principios *a priori*.

—¿Quiere eso decir que para que yo conozca que una sardina es una sardina, no me basta con verla, olerla, tocarla y saborearla?

Exactamente. Y Kant trata de ver en qué y por qué no basta.

—¿Y no podrías adelantarme algo? Porque empiezo a tener la impresión de que este filósofo es de los que complican la vida innecesariamente y no sé si me va a merecer la pena el esfuerzo de seguir la explicación.

Verás como sí. Imagina que estamos tú y yo aquí sentaditos en casa en compañía de un gato. Ahora, supón que esa sardina de la que hablabas antes entrase volando por la ventana y fuese a parar al suelo. ¿Cómo crees tú que reaccionaría el gato?

—Se iría hacia la sardina, la olería y, probablemente, se la comería.

¿Y cuál sería nuestra reacción?

—Nosotros iríamos corriendo hacia la ventana a ver quién es el marrano que nos está tirando pescados dentro de casa.

Exactamente. Nosotros entendemos esa sardina de modo muy distinto a como la entiende el gato. Para nosotros, la sardina es, entre otras cosas, el efecto de una causa, y, en este caso, nos interesa más la causa que el efecto, por eso nos vamos hacia la ventana, mientras que el gato sólo la ve, o la huele, como comida, por eso corre hacia ella. La diferencia estriba en que nosotros, en tanto que animales racionales, hemos ordenado los datos de los sentidos bajo un concepto, el de causa, que de suyo no le pertenece a la sardina, un concepto *a priori*, porque es la forma que nostros le hemos impuesto a eso que hemos visto.

—Mejor me pones otro ejemplo.

Imagina que cuando llegues mañana del trabajo y me preguntes ¿qué hay para comer? yo te responda: sardinas. Y cuando te sirva el plato te encuentras con una gallina en pepitoria. ¿Qué es lo qué dirías?

—Que no veo las sardinas por ningún sitio.

Justamente. Y Kant añade que para formar ese juicio sobre el plato has utilizado el concepto empírico *sardina*, un concepto que te has formado a partir de las sardinas que has visto en tu vida. Pero además le has añadido un *no* hermosísimo. Y ese *no* no lo has aprendido por experiencia, no viene con la gallina en pepitoria que te he preparado, ni en ningún otro sitio. Y si no es empírico, quiere decir que la negación será un concepto *a priori*, una forma peculiar en la que la razón puede organizar los datos de los sentidos. Kant quiere ofrecernos un recuento riguroso de cuáles son esos elementos a priori que intervienen en nuestro conocimiento y explicarnos por qué resultan imprescindibles.

—De acuerdo, comienza con la explicación.

Según Kant, la Razón Teórica (la Razón que conoce) dispone de tres facultades principales:

1) La *sensibilidad*, también llamada *intuición*, que sería la encargada de recoger los datos de los sentidos y formar sensaciones. Su estudio se aborda en una sección denominada *Estética Trascendental*.

2) El *entendimiento*, que sería el encargado de formar juicios por medio de conceptos sobre los datos aportados por la sensibilidad. Kant se ocupa de ella en la *Analítica Trascendental*.

3) La *razón*, que sería la facultad que une los juicios para formar razonamientos. Se estudia en la *Dialéctica Trascendental*.

—Antes de seguir, ponme un ejemplo.

La sensibilidad huele, ve, saborea, etc, unas formas, olores, sabores. Todo eso lo reúne el entendimiento en el juicio «Esto es una sardina arrojada por alguien», y la razón podría especular y deducir que quien te tira una sardina es alguien que se ha enamorado de ti y no sabe cómo decírtelo, o un pescatero que hace propaganda de su género, o lo que sea.

—¿Entonces un juicio es como una oración gramatical?

Un *juicio* es la atribución de un predicado a un sujeto, o sea, pensar algo de algo. Si se pronuncia o se escribe, entonces se convierte en una oración gramatical.

—¿Y qué significa *Trascendental*?

Según Kant sería «todo conocimiento que se ocupa, no

tanto de los objetos, cuanto de nuestro modo de conocerlos, en cuanto que tal modo ha de ser posible *a priori»*. Dicho con algo más de claridad, «trascendental» es el apellido que Kant aplica a su teoría del conocimiento, en general, y a cada una de sus secciones, y con ello quiere decir que se va ocupar de cómo es posible el conocimiento desde una perspectiva que incluye la presencia de elementos *a priori* en ese conocimiento.

—Vale. Estoy lista. Cuéntame lo que dice Kant en la *Estética Trascendental*.

Que toda sensación se da en un espacio y en un tiempo que pone el sujeto. De modo que el *espacio* y el *tiempo* no serían conceptos aprendidos por la experiencia, sino *la forma de toda experiencia*. Por ejemplo, cuando oigo una moto pasar por la calle y ese ruidazo dura un tiempo, no es la moto la que «tarda» en pasar, sino yo el que la siento pasar durante un rato. Cuando veo un árbol y lo veo lejos, no es el árbol el que está lejos o cerca, sino yo el que percibo esa distancia.

—O sea, que, según Kant, el espacio y el tiempo no son objetivos.

Sí son objetivos, porque son *condiciones necesarias* de toda sensación. Kant no dice que percibamos el mundo de esta o de aquella manera, porque eso sería psicología y no le interesa. Kant dice que la sensación, en tanto que facultad de la Razón Teórica, necesita como formas suyas al espacio y al tiempo. Que toda sensación es necesariamente espacio-temporal, porque, por definición, percibir el mundo es olerlo, tocarlo, verlo, oírlo o saborearlo espacio-temporalmente. El espacio y el tiempo no son nada salvo el sentimiento de duración o de distancia con que percibimos el mundo.

—No sé si he terminado de entenderlo.

Es que no es nada fácil. Pero basta con comprender que toda sensación externa es espacio temporal. Las internas (aburrirse, por ejemplo) son sólo temporales.

—Bueno, pues pasa ya a la sección siguiente, a la *Analítica Trascendental*.

Si en la *Estética Trascendental* nos ocupábamos de las condiciones *a priori* de la sensación, en la *Analítica Trascendental* nos las vamos a ver con el *entendimiento*, que es la facultad de hacer *juicios* sobre las sensaciones. En esta sección el objetivo central será averiguar cuáles son y por qué son necesarios los conceptos puros *a priori* del entendimiento. Si digo de una cacharro que veo en un escaparate «eso es un braguero», he utilizado el *concepto empírico braguero* para hacer ese juicio. Lo que he visto ha sido juzgado por mí como *braguero*. La sensación no pasa de ser un conjunto de manchas de colores, pero por medio del concepto «braguero» esas formas coloreadas son entendidas como un braguero. Es evidente que existen innumerables conceptos empíricos (esto es, ideas formadas por abstracción a partir de una serie homogénea de sensaciones) para hablar del mundo que nos rodea. Lo que nos interesa aquí, sin embargo, no son los conceptos empíricos, sino lo que Kant denomina las *categorías*. Estas categorías son conceptos *a priori*, es decir, necesarios y anteriores (puestos por el sujeto) a la formación y utilización de los conceptos empíricos, y que constituyen la forma del conocimiento empírico, siendo su materia aquello que viene suministrado por las sensaciones.

—Me parece que vas demasiado deprisa.

Sólo he dicho que Kant reconoce la existencia de una serie de conceptos empíricos (cebolleta, gorila, botijo, piojo, braguero) que son necesarios para entender el mundo que nos rodea y que los formamos por abstracción a partir de las sensaciones que recibimos del mundo, esto es, quedándonos con lo que es común a una serie de sensaciones y eliminando lo que las separa. Pero, para formar esos conceptos es necesaria la aplicación de unos conceptos puros *a priori*, como ese concepto de *causa* o el de *negación* a los que me he referido un poco más arriba.

A partir de ahora, a Kant le queda por recorrer un camino doble: en primer lugar, averiguar cuáles son esos conceptos puros *a priori*, las categorías y, a continuación, demostrar la necesidad de su uso. La primera parte del camino la recorre en una sección titulada *Del hilo conductor para el descubrimiento de todos los conceptos del entendimiento puro.* En ella, se plantea lo siguiente: Si el entendimiento es la facultad de emitir juicios por medio de conceptos, entonces parece claro que podemos descubrir los conceptos *a priori* fundamentales del entendimiento, las categorías, mediante un examen de la forma de los distintos tipos de juicios posibles. Nos vamos a saltar todo el hilo conductor y vamos a asomarnos al final. La lista de las categorías sería la siguiente: unidad, pluralidad, totalidad, realidad, negación, limitación, substancia, causalidad, comunidad, posibilidad-imposibilidad, existencia-inexistencia, necesidad-contingencia.

—¿Todo esto lo vas a explicar?

Más nos vale tomarlo como una información, sin más. De todos modos, al principio expliqué cómo funcionan las categorías de *causalidad* y de *negación* aplicadas al caso de la sardina. Las demás operan igual, a saber: como principios, conceptos, formas a priori desde y con las cuales organizamos la experiencia. Las categorías son los moldes, las formas lógicas, los principios formales desde los que ordenamos y entendemos los datos de los sentidos. Ahora nos queda ver cómo Kant justifica la necesidad del uso de esas categorías. Este problema lo estudia en una sección titulada *La Deducción Trascendental.*

Como vimos en la Estética Trascendental, las sensaciones tienen una forma temporal. La sardina que entra por la ventana la vemos durante un rato, desde que entra hasta que cae. Y decimos que durante un período de tiempo (el que transcurre, pongamos por caso, entre t_1 y t_5) podemos ver la misma sardina. Cualquier cosa vista en diferentes momentos sucesivos es vista como una y la misma. Sin embargo, en cada uno de estos momentos tenemos una sensación. En t_1 (cuando asomaba por la ventana) tenemos la sensación S_1, en t_2 (cuando iba por el medio de la habitación) tenemos la sensación S_2, y así sucesivamente. Estas sensaciones son diferentes y, sin embargo, lo que decimos es que hemos visto la misma sardina volar desde la ventana al suelo. En otras palabras, hemos creado una *síntesis* en la que hemos reunido, combinado y conjuntado una serie de sensaciones desparramadas en el tiempo. Sin esa síntesis no habríamos podido reconocer la sardina que está en el suelo como la misma que entró por la ventana. Y esa síntesis la realizamos reuniendo todas las sensaciones bajo un juicio («¡La madre que parió al individuo que nos ha tirado esta sardina!» u otro juicio cualquiera). Obviamente, sin ese juicio, sin esa reunión de las sensaciones dispersas, no habría conocimiento, no podríamos reconocer la sardina como tal. Si no hay conocimiento objetivo sin la expresión de un juicio y si, como vimos antes, éstos requieren el uso de las categorías, entonces éstas se constituyen como condiciones necesarias del conocimiento. Dicho claramente, queda demostrado que las categorías son imprescindibles para conocer el mundo. El conocimiento comienza por los sentidos, pero se elabora necesariamente según unos principios *a priori* que pone el sujeto que conoce.

Como conclusión de la *Analítica Trascendental* podemos decir que el conocimiento requiere dos cosas: por una parte, sensaciones (lo dado en el espacio y el tiempo) y, por otra, la aplicación de las categorías a las sensaciones. Ni las sensaciones solas, ni las categorías solas pueden dar conocimiento. Las categorías sin sensación son vacías y la sensación sin categorías es ciega. Las categorías son, por lo tanto, condiciones necesarias del conocimiento empírico. Tal conocimiento empírico es lo que Kant llama experiencia.

—Dilo de forma más clara, por favor.

Cada cosa conocida es como un pan, con una masa que viene de los sentidos, y con una forma que le da el panadero, en este caso, el sujeto conocedor.

A continuación, Kant examina la tercera de las facultades, la razón, que dijimos que era la encargada de unir los juicios para formar razonamientos. La sección dedicada a este asunto se denomina *Dialéctica trascendental*, y, en síntesis, nos cuenta lo siguiente:

Acabamos de ver que las categorías tienen su plena validez cuando se encuentran relacionadas con la sensibilidad, o, con otras palabras, cuando se aplican a alguna sensación para formar algún objeto de la experiencia. En la *Dialéctica Trascendental* Kant nos explica que está en la naturaleza de la razón el emplear las categorías más allá de lo que está dado en el espacio y el tiempo. Dicho en plata, que a los humanos nos encanta hablar de aquello que ni vemos, ni podemos ver. Cuanto más abstracto, raro, general, absoluto, incondicionado, inexpresable, mejor, más nos atrae. Vamos, que somos unos animales naturalmente dotados para la metafísica.

—Por eso —interrumpe mi mujer— los niños preguntan los porqués de las cosas sin parar, porque quieren llegar a las cuestiones últimas.

Así es. Lo malo es que después de pasar por una escuela terminan por perder la curiosidad, pero eso es otra historia que prefiero no abordar aquí. El caso es que los humanos tendemos por naturaleza a plantearnos las grandes preguntas de la metafísica y, lo que es peor, no renunciamos a darle respuesta. Ahora bien, pese a que estas cuestiones metafísicas son una expresión de la esencia de la razón, ello no quita que sean *ilegítimas.* Cuando aplicamos las categorías en el vacío caemos en lo que Kant denomina la *ilusión trascendental*, que viene a ser una especie de espejismo que se produce cuando elaboramos bellos discursos sobre *Dios*, sobre el *Alma* o sobre el *Mundo* en su totalidad, sin darnos cuenta de que sobre esos objetos podemos decir cualquier cosa, porque nunca podremos tener ninguna experiencia que nos confirme o refute nuestras palabras. De ahí que la *teología,* la *psicología* y la *cosmología*, que son las supuestas ciencias que se ocupan de estas ideas, no sean más que palabrería vacía.

—O sea que, según don Manuel Kant, no existe Dios, ni existe el Universo ni existe el Alma o la Mente o como lo quieras llamar.

Mucho cuidado. Esa conclusión la podría haber sacado un escéptico radical, como Hume. Pero la postura del de Köningsberg es completamente distinta. En las secciones anteriores, Kant ha demostrado que el conocimiento es un proceso en el que la cosa conocida tiene que amoldarse a unas formas que le impone el sujeto conocedor. Eso le permite a Kant distinguir entre el *Fenómeno,* que sería la cosa conocida y el *Noúmeno*, que sería la cosa en sí, desconocida, es decir, antes de ser sentida espacio-temporalmente y antes de ser entendida desde nuestras categorías. Por seguir con el ejemplo de antes, se puede distinguir entre cómo sería el pan antes de amasarlo, y cómo es el pan una vez amasado. Lo malo es que, en esto del conocimiento, nunca podemos ver el pan sin amasar, porque, lógicamente, nunca podemos conocer lo que todavía no se ha conocido; y, en cuanto que se conoce, ya se le impone a la experiencia unas formas y categorías que, de suyo, no le pertenecen. Aplicado a lo que tenemos aquí, para Kant la existencia de Dios no la podemos demostrar ni conocer, esto es, Dios no existe como *Fenómeno*. Pero eso no quiere decir que no pueda existir como *Noúmeno*. Y otro tanto ocurriría con el alma inmortal. No tenemos noticia de su existencia, por tanto, no existe como *Fenómeno*. Pero sí puede existir como *Noúmeno*, como cosa en sí.

—Según esto, entonces, cabe pensar en la existencia *nouménica* de las sirenas, del Conde Drácula y de la Bruja Zapatillona.

En efecto, cabe pensar en la existencia como *cosa en sí* de cualquier cosa. Pero en los casos que propone Cristina y en todos los semejantes sería una lamentable pérdida de tiempo. Pero el caso de Dios y el del alma inmortal son distintos.

—¿Cuál es la diferencia?

Que estas entidades cuentan con otro uso de la Razón que no demuestra nada, pero sí *nos invita racionalmente a creer* en ellas. Se trata del uso moral o uso práctico de la Razón, al que Kant dedicó su *Crítica de la Razón Práctica.*

—Pues tendrás que explicarme eso.

Ya mismo. En esta obra Kant se propone conseguir una fundamentación racional de la moral. Dicho con más claridad, lo que se busca es una buena respuesta a la pregunta: «*¿Qué debo hacer?*»

El punto de partida de Kant es la firme creencia en que el mundo humano está gobernado por un orden moral, fijo y racional. Esta moralidad distingue a nuestra especie del resto de los seres naturales y se rige por una ley *a priori, un imperativo categórico*, que es una especie de principio de gravitación universal de la moralidad.

—Un momento, querido. Si mal no recuerdo, la filosofía clásica entendía que la ética se ocupaba no tanto de imperativos, cuanto de ideales de vida. ¿Qué es lo que ha cambiado de entonces acá?

Básicamente, la irrupción del cristianismo. Ya dijimos que la filosofía se pasó muchos siglos sirviendo de chacha a la teología y eso es algo de lo que aún se resiente, como se resiente toda nuestra cultura, que lleva demasiado tiempo bajo la sombra del famoso Crucificado. Para los cristianos, la moral es el cumplimiento del código de conducta dictado por el Dios del Sinaí y renovado por Jesucristo. En Kant esto se refuerza de modo notorio, por cuanto ya dijimos que se crió en un ambiente rigurosamente pietista del que no se desdijo jamás. De modo que Kant entiende que la ética griega, en tanto que se ocupa de aconsejarnos cuál será la vida más completa, más placentera, más serena, etc. no es más que una serie de consejos sagaces, un saber interesado y, por ello, bastardo, egoísta, inmoral.

—Pues Hume nos ha enseñado que nadie actúa al margen del interés. Incluso las conductas más aparentemente altruistas buscan dar satisfacción a una serie de sentimientos personales. Así que me gustaría ver cómo se las apaña Kant para construir una ética libre de egoísmo.

Efectivamente, no es fácil construir una ética al margen del interés. Kant es el que más se ha aproximado, aunque ya veremos a qué precio. De entrada, parte de una definición de lo bueno, según la cual, *lo único bueno es la buena voluntad.* Con esto, Kant sitúa su moral en el mismo terreno en que la había situado el pobre Abelardo, a saber, en el terreno de las *intenciones.* Esto quiere decir que, desde el punto de vista de la razón moral, no importa lo que hagamos, sino la intención con que lo hagamos. Y para Kant la única intención buena es aquella que se satisface con el puro cumplimiento de la *ley moral.* Esto es, que no vale actuar para obtener el reconocimiento de nuestros conciudadanos o que nos quieran nuestros amigos. Ni siquiera vale el actuar conforme a las normas que creamos emanadas de Dios con vistas a que éste nos premie con la vida eterna; ni mucho menos, como creía Hume, el elegir aquellos cursos de acción que den satisfacción a nuestros sentimientos humanitarios. Todo esto sería actuar por interés y el interés anula la buena voluntad; la voluntad sólo es santa cuando actúa desde la más pura *autonomía*, esto es, cuando obedece únicamente a la norma *a priori* que emana de la Razón Pura Práctica, cuando prescinde de todos los dictados de la religión o del interés, cuando se mueve *por el mero respeto a un imperativo categórico puro y duro.*

—¿Y cuál es ese imperativo categórico *a priori* que va a guiar los pasos de los hombres racionales de buena voluntad?

«Obra de tal manera que la máxima por la que se rige tu acción pueda convertirse, por obra de tu voluntad, en ley de universal observancia.» Esto viene a querer decir que cada vez que nos preguntemos si es bueno o malo hacer tal o cual cosa, tenemos que plantearnos qué pasaría si se generalizara ese curso de acción, qué ocurriría si todo el mundo hiciera lo mismo que nosotros. Si el resultado del examen es consistente, si el principio implicado en la norma no se autocontradice al generalizarse, entonces es que se trata de un curso de acción razonable. Por ejemplo: ¿Debo robar para dar de comer a un hambriento? No, porque, si todo el mundo robara, no habría respeto a la propiedad, y sería bueno entonces también robar al hambriento, con lo cual la norma se autodestruye a sí misma. Por tanto, es una mala norma. Todo esto sin perder de vista, insisto, que el cumplimiento del imperativo categórico se ha de hacer por respeto a la propia ley moral, no por ningún tipo de interés. Si eres bueno porque disfrutas siéndolo, lo estropeas, porque se trata de cumplir con la ley moral por amor a esa ley moral, y punto.

—Pues si la ética de las intenciones de Abelardo me pareció una ética de capados, la de Kant me parece de estreñidos. Encima, tengo la impresión de que con este imperativo categórico se puede justificar cualquier conducta, con tal de no disfrutar con ella. O sea, que aquí vale todo si se hace por el cumplimiento del deber. Por ejemplo, a los nazis les podría parecer muy razonable que se extendiera la norma de exterminar a los judíos; un sadomasoquista podría considerar muy sensata la universalización del latigazo, y a los curas les parece moralmente imprescindible el que se expanda su odio al sexo. Pero me supongo que la ética laica está pensada para evitar estos desmanes.

El mismo Kant fue consciente de que su imperativo categórico permitía justificar casi cualquier cosa. Para solucionar este problema el canijo de Köningsberg escribió unas *Leccio-*

nes de ética en las que pone ejemplos concretos de aplicación de su imperativo categórico. Curiosamente, los resultados de su análisis siempre coinciden con los contenidos de la moral pietista en la que se educó Kant. De modo que, al principio, Kant declara que su ética es puramente autónoma, eso es, que la moralidad emana de la Razón, no de la religión (ni del interés); pero, al final, la Razón Práctica prohibe todo lo que prohibe la moral cristiana, incluido, por supuesto, el sexo, que, para Kant era un modo particularmente virulento de envilecer la dignidad humana. En todo caso, Kant fue lo suficientemente cuidadoso como para proponer una segunda formulación del imperativo categórico, ésta ya decididamente incluida dentro de esa corriente *humanista* a la que le venimos siguiendo la pista en este libro. Dice Kant: «Obra de tal modo que uses la humanidad, tanto en tu persona como en la persona de cualquier otro, siempre como un fin y nunca como un medio.» Esto no soluciona todos los problemas que viene acumulando la ética kantiana; pero, al menos, se elimina la posibilidad de justificar cualquier tipo de violencia ejercida por unos hombres contra otros. Kant, hemos de reconocerlo, es uno de los grandes adalides del concepto de *dignidad* humana.

—¿En qué consiste esa dignidad humana?

Pues precisamente en eso, en entender que nunca podemos tratar ni ser tratados como un medio, sino siempre como un fin, y actuar en consecuencia; en que nadie puede utilizar a los demás para sus propios intereses, en que toda explotación es ilegítima e inmoral, en que ningún humano es más humano que otro.

—Entonces, según Kant, ¿Qué es lo que convierte en humanos a los humanos? ¿Qué es lo que nos hace ser más «dignos» que el resto de los animales?

Nuestra humanidad y nuestra dignidad residen en la *libertad* y en la *responsabilidad* a que nos compromete esa libertad. De ahí que Kant le dedique a la libertad una parte muy importante de su reflexión moral. Por eso y porque la libertad es una condición indispensable de la moralidad y, sin embargo, desde el punto de vista teórico, la razón nos fuerza a considerar todas las acciones humanas como determinadas, esto es, como no libres.

—No entiendo nada.

Volvamos entonces a la sardina que entraba volando por la ventana. Ahí veíamos que nuestra reacción sería irnos hacia la ventana a ver de dónde venía el pescado. Ahora sabemos que eso es así porque el entendimiento nos obliga a captar la sardina como efecto de una causa. Pues bien, si nos empeñamos en *entender* la conducta humana, el resultado es que comprendemos nuestros actos como *causados* por algo externo a nuestra voluntad: si mato a un individuo, por ejemplo, un análisis racional del crimen me mostrará cuáles han sido los móviles, las causas (la furia, el amor, la demencia, el hambre, las ganas de ver sangre, o lo que sea). Eso es lo que hacen los buenos abogados, mostrar que su defendido actuó obligado por una serie de razones ajenas a su verdadera voluntad (el influjo de las drogas, una infancia marcada por la violencia, algún arrebato pasional, etc.). O sea, que intentan que el jurado *entienda* a su defendido y, una vez entendido, lo absuelva. Esto es así porque para juzgar moralmente una conducta es preciso que el hombre actúe libre y responsablemente. Nadie consideraría inmoral a un tigre por haberse comido a una vieja. Sin embargo, si luego llega el dueño del tigre y se merienda al novio de la vieja, la cosa es muy distinta. Según Kant, la dignidad humana nos fuerza a considerar al hombre como un ser libre, responsable y moral, siempre y en cualquier circunstancia, porque, en caso contrario, si lo eximimos de su responsabilidad, lo estaríamos tratando como si fuera un animal. De modo que, aunque la Razón Teórica nos muestra al hombre como determinado (esto es, como no libre), la

Razón Práctica nos invita a pensar que, por debajo de todas las razones que puedan mover la voluntad humana, el hombre es lo suficientemente digno como para mantenerse firme y sobreponerse a cualquier determinación. Dicho de otra manera, el hombre es no libre en tanto que *fenómeno*; pero, en tanto que *noúmeno*, debo creer que el hombre es absoluta y perfectamente libre. No podemos demostrar que es libre, pero estamos invitados, por la Razón Práctica, a creer que lo es.

Otro tanto ocurre en el caso de *Dios* y del *Alma inmortal*. Según Kant, quienes se comportan de acuerdo a los dictados del imperativo categórico no alcanzan la felicidad en este mundo. Los hombres que obran de buena voluntad, esto es, que cumplen con la ley moral sin moverse por ningún tipo de interés, no encuentran en este mundo la recompensa que merece su conducta. Aquellos que se portan bien, por tanto, *no son felices*, pues eso quitaría todo valor a la conducta moral; pero, aunque no sean felices, *sí son muy dignos de serlo*. Esto es, las personas de buena voluntad no encuentran en este mundo la dicha que recompense su conducta moral, pero esa buena voluntad les hace merecedores de esa felicidad. De ahí que la Razón Práctica postule la existencia del alma inmortal en los seres racionales, con el fin de que puedan recibir en el otro mundo la recompensa que merecieron en éste. Y, por el mismo argumento, se postula la existencia de Dios, que sería el garante de esa inmortalidad y el que otorga los premios a las buenas almas. La idea de Kant es que resultaría sumamente penoso, frustrante y sin sentido que la Razón Práctica nos condujera durante toda la vida por un camino áspero, espinoso, escarpado, y que ese camino no llevase a ningún buen puerto. La Razón Práctica no puede ser tan absurda como para dejarnos así de tirados. Por consiguiente, si los hombres son morales (y eso es algo indudable para Kant) y si el ser bueno no conduce a la felicidad, sino a la dignidad de ser feliz, entonces cabe postular la existencia de un Dios y de un alma inmortal que nos garanticen que la buena voluntad va a verse recompensada con la dicha, aunque sea en el otro mundo.

—Ah, muy bonito. Partimos de una moral de «pichafrías» y concluimos que toda esa «pichafrialdad» debe ser recompensada en el cielo.

Perdonen a mi mujer. Lo que ella quiere decir es que Kant parte de una moral religiosa y, claro, lógicamente, encuentra en ella a Dios. O sea, que es como si Kant saliese al bosque un día y perdiese allí su peluca; y, al cabo de una semana, repitiese su paseo y se admirase de encontrar en el bosque una peluca exactamente igual que la que había perdido. Heine, un escritor alemán con más ácido que tinta en su pluma, dijo que Kant mató a Dios en la Crítica de la Razón Pura y luego lo resucitó en la Crítica de la Razón Práctica para consuelo de su criado. No es muy riguroso el juicio, pero es significativo de la impresión que produce ver a Kant justificar la religión de un modo tan débil, después de lo riguroso que se muestra en el resto de su obra filosófica.

—Mira lo que te digo, a Kant lo que le pierde es el amor de madre.

Ahora sí que no sé por dónde va a salir mi querida compañera.

—Tú no sabes nada, claro, pero seguro que todas las mujeres me entienden de sobra. Kant creyó que no había más moral ni más decencia que la que le explicó su mamá, y como la mamá era una estrecha, pues Kant dedicó su *Crítica de la Razón Práctica* a fundamentar la estrechez de su mamá y así le salió la ética que le salió. Además, si algo he aprendido en este libro es que los filósofos que mezclan la racionalidad con la religión terminan mal. De modo que casi estoy por decirte que el hombre éste se ganó a pulso la muerte que tuvo. A Kant se le desmoronó la mente con el mismo estrépito con el que se le desmoronó su sistema filosófico. Si su ética hubiese sido menos rigorista y más rigurosa, menos puritana y más amable, menos religiosa y más ilustrada, menos formal y más permeable a los sentimientos, seguramente Kant se habría muerto en su cama, con la próstata amelonada, porque de eso no os libráis ni uno, pero con la cabeza en su sitio.

¿A ustedes qué les parece? Nos vemos en el próximo capítulo. Pero antes de pasar página no se olviden de leer de nuevo este capítulo desde el principio. Verán como ahora lo entienden todo estupendamente.

21. SCHOPENHAUER Y EL DOLOR

La mañana del 21 de septiembre de 1860 don Arturo Schopenhauer (1788-1860) apareció muerto en su sillón, con el gesto satisfecho del que se acaba de fumar un buen puro, por ejemplo. El Sueño y la Muerte, que los antiguos griegos representaban como dos hermanos gemelos, acudieron juntos ante el filósofo para que éste perdiera la vida sin sentir dolor alguno, como quien se olvida de un pesar. Y es lógico que este hombre terminara su vida de este modo tan apacible, después de haber dedicado su vida y su filosofía a reflexionar sobre el sufrimiento. Él mismo se supo merecedor de que el destino le perdonara la agonía: «Siempre he abrigado la esperanza de tener una muerte fácil. Pues quien ha estado solitario toda su vida, entenderá mejor que otros de ese solitario asunto. En vez de finar entre las puerilidades pensadas para la mísera capacidad de los bípedos, finaré con la alegre consciencia de regresar allí de donde salí agraciado con muchos dones y de haber cumplido mi misión.»

—¿Y qúe misión era esa —pregunta Cristina—: inventar un crecepelo, o un remedio para la próstata?

Schopenhauer se creyó llamado a despejar la gran incógnita kantiana, el contenido de la cosa en sí, del *noúmeno*, de lo que es la realidad al margen de la representación que nos hacemos de ella. Su misión fue revelarnos que el *noúmeno* de Kant es la *voluntad.*

—Pues ahora te toca despejar la incógnita de la «voluntad».

La voluntad sería la raíz de lo real, el corazón del universo, el latido íntimo de todo lo natural, algo más hondo y más potente que la razón, algo irracional que, paradójicamente, es lo que nos impulsa a razonar, una especie de ansia ciega, un deseo que se agazapa detrás de cada cosa existente en el universo, desde el movimiento de los astros, pasando por los instintos animales, hasta llegar a los deseos insconscientes que emergen a través de la inteligencia humana. Voluntad es lo que empuja a la montaña hacia el cielo, el impulso ciego con el que el toro embiste al picador y la razón por la que Goethe escribió el Fausto. La voluntad es la verdadera y única causa de todo lo que aparece. Esto no lo hubiera dicho nunca Kant de su *noúmeno*, que más bien parecía una especie de residuo, de basura desechable que queda después de aplicar nuestras categorías sobre la realidad conocida. Kant era un filósofo del lado claro, por decirlo así, del conocimiento, mientras que con Schopenhauer la filosofía se ha asomado al lado oscuro, a lo irracional, y ha señalado que ese lado oscuro es el amo del ser y de la conducta. Parece como si Schopenhauer declarara que por más que nos declaremos animales racionales, como creía Aristóteles, somos tan irracionales, tan productos de la ciega voluntad, como el resto de los animales, como las mismas piedras.

—Entonces, Schopenhauer es un loco de la vida.

Quien acaba de hablar es Ángel Santos, marino de Cartagena; cinéfilo compulsivo; amigo generosísimo; caudillo de borrachos, noctámbulos y vividores; varón enciclopédico, y, lo más excepcional de todo, un schopenhaueriano natural cuya existencia justifica a toda su generación, aunque él aún no lo sabe. Por eso lo he elegido como interlocutor para este capítulo. De momento, vaya por delante que la expresión «loco de la vida» se corresponde a lo que los filósofos, con menos gracia siempre, etiquetan como «irracionalista», que sería aquel que no se interesa por los productos de la razón, como ocurre, por ejemplo, con los místicos. Schopenhauer se interesó mucho en el campo de la mística; pero la corriente principal de su pensamiento circula por el cauce de la *Ilustración*. El filósofo de Köningsberg había declarado que «la Ilustración es la salida del hombre de un estado de minoría de edad del cual sólo él es responsable» y había fijado el lema de este movimiento en el imperativo «atrévete a saber». Así las cosas, nadie como Schopenhauer ha contribuido tanto a la salida de la minoría de edad de la humanidad; nadie como Schopenhauer se ha atrevido tanto a saber, hasta el punto de penetrar en los sótanos más tenebrosos del edificio de la razón. Y fue en esas regiones inexploradas donde se topó con la voluntad, que es el cimiento, el móvil, la causa, el motor de la razón. Hasta Schopenhauer, la filosofía había sostenido la primacía del entendimiento sobre la voluntad. «Para querer algo, hay que conocerlo antes», decían los filósofos, mientras que Schopenhauer nos va a desvelar que *sólo conocemos aquello hacia lo que nos impulsa nuestra voluntad.*

—A todo esto, me parece que todavía no has despejado del todo la incógnita de la voluntad —me apremia mi chica, de nuevo.

En efecto, la incógnita aún no ha quedado despejada del todo. Posiblemente no lo sea nunca, porque lo de la voluntad, más que una incógnita es un misterio, o mejor, es *el* misterio. Cioran, un filósofo de este siglo que sabía de estas cosas, resumía esta perplejidad insoslayable en pocas pero certeras palabras: «Si supiera la razón por la que me levanto de la cama por las mañanas sería capaz de comprender la esencia absoluta del universo.» La filosofía de Schopenhauer es como un mirador que se asoma a un abismo insondable, al que nunca antes se había acercado la filosofía (ni nuestra cultura, en general), desde que los griegos decidieron levantar sus monumentos filosóficos sobre el suelo sólido y limpio de la racionalidad. Sin embargo, a partir de Schopenhauer, todos los filósofos se van a sentir en la obligación de ofrecernos un mapa de ese precipicio tenebroso en el que se cuece todo aquello que somos y hacemos. Para Nietzsche, en ese abismo se esconde la *voluntad de poder*. Para Marx, los *intereses económicos*. Para Freud, una mezcla explosiva de *eros y thanatos* (sexo y violencia, para que nos entendamos.)

—¿Y para Schopenhauer?

Una voluntad que es *deseo* y, por tanto, *sufrimiento.*

—Bonita majadería —se lamenta Ángel—. Yo más bien creo que sufre más quien desea menos. ¿Qué os pasa a los de filosofía que sois todos tan tristes?

—A estas alturas del libro —aclara Cristina—, tengo para mí que estos filósofos del pasado eran todos unos preprostáticos que orientaron su pensamiento a prepararse, lamentarse y consolarse de sus futuras meadas gota a gota. Espero que las mujeres que se dedican hoy a la filosofía le den a esto otro aire más alegre.

Próstatas aparte, dice Schopenhauer, y dice bien, que todo es voluntad y, por eso, todo es sufrimiento, pues la voluntad es deseo y el deseo presupone una insatisfacción, y la satisfacción del deseo no trae más que nuevos deseos y nuevas insatisfacciones. «Dígase lo que se diga —afirma en un aforismo certero y terrible—, el instante más feliz de las personas felices es el de dormirse, y el más infeliz de las infelices, el de despertarse.» No hay nadie, absolutamente nadie, que se encuentre satisfecho con lo que es y lo que tiene. Todos estamos afectados por deseos constantes y esa es la raíz de nuestra actividad, pero también de nuestro dolor. Por si esto fuera poco, al hombre le cabe la desgracia mayúscula de estar poseído por una inteligencia que multiplica sus deseos (sus ansias, sus dolores) hasta un extremo insorportable. «La miseria de la vida humana —vuelve a decirnos Schopenhauer— se vuelve patente al comprobar que necesitamos *pasar el tiempo* [*"matar el rato"*, diríamos en español con más fuerza aún] y consideramos en ese aspecto que cada hora transcurrida es una ganancia. Sin embargo, a lo que más fuerzas dedicamos es a la conservación lo más larga posible de esa misma vida.» Y, lo peor de todo, es que esa inteligencia, nos hace sabedores de que, al final, nuestro máximo deseo, que es el de vivir, se verá indefectiblemente truncado por la muerte.

—Va a tener razón tu mujer: a este hombre le pasaba algo malo en el pito.

—Como a todos —confirma Cristina—, ya te digo.

Pues si el pensamiento de Schopenhauer surge de alguna malformación en la bragueta ha debido afectar a civilizaciones enteras, porque esta teoría según la cual el dolor es la esencia del mundo está en la base de todo el pensamiento hindú y, más claramente aún, de la religión budista. El mismo Schopenhauer declaraba su deuda con estos sistemas fiosóficos milenarios. Y este pesimismo oriental, en manos de Schopenhauer, se ha convertido en un *escepticismo* exacerbado, en un descreimiento ácido del que ya no va a escapar casi ningún filósofo hasta hoy.

—Exprésate con más claridad, ricura.

Schopenhauer, y, a partir de él, cualquier persona lúcida, no cree en nada. No cree en Dios: «Dado que el mundo es un lugar de reunión de seres que se atormentan y mueren pronto, si pensamos que un dios sacó el mundo de la nada, es preciso decir que ese dios se procuró con ello una diversión nada bondadosa. Si existiese un tal ser creador y nos lo pudiéramos echar a la cara, habría que decirle: «¡Cómo es que te has atrevido a interrumpir la sagrada calma de la nada para provocar semejante masa de penas y aflicciones!»

No cree en las patrias (lo cual, de paso, nos muestra la decencia política de esta filosofía): «Honradamente nadie puede decir nada bueno acerca de ningún carácter nacional. Antes bien, lo único que aparece como diferente en cada país es la cortedad de miras, la perversidad y la maldad de los hombres; y a eso se lo llama «carácter nacional». Asqueados de uno de ellos, alabamos el otro, hasta que nos ocurre lo mismo con él. Cada nación se burla de las otras y todas tienen razón.»

No cree en la educación, que era la última utopía de la Ilustración: «Si la educación o la exhortación produjesen algún fruto, ¿cómo un Nerón pudo ser discípulo de Séneca?» Mucho menos, en la capacidad de mejorar moralmente a la humanidad (eso que ahora los pedagogos llaman pomposamente «educar en valores»): «La empresa de querer corregir los defectos del carácter de un hombre mediante discursos moralizantes es comparable al proyecto de conseguir, gracias a un cuidadoso cultivo, que una encina dé albaricoques.»

No cree en la familia: «Casarse es hacer lo posible para asquearse mutuamente.»

No cree en la búsqueda de la felicidad: «El medio más seguro de no llegar a ser muy infeliz es no pretender ser muy feliz.»

No cree en la libertad: «La persona nunca es libre, porque cualquiera de sus acciones es el producto necesario de su carácter y del motivo que haya entrado en juego.» Pero tampoco se permite el alivio de creer en una inocencia irresponsable del ser humano: «Por muy estricta que sea esa necesidad con la cual, ante un carácter dado, los actos quedan suscitados por los motivos, no se le ocurrirá a nadie descargar sus culpas sobre los motivos. Las recriminaciones de la conciencia se refieren a lo que *hemos hecho*, pero en realidad y en el fondo, a lo que *somos*, algo sobre lo cual sólo nuestros actos proporcionan un testimonio válido, al comportarse con respecto a nuestro carácter como el síntoma en una enfermedad.»

No cree en la amistad: «La amistad verdadera, auténtica, presupone una participación intensa, puramente objetiva y completamente desinteresada, en las alegrías y penas de otro; y esa participación presupone a su vez una identificación afectiva con el amigo. El egoísmo de la naturaleza humana se opone tanto a eso que la amistad verdadera es una de esas cosas de las que, como de las gigantescas serpientes de mar, no se sabe si son fabulosas o si existen en algún lugar.»

Ni siquiera cree en la humanidad: «Los denominados seres humanos no son casi nunca otra cosa que sopas claras, con un poco de arsénico.»

—¿Hay algo en lo que crea este hombre? ¿Hay algo que resulte recomendable hacer? —pregunta Ángel.

Poca cosa. Schopenhauer no es amigo de creencias ni de entusiasmos ni, mucho menos, de extender «recomendaciones» de ningún tipo. Si acaso, nos pide que guardemos silencio: «Hace tiempo que sostengo la opinión de que la cantidad de ruido que uno puede soportar impasible está en relación inversa con sus facultades mentales y puede ser considerada, por tanto, como una medida aproximada de las mismas. No estaremos completamente civilizados hasta que el ruido quede proscrito y nadie se arrogue el derecho a irrumpir en la consciencia de un ser pensante, por lo menos a mil pasos a la redonda, mediante silbatos, aullidos, etc.»

—Mira, esto del ruido me gusta —reconoce Ángel, que ya está en vías de descubrir su sintonía natural con este autor.

—Yo también estoy de acuerdo en eso —reconoce mi compañera— pero, a lo que voy es a que la ética griega *recomendaba* unos ideales de vida, y la cristiana (kantiana incluida) *imponía* unas normas de conducta bajo pena de infierno eterno. Parece, pues, que la tarea de la ética es recomendar o mandar. Así que, si Schopenhauer no recomienda ni manda nada, eso supone que a este autor no le interesa la ética.

Este es un apunte verdaderamente inteligente, porque nos sirve para poner de relieve la originalidad de este pensador. Schopenhauer sí quiere hacer una *ética*, y lo novedoso es que esta ética no manda, ni sanciona y, lo que es aún más raro, tampoco remomienda. Su punto de partida es la crítica a la ética kantiana, a la que acusa de formalista (véase lo que dijimos en las págs. 227 y ss.) y de incoherente, porque renuncia a alcanzar la felicidad en nombre del mérito moral, pero luego aspira a encontrar esa misma felicidad en el otro mundo. A los ojos de Schopenhauer el pseudoracionalismo ético de Kant le hace pensar en «un hombre que asiste a un baile de disfraces y se pasa toda la noche cortejando a una bella dama enmascarada, ilusionado por hacer una conquista, hasta que al final ella se quita la careta, para darse a conocer... como su esposa.» En oposición a Kant, pues, Schopenhauer plantea una ética libre de imperativos e igualmente libre de consejas, una ética centrada en el concepto de renuncia.

—Un momento —interrumpe Ángel—. Si antes hemos dicho que Schopenhauer no creía en la educación moral, entonces, ¿para qué sirve esto que me vas a contar?

La ética sirve, según nuestro autor, para dar un sentido globalizador a algunas intuiciones presentidas por algunos individuos dotados de una naturaleza privilegiada, en el sentido de que sobre ellos sí va a fructificar este discurso. La ética pretende reforzar la reflexión de quienes ya se sienten inclinados a ella, igual que ocurría en Aristóteles.

—De acuerdo, pero ahora vuelve a lo que te preguntaba tu mujer y dinos: si no hay mandatos, ni sanciones, ni consejos, ¿qué es lo que hay en esta ética?

Ya te lo he dicho: pura *renuncia.* La ética de Schopenhauer busca la *abolición del yo,* la lucha *contra el egoísmo.*

—Ya estamos como siempre —protesta Cristina—. Estoy hasta los pelos de ver cómo los filósofos modernos critican el egoísmo. El único que se salva es Hume, que puso a los sentimientos en la base de la moral. Me parece que, en general, la filosofía moral perdió la brújula el día que abandonó el camino que trazaron los antiguos griegos, que orientaron su pensamiento a la búsqueda del placer, de la felicidad, de la tranquilidad, de la buena vida, cosas todas que no son más que productos del interés egoísta, que no tiene por qué ser necesariamente algo malo, y que, en todo caso, es lo único por lo que realmente se mueve la gente. ¿De verdad pretende Schopenhauer convencer a alguien de la necesidad de *renunciar* a lo que le dicta su propio *yo*?

Esto no cs cosa de responder con un simple sí o no. Ante todo, he de reconocer que Cristina tiene toda la razón en lo que dice de la ética griega. En el fondo, creo que Schopenhauer camina por esa misma senda. La abolición del *yo* no consiste en una especie de curso de masoquismo, ni de propaganda a favor del suicidio; aunque tampoco se trate de un canto de las excelencias del vivir. A Schopenhauer le mueve, no ya el deseo de promover la felicidad, en la que hemos visto que no cree, pero sí el propósito de combatir el dolor. En esto, no se aparta ni un ápice de Epicuro, por ejemplo, aunque don Arturo añada la idea según la cual la raíz de todos los males está en la voluntad tal y como ésta se nos manifiesta en nuestro *yo*.

—¿Cómo puede ser que mi *yo* sea la causa de *mi* dolor? ¿Cómo puede ser que *yo* me haga sufrir a *mí mismo*? —inquiere Ángel.

El *yo* es la raíz del dolor, primero y ante todo, porque es fuente de desesperación metafísica.

—Vaya hombre, mi marido acaba de inventarse otro nuevo tipo de depresión. Primero fue la «melancolía filosófica» y ahora la «desesperación metafísica». A este paso termina de psicólogo y se me hace rico en cuatro días vendiendo libros de esos de «Encuentre su propio *yo* y bésele en los morros».

Ni el concepto de *desesperación metafísica* lo he inventado yo ni es un nuevo tipo de depresión, sino la verdadera raíz de todas ellas, de toda la locura y de todo el sufrimiento humano, incluida la melancolía filosófica que padecieron Demócrito, Abelardo y Averroes, entre otros. Se trata de lo siguiente: dice Schopenhauer que cuando el individuo reflexiona sobre sí mismo, la voluntad que late en su *yo* le hace creer que es el centro y el núcleo del mundo, por lo que se concede a sí mismo una importancia inmensa. Sin embargo, la vida se encarga de poner las cosas en su sitio a golpe de frustración. La confrontación entre la percepción de nuestro *yo desde dentro*, y la realidad de la vida *exterior* nos hace sentir como reyes ilegítimamente destronados, injustamente tratados, ingratamente olvidados. Cada ser humano se cree merecedor de todo, pero se enfrenta constantemente a un mundo que le niega esa totalidad que cree suya.

Por eso mismo el *yo* es también la raíz de la perversidad moral, porque esa frustración radical que le produce su enfrentamiento con el mundo le hace encerrarse en un egoísmo mezquino que convierte al individuo en una tortura para sus semejantes, pues es en ellos en los que vemos el principal obstáculo que separa a nuestro *yo* de la recompensa que se merece y no recibe. De modo y manera que el individuo se procura su bienestar sin importarle el ajeno, y considera a los demás como si fueran fantasmas irreales. El *yo* es intrínsecamente idiota porque no sale de sí mismo y en ese encierro se pudre de infelicidad.

—Pues yo más bien creo que es lo contrario, que esos que van por la vida arrollando al prójimo suelen salirse con la suya y no son precisamente desdichados. Los desdichados son aquéllos a los que se llevan por delante.

Precisamente: la perversidad de todos los *yoes* tiene como consecuencia el que a todos nos lleven por delante en uno u otro momento. Por eso el *yo* es fuente de infelicidad. Pero es que, además, el anhelo obsesivo de dinero, de poder, de honores, de sexo, de fama, que son las formas más generalizadas que adquiere este egoísmo entre los humanos, son como «el agua del mar; cuanta más bebemos, tanto más sedientos nos sentimos». De modo que nunca nos damos por satisfechos y siempre somos infelices, porque nuestro *yo* deforma la realidad de tal modo que nos hace creer que todo lo que tenemos es poco y mucho menos de lo que nos merecemos. El *yo* nos muestra un mundo en permanente deuda hacia nosotros.

—Hala, no te detengas y dinos ya la solución y vámonos a tomar el aperitivo —propone Ángel—. Porque seguro que hay algún remedio para todo esto, ¿a que sí?

Pues no. Lamentablemente, nuestra especie no tiene remedio. Al menos eso piensa Schopenhauer y no me gusta ponerme tremebundo, pero creo que es hora de que nos vayamos dando cuenta y aprendamos a vivir con esta lacra. Somos una panda de tarados permanentemente insatisfechos y dispuestos a arrasar con todos los que se nos pongan por delante de nuestros deseos estúpidos. El egoísmo es fuente permanente de dolor, y es insuperable porque constituye la raíz de nuestro anhelo más profundo. Solamente algunos individuos dotados de una inteligencia superior son capaces de vencer su egoísmo y verse libres de la frustración constante que emana de él. Las vías por las que estos individuos privilegiados pueden despegarse de su egoísmo son tres:

a) El ejercicio de la *filosofía,* de una filosofía en la que «oigamos resonar, a través de sus páginas, los dolores, los lamentos, los gemidos, el rechinar de dientes y el formidable estruendo del crimen recíproco y universal» para que nos ayude a ser conscientes de la insignificancia de nuestro *yo*, de la identidad entre todas las voluntades y del dolor que produce el espejismo de creernos el centro del mundo.

b) El disfrute del arte, especialmente de la *música*, porque a su son se nos apaciguan los deseos, las insatisfacciones y las frustraciones que nos arrastran de acá para allá.

c) La *compasión*, una chispa mágica que late en algunos humanos muy *antinaturales* y, por tanto, muy *humanos*, que les lleva a percibir de modo intuitivo la hermandad doliente de todos los individuos víctimas de las frustraciones de su *yo*.

—O sea —interviene Cristina—, que hay ciertas personas que son buenas, se preocupan de los demás y hacen «sus caridades» o «sus solidaridades» o lo que se ponga de moda en cada momento.

No se trata de eso. El compasivo de Schopenhauer no *hace* nada, no es un hombre de acción, sino de *renuncia*. Porque quien persigue activamente el bien de los demás lo más probable es que persiga (a sabiendas o no) alguna forma de provecho propio. El auténtico valor moral de la conducta estaría en la renuncia a hacer cualquier tipo de daño; ese sería el único propósito puramente digno de elogio.

De este modo, al final, la filosofía de Schopenhauer se reencuentra con Epicuro. El objetivo último de la filosofía, cuando ésta no se pone al servicio de la legitimación de algún poder o creencia establecidos, no es aumentar el conocimiento, sino disminuir el dolor; conseguir que el individuo comprenda que su *yo* es fuente de sufrimientos; ayudar a que el sujeto se desprenda de sus apetencias; fomentar (entre los individuos capaces de sentirla) la compasión individual. Objetivos todos que se resumen en la palabra «santidad». La filosofía de Schopenhauer no es sino una reflexión sobre la renuncia que conduce a un tipo de *vida inactiva e inapetente* que constiuye un nuevo ideal de vida, que podíamos denominar el de la «santidad laica».

—La verdad —se rinde, por fin, Ángel— que todo esto resulta hermoso y convincente, pero no deja de ser un tanto triste. En el fondo, me parece a mí que si optamos por esa santidad laica, vamos a terminar arrepintiéndonos de haber vivido y eso es lo peor que nos puede pasar.

Ciertamente, la filosofía de Schopenhauer no sirve para hacer con ella una película de Walt Disney. Sin embargo, al final de su vida, nuestro filósofo conversaba con Grisebach, un buen amigo suyo, y hacía un balance positivo de lo que había sido su existencia. Según cuenta Jorge Luis Borges, éstas fueron las palabras de don Arturo: «Si a veces me he creído desdichado, ello se debe a una confusión, a un error. Me he tomado por otro, verbigracia, por un suplente que no puede llegar a titular, o por el acusado en un proceso por difamación, o por el enamorado a quien esa muchacha desdeña, o por el enfermo que no puede salir de su casa, o por otras personas que adolecen de análogas miserias. No he sido esas personas; ello, a lo sumo, ha sido la tela de trajes que he vestido y que he desechado. ¿Quién soy realmente? Soy el autor de *El mundo como voluntad y como representación*, soy el que ha dado una respuesta al enigma del Ser que ocupará a los pensadores de los siglos futuros. Ése soy yo, ¿y quién podría discutirlo en lo que me quede de vida?»

Así y todo, a quienes hayan echado en falta una pizca de entusiasmo en el pensamiento de este autor les invito a leer el próximo capítulo. Ahí nos las veremos con Nietzsche, un pensador que no rechaza ni oculta ningún matiz del dolor presente en el mundo, y, sin embargo, nos invita a danzar alegremente sobre todo ese sufrimiento en nombre de un solo instante de dicha. No se lo pierdan.

22. NIETZSCHE, LA JOVIALIDAD Y LA LOCURA

Según nos cuenta su hermana, Federico Guillermo Nietzsche (1844-1900) murió en silencio, con rubor y clavando en el aire una mirada solemne e interrogadora. ¡Chúpate esa! Lo cierto es que don Federico padeció una locura que le minó la mente y el cuerpo durante los últimos años de su vida. Cuenta la leyenda que su cerebro se descompuso poco a poco a resultas de una sífilis de caballo que pilló de jovencito entre los muslos nítidos de una prostituta sefardita de ojos inmensamente tristes. Este libro, sin embargo, se ha propuesto seguir los hilos que unen la muerte de cada uno de los filósofos con sus ideas. De modo que, aunque no niega la sífilis o cualquier otra explicación médica de la muerte del autor de Zartustra, prefiere sostener que la locura que afligió a Nietzsche, con todo lo que tuvo de trágica, abismal e inescrutable, constituyó un fin dolorosamente lógico para quien padeció la mente más vigorosa, alegre, furiosa, distinguida, aristocrática, apasionada y vital de su siglo y puede que de toda la historia del pensamiento.

—Querido Paco, más valdría que no te desparramaras tanto en los epítetos.

Quien así me regaña es Ángel Santos, que ha decidido quedarse en el libro un capítulo más, muy dispuesto, como ven, a impedir que me vaya por las hermosas ramas de los adjetivos castellanos. Lo malo es que no sé por dónde bajarme del árbol. Nietzsche no es un autor que se deje explicar con facilidad ni, mucho menos, divulgar; primero, porque suele expresarse en unos *aforismos* tan lúcidos como densos; segundo, porque abominó del sistematismo y del *orden conceptual*, al que tenía por síntoma inequívoco de falta de nervio para soportar el desorden natural; tercero, por la riqueza y complejidad de las metáforas en las que se urde su pensamiento; y, sobre todo, porque nunca quiso ser popular; antes al contrario, solía desaconsejar la lectura de sus obras a casi todo el mundo y prefería pocos lectores, pero que se lo merecieran de verdad. De modo que quienquiera conocer a Nietzsche debería leerlo directamente.

—Me parece normal. Para enterarse hay que joderse.

Así es. Por eso, me he propuesto construir un discurso cómplice de Nietzsche, con el permiso y la ayuda de Ángel, claro está, que, de momento, ya nos ha prestado una frase que podría convertirse en el lema de este capítulo: «Para enterarse hay que joderse». Tendremos ocasión de comprobar cuánto tiene que ver este apotegma tan certero con las principales metáforas nietzscheanas.

A la hora de ver quiénes fueron los maestros que iniciaron a Nietzsche en la filosofía, los primeros culpables los hemos de buscar en la Grecia preclásica, de la que le entusiasma, sobre todo, su religión, ese politeísmo alegre, cruel, vital y contradictorio, capaz como ninguna otra religión de expresar todas las potencias naturales del hombre y de la naturaleza. Especialmente, Nietzsche se siente atraído por la figura de Dionisos, ese dios que muere y resucita para traernos la embriaguez, la danza, la alegría y el *sentido de la tierra*; tan contrario a ese otro dios que se deja crucificar para negar este mundo, y fundar un reino celestial, triste, falso y fantasmagórico. También admira a los grandes trágicos, que supieron decir sí incluso a lo más terrible y duro de la vida. Entre los filósofos, salva a Heráclito por su amor por el devenir y la guerra; pero no tiene mucho cariño por ningún otro, aunque entre todos sus odios, o mejor, desprecios, ninguno es tan furibundo como el que le merece Sócrates a quien acusa de haber escrito el primer capítulo de la historia de la mentira más descomunal que jamás se nos ha contado. En el *Crepúsculo de los ídolos*, Nietzsche afirma que Sócrates era, ante todo, un tipo feo, lo cual, en Grecia, tenía un sentido moral que ahora se nos escapa.

—No se nos escapa tanto. Yo siempre digo que a partir de los treinta años, cada uno es responsable de su cara; y hay caras que son toda una advertencia de la catadura moral de sus portadores.

Eso debía de pensar Nietzsche cuando afirmaba que la fealdad hizo de Sócrates un resentido, hasta el punto de sustituir el pugilato (una lucha noble en la que los griegos medían y desarrollaban su fuerza) por la contienda verbal, una perversión en la que la conciencia se sitúa por encima del instinto. De ahí a la valoración del concepto por encima de la vida sólo hay un paso. Tras lo cual, llega la invención de ese otro mundo, estatuario, idolátrico, que es el mundo de las ideas platónico, accesible al sabio que ofrece sus servicios como gobernante de la sociedad. Un mundo ideal que la Iglesia transformó en un Cielo prometido, ya no al sabio, sino al pecador arrepentido. El cristianismo, para Nietzsche, no es más que un platonismo amariconado, una religión que exalta a los imbéciles («Bienaventurados los pobres de espíritu»), a los humildes, a los enfermos, a los que carecen de ambición; mientras que declara reos de Satanás a quienes se afirman, a los que no se arrodillan, a los que viven sin amos, a los que se atreven a gozar de su cuerpo en este mundo (que es el único mundo), a los inteligentes, a los fuertes. Una religión que promete torturar en el infierno a todos aquellos que alcen su cabeza, para garantizar el disfrute de los resentidos que podrán contemplar el espectáculo desde el reino de Dios.

Pero, en medio de tanto desprecio, Nietzsche encuentra un sitio para reconocer la inclinación que siente hacia otros pensadores, entre los cuales destaca la figura de don Arturo Schopenhauer. Dos son las deudas principales que Nietzsche contrajo con el autor de *El mundo como voluntad y como representación*:

1. La idea de que la inteligencia es la esclava de la *voluntad*, que Nietzsche prefiere llamar *voluntad de poder*, o, simplemente, *instinto.*

2. La desconfianza radical en la idea de *progreso.* Es ésta una idea muy propia de la Ilustración, que tendió (con la excepción de Rousseau) a pensar que cualquier tiempo pasado fue peor. Lo primero que Nietzsche reprocha a estos «progresistas» es la voluntad edificante y consoladora de su pensamiento. La filosofía ha de aspirar al endurecimiento, no al consuelo.

—Muy cierto —corrobora Ángel—. Si aspirase al consuelo, terminaría por convertirse en un *consolador*, y ya sabemos por dónde se mete la gente estos cacharritos.

La tarea de la filosofía, y así la entendieron Nietzsche y Schopenhauer, es afrontar la vida con todas sus aristas y durezas, sin dulcificar ni ocultar ninguna de ellas en nombre de un pasado supuestamente peor. Además, el pasado no fue peor ni mejor ni nada de nada. Quienes entienden la historia como una sucesión lineal de acontecimientos ordenados hacia lo mejor o hacia lo peor no hacen sino fabricar con ella distintos modelos de consoladores (porque tanto da consolarse mirando hacia atrás que hacia adelante). No hay un orden en los acontecimientos, sino un puro *devenir loco, furioso e inocente*, esto es, ni bueno ni malo; aunque, eso sí, lleno de dolor y de tragedia. Un dolor del que hay que enterarse, aunque para ello, como dice Ángel, nos tengamos que joder.

Así y todo, lo cierto es que Nietzsche es un continuador de muchas de las líneas de pensamiento presentes en la Ilustración. En efecto, fue éste un movimiento caracterizado principalmente por su *antiabsolutismo*, su *antidogmatismo*, su *an-*

ticlericalismo y, sobre todo, por su intento de cambiar al hombre quitándole de sus hombros el pesadísimo lastre de la religión, un lastre que afectaba no sólo a la política, sino, sobre todo, a la propia autonomía moral del individuo. En todos estos aspectos, la filosofía de Nietzsche no hizo sino continuar la tarea que iniciaron los ilustrados, entre los cuales, cómo no, figura el filósofo de Köningsberg, cuyas relaciones con Nietzsche merecen un capítulo aparte.

La teoría del conocimiento de Kant nos había revelado que no podemos conocer la realidad tal y como ésta es en sí misma (el *noúmeno*), sino una representación de esa realidad, en la que el sujeto que conoce impone unas formas necesarias que amoldan el objeto de la experiencia a nuestra razón. Nietzsche reconoce esto, para, a continuación, llevarse las manos a la cabeza y escandalizarse con el conformismo que muestra Kant ante semejante descubrimiento. ¡De modo que conocer algo es imponerle una forma que de suyo no le pertenece, o sea, imponerle una mentira, necesaria, pero mentira, al fin y al cabo, y el de Köningsberg se queda tan tranquilo! Kant es cristiano no sólo en su ética sino, sobre todo, en su teoría del conocimiento.

—¿Qué tiene que ver el cristianismo con todo esto? —pregunta Ángel.

El cristiano renuncia al mundo («Mi reino no es de este mundo») por resentimiento, por debilidad, porque se sabe cobarde para danzar sobre el dolor e impotente para gozar del placer. De ahí su *voluntad de mentira*, esto es, su deseo de no apegarse al mundo. Kant es un ejemplo paradigmático de esta actitud. Su teoría del conocimiento explica cómo el hombre miente colectivamente y, sin embargo, Kant presenta el orden mentiroso de las categorías como un producto impecable de la Razón, como la Lógica de la Verdad, nada menos. Dicho de una vez, Kant llama verdad a lo que claramente es una mentira. Este amor por la mentira es un signo ineludible de la debilidad esencial de Kant, de su falta de fuerza para enfrentarse a lo real, de su cristianismo.

Además, si Kant hubiese ido un poquito más lejos en su análisis se habría dado cuenta de que sus categorías, esas formas encorsetadas desde las que nos representamos la realidad, no pertenecen a la Razón, sino al puro y simple *lenguaje*. O, dicho de otro modo, que no hay más razón que la que emana desde la gramática. Son las palabras y la estructura lógica del lenguaje las que se imponen arbitrariamente sobre el mundo y nos fuerzan a conocerlo de un modo que poco tiene que ver con lo que es. Los sentidos nos muestran el fluir de la vida (sobre todo la nariz, que es un sentido olvidado y que Nietzsche aprecia sobremanera), pero el entendimiento nos escamotea la realidad y la convierte en palabras secas y muertas, muy del gusto de los espíritus débiles que temen enfrentarse con el devenir de la vida.

—Creo que debes explicar un poco en qué sentido las palabras nos imponen una concepción del mundo.

Si Nietzsche hubiera tenido tiempo de conocer los resultados de la antropología cultural le habría asombrado y complacido mucho ver, por citar un caso muy conocido, que el lenguaje de los indios *hopi* apenas contiene substantivos, sino que casi todas las palabras son verbos. Por ejemplo, no hay una palabra con la que nombrar a la luna, sino distintos verbos, distintos matices del *lunecer*. Indudablemente, desde semejante lenguaje se tiene una visión del mundo muy distinta (más dinámica y fluida) de la que se tiene cuando se ordena el mundo desde una lengua plena de categorías substantivas. En *Sobre verdad y mentira en sentido extramoral*, Nietzsche dice que conocer es sustituir la realidad por metáforas de metáforas de metáforas (y no se trata de una errata). Cuando vemos una vaca, sustituimos lo que sea la vaca en sí misma por un chorro de luz que nos llega rebotado desde la vaca a nuestros ojos (primera metáfora); a continuación, sustituimos esa luz por una corriente nerviosa que se forma en nuestro ojo y llega a nuestro cerebro (metáfora de una metáfora); por último, sustituimos esa estimulación cerebral por la palabra *vaca* (metáfora de una metáfora de una metáfora). El conocimiento y la ciencia entera no son más que una colección de metáforas con las que nos representamos el mundo con más o menos éxito.

—¿Cómo puede haber éxito si la mentira es necesaria?

Esa es precisamente la cuestión. El éxito no se mide por el grado de fidelidad con que nuestras teorías reflejen el mundo. Nuestras teorías no reflejan el mundo, sino que lo sustituyen metafóricamente. De modo que lo que nos tiene que preocupar es que funcionen, que nos sirvan, que sean útiles. Nietzsche es el padre del *pragmatismo*, que es precisamente esto, el no considerar nada como cierto, salvo aquello que nos sea útil.

—Vamos a ver si lo he entendido. Todo discurso es igualmente falso, porque ningún discurso refleja la realidad, sino que se limita a *representarla*, lo cual implica (y esto lo sabemos desde Kant) imponerle a la realidad unos falsos corsés. No reconocer esto es signo de debilidad, de cristianismo. Reconocerlo equivale a declarar que no hay más verdad que la que resulte útil. Pero, útil ¿para qué?

Según Nietzsche, útil para aumentar la *fuerza*. Las metáforas en torno a las cuales se desarrolló el pensamiento de Nietzsche no tienen otra pretensión que ésta. Será mejor que empecemos a olfatearlas, y así podremos comprender mejor qué *fuerza* es esa.

—Esto suena un poco a la mística de la *Guerra de las Galaxias*.

Descuida, que no. La *fuerza* nietzscheana es la *voluntad de poder*, esto es, un desarrollo de la *voluntad* schopenhaueriana. Se trata de una pasión que define el ser de las cosas; una aspiración a la intensificación vital, una fuerza que diferencia a unos seres de otros.

—La expresión «voluntad de poder» apunta a esos deseos biliosos que tienen algunos por ser presidentillos de algo, aunque sea de su comunidad de vecinos... ¿Es eso lo que Nietzsche considera como un rasgo universal del ser? ¿Todo el mundo esconde una pasión arrolladora por dominar al prójimo?

Depende. Hemos dicho que la voluntad de poder es la fuerza pasional que individualiza, que diferencia a cada cosa. El caso de los hombres es aún más complejo, porque no existen dos iguales; es más, ni siquiera existe uno igual a sí mismo, porque todos fluimos y cambiamos constantemente (cosa que ya sabemos desde Heráclito y que nos ha recordado Hume). Aún así, Nietzsche se atreve a simplificar y distingue dos grupos principales: los *fuertes* y los *débiles*. Los débiles, evidentemente, son aquellos que andan escasitos de fuerza. A consecuencia de ello, deambulan como locos a la búsqueda de la fuerza que les falta y eso les convierte en politicastros, mangoneadores, «trepas», eternos aspirantes a capataces. Son esclavos por naturaleza, con una agudísima vocación morbosa de esclavizar a otros esclavos. Por contra, a los fuertes se los distingue porque su fuerza se desborda, rebosan de voluntad de poder, que en ellos se manifiesta no como un deseo de obtener lo que no tienen, sino como una explosión generosa que emana vigor, que reparte fuerza, que dona excelencia, que crea valores. Lo que ocurre es que la inmensa mayoría pertenece a los débiles, y son muy poquitos los fuertes.

—Entonces, ¿Nietzsche justifica la explotación de los más por los menos?

No se trata de eso. Aunque, desde luego, hay que poner por delante que el fuerte no es culpable de su fuerza ni, menos aún, de la debilidad del débil. El fuerte lo es porque se atreve a afirmar y desarrollar todas sus potencialidades, mientras que el débil carece de fuerza porque se mantiene lejos de lo que puede ser, porque le faltan redaños para desarrollar todo aquello de que es capaz. En todo caso, no hay que sentir pena por ellos, porque los débiles terminan por ganar siempre, pura y simplemente porque son más. En consecuencia, una manera de distinguir a los débiles es su inequívoco aire de «triunfadores» y su habilidad a la hora de acumular dinero, en su empeño por comprar la fuerza que les falta.

—Has dicho también que los fuertes son creadores de valores.

Sí. Según Nietzsche, la Ilustración dieciochesca ha matado a Dios, que es una manera poética (metafórica) de decir que después del siglo XVIII una persona razonable ya no puede creer en Dios. Sin embargo, el vacío dejado por *la muerte de Dios* ha sido ocupado por la *Razón* y el *Estado*, que son mistificaciones tan perniciosas como el Dios muerto, pero que tienen visos de durar aún mucho más que él.

—¿En qué sentido resultan perniciosas?

La Razón, por lo que ya vimos más arriba, porque supone la imposición de las mentiras de la gramática. En cuanto al Estado, porque es la institución en la que se unen los débiles para ejercer una violencia legal y despiadada sobre los fuertes. Pero ahí no acaba la cosa. Según Nietzsche, pese a que la cultura europea se ha vuelto atea, ha dejado intactos los valores del cristianismo. La *compasión*, el *respeto al deber*, el *igualitarismo*, la *humildad*, todos estos valores emanados del Crucificado no sólo siguen vigentes, sino que se han visto reforzados con argumentos pretendidamente racionales. Nietzsche cree que ya es hora de que saquemos las consecuencias que se siguen de esa muerte de Dios en forma de *transvaloración de los valores*. Los fuertes deben aprovechar el vacío dejado por Dios para ocupar su lugar, triturar los valores cristianos y crear otros nuevos.

—Y ¿qué valores son esos?

Aquellos que surjan de poner cabeza abajo la ética cristiana. La moral cristiana es un invento de sacerdotes alejados de las mujeres y de toda alegría corporal, que pergeñan una moral espiritual adecuada para su vida de impotentes. A esto es a lo que Nietzsche llama *resentimiento*, porque el sacerdote cristiano no se conforma con renunciar él a los goces de la vida, sino que acusa de inmoralidad a quienes se atreven a vivir los placeres que ellos no saben disfrutar. Es una moral de enfermos, débiles, desdentados, blandos, que quieren envenenar la vida feliz que llevan los fuertes a base de reproches en forma de leyes éticas generales sancionadas por un Dios que les garantiza que enviará al infierno a todos cuantos se atrevan a vivir una vida elevada. Nietzsche propone asumir la muerte de Dios y volver a poner en pie la moral, dándole la vuelta a los valores cristianos: *Orgullo*, frente a humildad; *pasión*, frente a deber; *amor propio*, frente a compasión; *diferencialismo*, frente a igualitarismo; *sentido de la tierra*, frente a espiritualismo.

—¿Qué es exactamente ese *sentido de la tierra*?

Es la pasión de los fuertes, su amor por la carne, por lo efímero y transitorio de este mundo, su afirmación de todos los momentos que tiene la vida, incluidos los más dolorosos, una afirmación hasta la exasperación, una afirmación que nos lleva al *Eterno Retorno*, aquello que Nietzsche consideró el núcleo de su mensaje y que expuso en la que para él fue su obra más querida: *Así hablo Zaratustra*.

—Pues ya lo estás explicando.

Según Nietzsche, el mundo es un conjunto de fuerzas finitas que se combinan de modos diversos a lo largo de un tiempo infinito. El número de combinaciones es enorme, incalculable, pero ciertamente finito. Por consiguiente, toda nuestra vida ha sucedido ya infinitas veces y sucederá otras infinitas, en un círculo eterno.

—¿Y esto ha sido idea de Nietzsche?

La idea del tiempo circular es muy vieja. Todas las filosofías orientales conciben el tiempo como un gran círculo, igual que los antiguos griegos. Solamente los hebreos han visto el tiempo como un segmento con principio y fin, con un pasado que no volverá, un presente que se nos escapa y un futuro que todavía no es. Nietzsche lo único que añade a la idea del tiempo circular es la idea de la repetición infinita de cada uno de los detalles de nuestra vida.

—¿Eso quiere decir que no somos libres, que hacemos lo que tenemos que hacer por siempre, *in aeternum*?

Al contrario. En cada instante decidimos qué queremos hacer, y eso que decidimos lo hemos decidido ya y lo decidiremos infinitas veces y siempre libremente. Podemos seguir leyendo este libro, o abandonarlo y largarnos al Japón. Lo que importa es saber que lo que hagamos es infinitamente denso, que lo volveremos a vivir una y otra vez. Por tanto, hemos de tener sumo cuidado. No se trata de decir «se vive sólo una vez, así que hay que gozar»; ahora el asunto es más grave: «cada instante he de repetirlo infinitas veces, así que he de convertirlo en algo digno de ser eterno.»

—Me parece algo pavoroso

Desde luego. Pero, ya sabes, «para enterarse hay que joderse». Puede que Nietzsche se enterara demasiado y se jodiera hasta la locura. Desde luego, la idea del Eterno Retorno es una idea angustiosa, porque supone que hemos de multiplicar infinitas veces cada una de los dolores de nuestra vida, y no hay vida que no contenga un buen montón de momentos desdichados. Sin embargo, dice Nietzsche, hay un pequeño grupo de humanos capaces de aceptar la repetición infinita de cada una de sus desgracias, y todo el dolor que acumula el universo por fidelidad a un solo momento de dicha. Hay hombres capaces de convertir su vida, o, al menos, algunos de sus momentos, en una obra de arte a la que aman lo suficiente como para reír con una alegría infinita ante la perspectiva que se abre con la revelación de que, al morir, todo volverá a comenzar de nuevo. De estos hombres nacerá el *Superhombre*.

—Eso del «Superhombre» suena fatal.

Porque parece un símil ganadero; como si se tratara de fabricar un hombre que produzca más leche o más jamones, o algo así. Sin embargo, se trata de una idea metafísica. El concepto de Superhombre alude a la necesidad de trascender al hombre de hoy. Es una utopía que expresa el deseo de superarse, de sacar de lo mejor de nosotros un hombre nuevo, capaz de reír con risa inextinguible al comprender el mensaje del *Eterno Retorno;* capaz de ocupar el sitio vacío dejado por la *muerte de Dios;* capaz de pactar con otros hombres nuevos una especie de contrato social, un pacto entre lobos fuertes y alegres, que dé lugar al *No-Estado*, a la pura dispersión política; y, sobre todo, capaz de conocer el mundo sin imponerle las *categorías* cosificadoras de la gramática; capaz, por tanto, de un conocimiento que no es conocimiento, sino locura alegre y desveladora, danza jovial junto con el devenir de lo diferente, en su singularidad viva, sin matarlo, sin estrangularlo con nuestras representaciones categoriales.

—Tranquilízate, no vayas a perder la cabeza tú también. Vamos a centrarnos un poquito: el elogio de la diferencia, unido a la crítica al Estado ¿tienen una lectura política que nos permita emparentar a Nietzsche con el auge de los nacionalismos que se produjo en el siglo XIX?

De ningún modo. Para Nietzsche cada individuo es un ser singular (una singularidad que se define por la fuerza de cada ser), mientras que para un nacionalista todos los miembros de su nación se igualan en una identidad étnica y/o cultural esencial. Esto es, todos los vascos son igual y esencialmente vascos, todos los *hutus* son igual y esencialmente *hutus*, y así sucesivamente. O sea, que el nacionalismo aspira a rebaños de ovejas, todas de la misma raza y dueñas de una identidad que se define por oposición a la identidad del rebaño que vive al otro lado de la frontera. Cualquier nacionalismo es gregarista e igualitarista (porque todos los miembros de la nación han de tener una identidad que justifique esa nación), cualquier nacionalismo es nacional-socialismo, o sea, una ideología propia de ovejas resentidas, tristes, fúnebres, descerebradas y encabronadas, y Nietzsche hablaba para lobos, nunca para ovejas.

—Sin embargo, los nazis utilizaron los textos de Nietzsche para justificar ideológicamente sus salvajadas.

Los nazis utilizaron los textos de Nietzsche y los de Hegel y los de Goethe y lo que se les puso por delante. Pero eso no quiere decir que entendieran lo que utilizaban, ni que les interesase entenderlo, ni, por supuesto, que los citados tuviesen culpa de nada. De hecho, Nietzsche aborreció de modo explícito el Segundo Reich y el antisemitismo. Además, el pensamiento político de Nietzsche, ya lo hemos dicho, es radicalmente contrario al Estado, mientras que el nazismo es la hinchazón del Estado hasta la exasperación.

—Lo de Nietzsche, entonces, sería *nihilismo*.

Eso dicen muchos estudiosos. Pero a mí no me gusta demasiado esa etiqueta. *Nihilismo* viene del latín *nihil*, que significa «nada». Y en Nietzsche hay *mucho*. Mucha vida, mucha fuerza, mucha generosidad, mucha alegría, mucha cultura, mucha penetración psicológica, mucho respeto al Tiempo y a la Historia, mucha ética, e incluso mucho compromiso con la humanidad. De todos modos, puede que lo mejor sea que despidamos el capítulo con un par de citas de la *Gaya Ciencia* (según la soberbia traducción de A. Sánchez Pascual), que ilustran de forma bellísima esto que acabo de decir. Creo que cualquiera verá que al autor de estas líneas se le podrá acusar de excesivamente poético, de ambiguo, de loco... pero no de prenazi ni de nihilista.

«Difundir el amor a la vida, a la vida propia en todas las formas. Todo lo que imagine un individuo deberá valer para los demás, inaugurándose en este punto una nueva y gran tolerancia, por mucho que contraríe nuestros gustos, si el individuo realmente aumenta su propia vida.

»Unirse para combatirlo todo y a todos los que traten de hacer sospechoso el valor de la vida: contra los tenebrosos, los descontentos y los melancólicos. ¡Prohibir su propagación! Pero nuestra enemistad debe ser un medio para aumentar nuestra alegría. ¡Reír, bromear, destruir sin amargura! Esta es nuestra guerra sin cuartel [...]

»El que sabe considerar la historia del hombre en su conjunto como su historia, siente, en una enorme generalización, toda la aflicción del enfermo que sueña con la salud, del viejo que sueña con su juventud, del enamorado privado de su bienamada, del mártir cuyo ideal está destruido, del héroe la noche de una batalla cuya suerte ha estado indecisa y de la cual conserva las heridas y el pesar por la muerte de un amigo. Pero llevar esta suma enorme de miserias de toda especie, poder llevarla y ser, al mismo tiempo, el héroe que, en el segundo día de la batalla, saluda la venida de la aurora y de la felicidad, puesto que se es el hombre que tiene delante y detrás de sí un horizonte de mil años, siendo el heredero de toda nobleza, de todo espíritu del pasado, heredero obligado, el más noble entre todas las antiguas noblezas, y, al mismo tiempo, el primero de una nobleza nueva de la cual no se ha visto cosa semejante en ningún tiempo; tomar todo esto sobre su alma, lo más antiguo y lo más nuevo, las pérdidas, las esperanzas, las conquistas, las victorias de la humanidad y reunir, por fin, todo esto en una sola alma, resumirlo en un solo sentimiento, esto, ciertamente, debería tener por resultado una dicha que el hombre no ha gozado nunca hasta hoy; la dicha de un dios pleno de poderío y de amor, de lágrimas y de risas, una dicha que, semejante al sol de la tarde, hará un don incesante de su riqueza inagotable para verterla en el mar y que, como el sol, no se sentirá plenamente rico sino cuando el más pobre pescador reme con remos de oro. Esa dicha divina se llamaría entonces humanidad.»

El pensamiento de Nietzsche es dinamita, una dinamita capaz de estallar e inundar el mundo con su locura, jovialidad y lucidez; pero no con odio ni violencia ni, mucho menos, resentimiento, que son las tres pedorretas pestosas con las que nos atufan todos los fascismos.

23. MARX Y EL ESPÍRITU DE LA CONTRADICCIÓN

Los catecismos comunistas que explican la vida de don Carlos Marx (1818 - 1883) suelen referirse a la muerte de su protagonista en estos o parecidos términos: «Por fin, después de una dilatada vida de lucha sin cuartel contra las injusticias del capitalismo, Marx cayó muerto sobre su mesa de trabajo», lo cual dice mucho de lo que los marxistas entienden por una muerte digna de un líder obrero. Otros autores más amantes del detalle médico aclaran que murió de un absceso pulmonar, que viene a ser como una espinilla de esas bien rellenas de pus, pero a lo bestia y metida dentro del pulmón; o sea, que no cabe ni siquiera el consuelo de espachurrarla delante en el espejo, con el gusto que da ver salir toda la mantequilla esa tan asquerosa. Los médicos le recomendaron que cambiara de aires; pero Marx no les hizo ningún caso. Primero, porque lo del cambio de aires era un remedio muy caro. Pero también porque don Carlos era muy suyo y siempre se negó a admitir que tuviera esa porquería en el pulmón e insistió en diagnosticarse a sí mismo una profunda melancolía que venía padeciendo desde el día en que falleció su mujer y su hija favorita. O sea, que según su propia opinión, Marx murió de lo que ahora llamaríamos una depresión exógena. De modo que tenemos varias opciones: está lo de la mesa de trabajo, que suena a morir con las botas puestas; lo de la espinilla endógena, que es una truculencia, y lo de la depresión exógena, que es lo más fino, lo más burgués. Aunque seguro que los psicólogos dicen que todo está muy relacionado y que las espinillas (internas y externas) surgen por problemas de la psique y que ellos son los más indicados para tratar el acné, los abscesos pulmonares, las depresiones (ni que decir tiene) e incluso las mesas de trabajo; menudos son ellos, lo curan todo de maravilla.

El caso es que a este libro lo que más le llama la atención de todo esto es el empecinamiento que mostró don Carlos Marx en llevarle la contraria a los médicos, su terquedad a la hora de negar lo obvio, un rasgo de su carácter que fue una constante a lo largo de toda su vida y que explica el que en su obra filosófica (o económica o política) se atreviera no ya a criticar, sino a *negar* el sistema económico omnipresente. Si Schopenhauer fue un filósofo de la *voluntad*, Marx parece serlo de la *noluntad*, que es un término con el que algunos filósofos (Unamuno, entre otros) designan la voluntad radicalmente inconformista y empeñada en decir «no». Gracias a esta afición por la negación, Marx se convirtió en el principal teórico del *comunismo* y del movimiento obrero.

—Hijo, yo no sé cómo te atreves a hablar de este hombre. El comunismo ha caído derrotado y ya sólo nos interesa a los viejos como yo.

Para este capítulo me va a ayudar mi padre, un hombre que ha trabajado y lo han machacado como al que más, desde los diez añitos que empezó, hasta que se jubiló con una pensión ridícula. Así que me parece que tiene la biografía perfecta para comprender al autor de *El capital*. Este capítulo se lo dedico a él y a todos los obreros.

—Gracias por la dedicatoria. Te decía que el comunismo ha caído.

En efecto, pero eso es algo que afecta bien poco al pensamiento de Carlos Marx. Porque, si bien es cierto que esos países se inspiraron en las ideas marxistas, ello no quiere decir que las cosas que allí pasaran fueran consecuencia directa de la filosofía de don Carlos. Por ejemplo, el que don José Stalin asesinase a cinco millones de campesinos para llevar a cabo su reforma agraria es algo de lo que no se puede culpar a nadie más que a Stalin y a sus colaboradores.

En sus *Tesis sobre Fuerbach*, Marx afirma que «es preciso superar la sociedad civil enfrentada al Estado, para pasar a la sociedad humana.» El núcleo profundo de la filosofía de Marx es la denuncia, la negación firme y obstinada de un régimen económico que negaba la humanidad a la clase trabajadora. Marx negó el capitalismo porque quería afirmar al Hombre. Marx era, ante todo, un *humanista* y por eso aparece en este libro con todos los honores.

—¿Qué quieres decir con eso de que el capitalismo negaba la condición humana a la clase trabajadora?

Quiere decir que los obreros del XIX eran tratados peor que esclavos. Peor que mulos. Peor que la mierda. En su obra *La situación de la clase obrera en Inglaterra*, Federico Engels (1820—1895), que fue amigo y colaborador de Carlos Marx comenta algunos de los aspectos concretos de las relaciones laborales vigentes en una Inglaterra que por entonces era la cabeza del Imperio más importante del mundo.

1. Jornada laboral de catorce o quince horas diarias, seis o siete días a la semana.

2. Sueldos de hambre para los varones, aún de más hambre para las mujeres, y casi inexistentes para los niños, que trabajaban las mismas horas que los adultos y normalmente en peores condiciones porque importaba menos que un niño se cayera a un pozo que el que lo hiciera un adulto. Cuando digo sueldos de hambre no es una metáfora, sino la expresión de una realidad: la gente se moría de hambre a puñados en los países industrializados.

3. No existían vacaciones pagadas ni sin pagar.

4. No se conocía la seguridad social, de modo que los enfermos no percibían su sueldo, e incluso si quedaban inválidos por algún accidente laboral, no tenían tampoco derecho a percibir un subsidio.

5. En cuanto a las pensiones de jubilación, ni siquiera existía el concepto y cuando un viejo no podía ya trabajar, pues a su casa y a morirse en un rincón.

6. El despido, ni que decir tiene, era perfectamente libre.

Por consiguiente, si tuviésemos que nacer en el siglo pasado y pudiéramos elegir destino, sería preferible nacer caballo o vaca, que no obrero. Al menos, los caballos y las vacas comían a diario, tenían una cuadra limpia y caliente, y cuando caían enfermos eran cuidados por un veterinario. Carlos Marx fue sensible a todo este dolor humano y declaró que había llegado la hora en que la filosofía se tenía que poner al servicio de la clase obrera para denunciar estas *contradicciones del capitalismo* y promover la revolución que trajera un mundo mejor.

—Ve despacio, hijo, ¿qué es eso de «las contradicciones del capitalismo»?

Son varias, pero todas nacen de la misma raíz: que la economía considera al obrero como si fuera una mierda; pero los obreros, evidentemente, no son mierdas, sino algo mucho más digno: son seres humanos. O sea, que el capitalismo se hace un lío y eso es lo que lo va a perder, porque, al final, la revolución se le va a venir encima, sin remedio. Pero, mejor te hago caso y voy por partes. Vamos primero con la pérdida de *dignidad humana* que se da en el capitalismo. El joven Marx se refirió a este disparate con el nombre de *alienación*. Aunque si queremos entenderlo mejor deberíamos usar la palabra *encabronamiento* que es una forma más clara y rotunda de referirse a lo mismo. Según Marx, el ser humano es, por esencia, un animal trabajador. Nuestra especie se humaniza en el trabajo.

—Mira lo que te digo: será que los latinos somos de otra pasta, pero yo no he conocido a nadie que fuese contento a su trabajo. Eso son cosas que les pasan a los alemanes y a los japoneses, si es que es cierto lo que cuentan. Pero aquí si trabajamos es porque necesitamos el sueldo, y el que nace señorito no pega un palo al agua y muy bien que me parece.

Evidentemente, hay un ramalazo puritano en el marxismo que poco tiene que ver con nuestra cultura, que encuentra el espacio de lo humano en eso que Cicerón llamaba *otium cum dignitate* y no en el trabajo, que, incluso etimológicamente, deriva de *tripalium*, que era un instrumento de tortura. Pero Marx pensaba que el trabajo era la expresión de la esencia de lo humano, y denunciaba y criticaba que el capitalismo ha organizado las cosas de tal modo que los hombres no sólo no se humanizan, sino que se embrutecen, se «encabronan», en el trabajo. Este encabronamiento tiene lugar porque los procesos de producción capitalistas convierten el trabajo en una tarea desagradable para el obrero, que realiza su actividad obligado por la necesidad, no como medio de desarrollar libremente su esencia. Pero, además de realizar el trabajo en unas condiciones inhumanas, el patrono le arrebata el producto de su trabajo. Y así, cuantos más valores crea el obrero, menos valioso es él; y cuanto más perfecto e ingenioso el producto de su trabajo, más embrutecido se queda él. En suma, para que el sistema funcione, es preciso encabronar al obrero y cuanto más se desarrolle el capitalismo, más encabronado estará el obrero.

—Pues mira, hijo, todos estos encabronamientos se le pasarían a uno si le pagaran como es debido, porque, como dice el refrán, las penas con pan son menos.

Eso precisamente fue lo que vio Carlos Marx en su madurez y por eso decidió centrar su pensamiento en la economía. Ahora, en vez de hablar de *alienación*, prefirió hablar de *plusvalía* que es un concepto con el que se alude a una realidad económica mucho más concreta. La plusvalía sería el trabajo que no le pagan al obrero y que enriquece al patrón. Pongamos un ejemplo: el valor que tiene el carbón no le viene del carbón en sí, sino de lo que cuesta arrancárselo a la tierra. De hecho, ahora que los australianos extraen el carbón en minas de superficie su precio está por los suelos. O sea, que las cosas en sí mismas no valen nada, a menos que las transformemos con el trabajo. Esto es, que toda la riqueza la engendra el trabajador. Sin embargo, el obrero recibe sólo una pequeña parte de la riqueza que genera. El minero que baja a la mina, arriesga su vida, quema sus pulmones y suda sangre para sacar el carbón vive mucho peor que el dueño de la mina, que se limita a comprar la fuerza de trabajo que le vende el minero. Ahora bien, si la riqueza sale del trabajo, todo lo que recibe el empresario, que es mucho, se lo ha robado al obrero. Eso que le roba y que constituye el beneficio del empresario es lo que Marx llamó la *plusvalía.*

—Pues eso es lo que yo siempre he dicho, que el que tiene mucho dinero, o lo ha robado él o lo ha robado su padre. Lo que no sé yo es si ahora eso de la plusvalía es aplicable al capitalismo moderno, porque los empresarios trabajan y mucho en sus empresas.

Puede ser. Pero las grandes fortunas se ganan hoy desde el teléfono móvil, especulando con acciones, títulos, papeles que son puras fantasmagorías. Eso también es plusvalía. Para que toda esa riqueza especulativa, o sea, sin fundamento ninguno, se produzca, es preciso que muchos obreros reciban por su trabajo mucho menos de lo que ese mismo trabajo ha producido.

Esta plusvalía es la que da lugar a la *lucha de clases*, que no es otra cosa que la permanente tensión que se genera al enfrentar los intereses necesariamente contrapuestos del obrero y del patrón. El llamado *materialismo histórico* es la doctrina que considera que esta lucha de clases es el motor de la historia, el cimiento y el cemento del universo moral, aquello que explica, en última instancia, la totalidad de lo humano. La *lucha de clases* es la *voluntad* de Schopenhauer (recuérdese lo dicho en las págs. 236 y ss.) vista desde el punto de vista socioeconómico. La religión, la literatura, la arquitectura, las artes plásticas, la ciencia, la técnica, los regímenes políticos, las guerras, los estados, las patrias... todos estos productos de nuestra cultura son el reflejo de una realidad económica injusta y, en consecuencia, son *ideología*, o sea, engaños urdidos por la clase dominante con vistas a ocultar a la clase obrera la realidad de su situación.

Aunque toda esta mentira no puede durar eternamente. Llegará un momento, dice Carlos Marx, en que los obreros se quitarán la venda ideológica que les tapa los ojos y entonces comprenderán que ellos son el origen de una riqueza que se les arrebata contra toda justicia, al tiempo que descubrirán la fuerza de su número. Entonces, la *revolución* caerá como fruta madura y nos traerá una *sociedad sin Estado*, que es la sociedad comunista.

—Lo malo es que la revolución no sólo no llega, sino que ya no nos apetece a nadie.

Eso es algo que escapó completamente a las predicciones de Marx. Él creía que en las sociedades industrializadas la revolución tendría lugar de modo absolutamente inevitable, pero no ha sido así. El capitalismo ha eludido el riesgo de una revolución eliminando a la clase social que podría protagonizarla. El capitalismo, afortunadamente, ha eliminado al *proletariado*.

—Ahora sí que no entiendo nada.

Con el término *proletariado* Marx designa a la clase trabajadora de su tiempo. Una masa de gente explotada hasta el límite de la supervivencia, que no posee otra cosa que su fuerza de trabajo y que, en consecuencia, a la hora de la revolución, no tiene nada que perder y sí mucho que ganar. Por eso confiaba en la necesidad de la revolución, porque tarde o temprano esta masa cobraría conciencia de su propia situación y se arrancaría las cadenas que la oprimen. Pero el capitalismo ha sabido ceder y ahora los obreros tienen su pisito y su cochecito y su tele en colores y su representante sindical y sus langostinos por Nochebuena y sus vacaciones pagadas y su seguridad social... Total, que la gente vive muy ricamente y no quiere ni oír hablar de revoluciones. Máxime a la vista de que los obreros de la Europa Socialista han padecido tantas o más penurias y atropellos que los de los países capitalistas.

—Ya que lo dices, me gustaría que me aclararas cuáles son las causas filosóficas, si es que las hay, que explican el que a los países socialistas les haya ido así de mal.

Más que de causas filosóficas habría que hablar de errores en el pensamiento de Marx que pueden haber contribuido a no prever teóricamente los desastres socialistas. O mejor, podríamos reunirlos todos en uno solo, un error esencial, cual ha sido el levantar toda una ciencia económica a partir de una idea de la naturaleza humana radicalmente equivocada. Ya hemos visto antes que eso de considerar al hombre como un animal trabajador era un tanto reduccionista. Pero es que el error es aún más hondo. El pensamiento marxista —y antes, Rousseau— creía que la maldad humana era el síntoma individual de una enfermedad social. Desaparecida la explotación, pensaban los socialistas, la naturaleza bondadosa y trabajadora de los hombres se expresará con todo su esplendor y eso garantizará la felicidad de todos y cada uno de los miembros de la nueva sociedad. De este modo las «Dictaduras del Proletariado» habrían de ser unos regímenes transitorios destinados a desmontar las viejas estructuras capitalistas y preparar el advenimiento del Comunismo, que es una sociedad sin Estado, una sociedad en la que todo el mundo acude a su trabajo feliz y contento, una sociedad regida por el lema: «¡De cada cuál según su capacidad; a cada cuál según sus necesidades!» Lamentablemente, esto no es simplemente una utopía, sino una de las tonterías más perniciosas en las que ha creído y aún cree una gran parte del género humano. Lo cierto y verdad es que la Humanidad es más un proyecto que una realidad, un proyecto que necesita de mucha educación, de mucho trabajo y de mucho esfuerzo. La naturaleza humana (como bien sabían Hobbes, Nietzsche, Schopenhauer, Freud y tantos otros), dejada a su antojo, es proclive a la violencia, a la idiocia, a la ignorancia, a la pereza, a la crueldad gratuita y, sobre todo, al resentimiento, es decir, a la pura y dura inhumanidad. Estas son verdades que no nos gusta escuchar, porque nos dejan en muy mal lugar. Pero, si de algo han servido las revoluciones socialistas es para demostrar la falsedad del optimismo rousseauniano-marxista. En efecto, el nuevo orden social nacido de los procesos revolucionarios mantuvo e incluso agudizó la explotación, que ahora corría a cargo de unos burócratas que controlaban el aparato del Estado Socialista, un estado que, además de ejercer su eterno papel de administrador de la violencia, se había convertido en un patrono monstruoso y absoluto. Nietzsche no sabía una palabra de economía, pero previó que la sociedad socialista sería el caldo de cultivo perfecto para que triunfaran los más truhanes, los más codiciosos, los más enfermos y los más resentidos. Todos ellos instaurarían un régimen de terror encaminado a eliminar todo atisbo de fuerza, de creación y de libertad. Es duro reconocerlo, pero la historia ha dado la razón al «loco» y no al científico.

Lamentablemente, esta idea de la bondad humana natural ha impregnado todo el pensamiento progresista del siglo XX, y ahora afecta de modo muy particular a la mal llamada pedagogía que infecta nuestras escuelas, que se han convertido en las herederas de todos los disparates revolucionarios. El lema marxista «¡De cada cuál según su capacidad; a cada cuál según sus necesidades!» se ha convertido en el dogma principal de nuestro sistema educativo, de modo que hoy se piensa que son las escuelas e institutos los que deben adaptarse al alumno, con el siguiente resultado: en nuestras escuelas e institutos se permite que los alumnos expresen libremente su naturaleza (que es considerada sagrada), sin esfuerzo (que es tildado de fascista), sin transmisión de conocimientos (que son discriminatorios y, por tanto, fascistas) y sin suspensos (que son frustrantes y, como no, también fascistas). A la escuela moderna se va a ver la tele, a jugar con los ordenadores, a ponerle alpiste a un periquito-a en el «taller de ciencias naturales lúdicas no sexistas» y a dibujar «mapamundis» del barrio en la clase de «Conocimiento del medio». En la escuela moderna el alumno no aprende nada, porque si aprendiera algo eso supondría una intolerable violación de su prístina naturaleza. En la escuela moderna se ha abolido la autoridad del profesor y ahora el mando lo ejercen los alumnos más necios, sinvergüenzas y crueles, que los hay a puñados y desde bien jovencitos. En la escuela moderna, cuando un alumno se caga en la silla del profesor, el culpable, siempre, ha sido el profesor, que no ha sabido motivarle lúdicamente para que el alumno saque a la superficie sus valores innatos de «higiene solidaria y no sexista». Todo esto, naturalmente, ocurre en la escuela estatal, aquélla a la que van los hijos de los obreros. Quien puede pagarlo envía a sus hijos a otras escuelas en donde se les exige, se les educa, se les mejora, se les prepara para que disfruten de placeres intelectuales complejos (los derivados de la lectura, o de la contemplación del arte, o del ejercicio de la ciencia) y, sobre todo, se les capacita para que accedan a los mismos puestos privilegiados que ocupan sus papás.

Total, que el marxismo ha dado lugar a unos dictaduras del proletariado en las que los proletarios no dictaban nada y en las que se acentuó la explotación, el crimen de estado y la injusticia; y ahora es el inspirador de unos sistemas educativos que han convertido las aulas de los hijos de los obreros en un instrumento de perpetuación de su situación de marginación social y cultural. Hoy podemos decir que la humanidad habría ganado mucho si las revoluciones socialistas no hubiesen tenido lugar; así como dentro de poco podremos comprobar la magnitud del desastre social que supone la mierda de revolución educativa que estamos llevando a cabo en estos años.

—Hombre, pues sí que pones las cosas bien. Algo habrá tenido de bueno el marxismo, ¿no?

El aspecto más positivo del marxismo ha sido su contribución esencial a que la clase obrera de los países industrializados cobrara conciencia de sus derechos y de su fuerza. Decíamos más arriba que el capitalismo tuvo que ceder frente al movimiento obrero socialista para evitar una revolución inminente. Gracias a eso, los países democráticos han desarrollado a lo largo de este siglo el llamado «Estado del Bienestar».

—Vamos, que los capitalistas han espabilado y han repartido cuatro migajas entre los obreros para entontecerlos.

Gustave Flaubert (el autor de *Madame Bovary*) escribía el siglo pasado que «el mayor sueño de la democracia consiste en elevar al proletariado hasta el nivel de estupidez de la burguesía». En todo caso, el terreno que ha cedido el sistema es ahora el espacio de derechos en el que nosotros habitamos: son las pensiones, la sanidad, la educación, el seguro de desempleo, las ayudas familiares, las viviendas sociales, las políticas de ayuda a los más necesitados. Y yo pienso que nada de esto resulta desdeñable.

—¿Y eso tiene alguna relación con la filosofía?

Por supuesto. La idea central de la filosofía de Marx es la negación. El marxismo es un modo de decir un «No» mayúsculo, permanente y radical a una realidad social injusta e inhumana. Un «No» que no debe convertirse en un «Sí» a ningún Stalin, a ningún Mao, a ningún Fidel, porque, en ese momento, esta filosofía se desnaturaliza y pierde su fuerza creadora de justicia. Marx mantuvo viva esa crítica negativa hasta el mismo momento de su muerte. La pena es que sus supuestos seguidores preferían y prefieren afirmarse a ellos mismos en el momento en que tocan poder. Ese ha sido el gran problema de la herencia de Marx. Lo vamos a ver en los capítulos siguientes, que se ocupan de dos autores que criticaron muy lúcidamente al marxismo desde posturas claramente progresistas. Ahí les espero.

24. BERTRAND RUSSELL Y LA CLERIGALLA

Sir Bertrand Arthur William Russell, conde de Russell y vizconde de Amberley (1872-1970) llegó a vivir noventa y siete años largos. A esas edades la muerte no necesita excusas para ejercer su labor y uno se va de este mundo con la misma suavidad con que llega a él. En el caso de Russell, además, todo salió de maravilla, debido a que siete años antes, este matemático, lógico, filósofo, premio Nobel de Literatura y activo militante del pacifismo había decidido ensayar su muerte mientras realizaba una visita al Trinity College, en Cambridge. La leyenda nos ha legado el siguiente relato de los hechos: Russell arrastraba un catarro algo pesadillo desde varios días antes de llegar al Trinity. Esto, que suele ser materia de mocos y algún que otro aspaviento sin importancia cuando se tienen veinte años, no deja de ser preocupante cuando se han cumplido los noventa, y los eminentes médicos del Trinity sentenciaron que había llegado la hora definitiva para Lord Russell. El rumor corrió como un endemoniado y, a falta de otro entretenimiento mejor, los venerables profesores de Cambridge corrieron apuestas respecto a si el filósofo se arrepentiría o no *in extremis* de su recalcitrante ateísmo. Desde el principio, los más se inclinaron por el arrepentimiento. Al fin y al cabo, pensaban, llegados al borde de ese abismo definitivo que es la muerte, todos sentimos en nuestro interior el Temor de Dios y hasta el más escéptico cede ante la fuerza de la fe. Otros, más pragmáticos (más británicos), decían que Russell no tenía nada que perder y sí mucho que ganar si hacía un gesto de arrepentimiento y solicitaba el perdón de las iglesias anglicana y católica, por aquello de no quedarse con una sola baza. Sólo unos pocos, discípulos directos o indirectos de Russell y ateos furibundos en su mayoría, sostenían que a Russell le sobraban principios, criterios y redaños como para presentarse ante la muerte con la mente libre de pejuicios. Los que no confiaban en Russell quisieron atar bien las cosas e incluyeron una cláusula de salvaguarda, según la cual las apuestas se cobrarían en el momento en que el filósofo declarase públicamente su voluntad o no de arrrepentirse, dado que cabía la posibilidad de que abjurara de su ateísmo y luego sanara, tras lo cual, podría desdecirse y tildar su confesión como un delirio de moribundo. De modo que las partes acordaron enviar al deán del College a presencia del célebre profesor. A resultas de lo que éste manifestara, se cobrarían las apuestas sin importar si el enfermo sanaba luego, o no.

Todos estos tejemanejes llegaron a oídos del nonagenario filósofo, el cual decidió aprovechar la expectación que había creado su catarro para efectuar el ensayo al que nos referíamos más arriba y, de paso, permitir que sus amigos se ganaran unas cuantas libras. De modo que el día que llegó el deán a su casa tuvo la paciencia de recibirle y escuchar en silencio el discursito que se traía preparado para ablandar su pétreo ateísmo. Cuando el cura se dio por satisfecho, Russell confesó que prefería responderle en presencia del vicario de la iglesia católica en Cambridge; por consiguiente, si no era mucha molestia, recibiría a ambos esa misma noche, pues estaba convencido de que la muerte podía presentársele de un momento a otro.

Antes de que el deán hubiese abandonado la habitación de Lord Russell, la noticia de que el filósofo quería entrevistarse con los miembros de las dos iglesias circulaba ya por toda la ciudad y los escasísimos partidarios de la firmeza del anciano pensador hicieron sus últimas apuestas con un saldo a su favor de cincuenta a uno. La suerte estaba cantada: el ateo más célebre de Inglaterra parecía dispuesto a claudicar. Llegó la hora de la cita y ambos clérigos se presentaron en el cuarto de Russell, muy ufanos ellos y armados de biblias, óleos, estolas, cruces, hostias, copones, alguna que otra reliquia de bolsillo —esto el católico— y toda la parafernalia con que la clerecía ata y desata (a domicilio, en este caso) la salvación de las almas. El viejo Russell compuso el gesto de un agonizante humilde y rendido, y preguntó con una vocecilla trémula.

—¿Son ustedes los únicos clérigos que ejercen en el College?

—Hay algunos más, Bertrand —respondió el anglicano con esa confianza que se toman con nosotros quienes se arrogan el papel de administradores de nuestra salvación—, pero hemos venido aquí los dos máximos representantes de las dos Iglesias. Puedes estar seguro de que lo que digas en esta habitación será escuchado por el Señor.

—En ese caso, debo pedir perdón y solicitar su favor.

—Naturalmente, hijo —intervino esta vez el católico, que no quería perder la iniciativa—. descarga tu conciencia y deja que la fe refresque tu alma cansada. El Señor se alegra siempre de conceder su perdón.

—Me temo que no se trata de eso. Debo pedirles perdón por abusar de su amabilidad y solicitarles que, en su condición de capataces (si se me permite el símil) de toda la clerigalla de por los alrededores, se lleven a sus subordinados de excursión al campo, a ver si así me veo libre de avechuchos y puedo morir en paz, si es que me decido a ello. De paso, díganles a sus feligreses que han perdido las apuestas. No me arrepiento de nada, porque no tengo nada de que arrepentirme; en ningún caso lo haría ante ustedes, a quienes no concedo autoridad alguna para concederme su perdón, y menos aún ante Dios, porque Dios no existe.

Al día siguiente Lord Russell se tomó un par de aspirinas, se levantó de la cama, agarró su pipa y se reunió con sus amigos para celebrar su victoria sobre la muerte y sobre el fanatismo (otra forma de muerte, peor incluso que la biológica), así como para recoger lo ganado en las apuestas, que no fue moco de pavo: dos de los más jóvenes y arriesgados puntos reunieron dinero suficiente como para comprarse cada uno una casita en Andalucía. Ahora viven en Mijas y me consta que fríen el pescaíto con la misma gracia que cualquier malagueño. Sus amigos son testigos también de que todos los días, con el rigor y la tenacidad con que los epicúreos labran su dicha, brindan con manzanilla de Sanlúcar a la salud del que fuera el intelectual más vivo, brillante, amable y divertido de nuestro siglo.

Si al final de su vida Russell supo mostrarse así de consecuente, sus principios no fueron menos «lógicos». Cuando este libro comenzaba a andar decíamos que los primeros filósofos griegos se enamoraron de la coherencia que encontraron en la geometría e intentaron conseguir el mismo efecto en todos los órdenes del saber, e incluso orientar sus vidas de acuerdo a este ideal. Pues bien, otro tanto podemos decir del pensador que nos ocupa en este capítulo. En efecto, la raíz sobre la que brota todo el pensamiento de Russell es la misma de la que brotó este curioso ensayo de un buen morir: una fe absoluta en la coherencia y el rigor de la *lógica formal.* En sus *Principia Mathematica*, escrito a medias con A. N. Whitehead, se ordenan los fundamentos de la matemáticas de modo que descansen únicamente en principios lógicos. El resultado fue notable y esta obra constituye uno de los principales hitos de la historia de las matemáticas de nuestro siglo. Amparado en este éxito, Russell se propuso solucionar los problemas de la filosofía aplicando a ésta la misma receta logicista. De este matrimonio entre la lógica y la filosofía nació la llamada *filosofía analítica* que es un modo de abordar las tareas filosóficas del que Russell y Wittgenstein fueron dos de sus pioneros y sumos sacerdotes. Los rasgos principales de esta filosofía son:

1. Su marcada *vocación antimetafísica* y en pro de la *clarificación* de la filosofía. En esto es en donde más claramente se ve que Russell y sus seguidores son los continuadores en este siglo de los viejos y sensatos postulados del empirismo británico de Ockham, Bacon, Hobbes, Locke y Hume, entre otros.

2. Su proximidad a las *ciencias* de la naturaleza, especialmente a la *física*, a la que se considera como el modelo de conocimiento al que se debe acercar el discurso filosófico.

3. El entender la tarea de la filosofía como un *análisis lógico del lenguaje*. Esto quiere decir, en líneas generales, que lo que antes se estudiaba bajo el epígrafe de la ética, ahora se estudia en forma de problemas relativos al lenguaje moral; la filosofía de la ciencia se convierte en manos de estos filósofos en análisis del lenguaje científico; la filosofía de la religión, en análisis del discurso religioso; la estética, en análisis de los lenguajes del arte, y así sucesivamente.

A partir de estos puntos comunes, las perspectivas son muy variadas y hay casi tantas posiciones y escuelas respecto a cualquier tema como siempre ha habido en filosofía. Es más, algunos críticos señalan que estas corrientes analíticas dan un rodeo demasiado largo para llegar al mismo sitio de siempre y dejar las cosas tal y como estaban antes de empezar. Pero eso es materia de mucha y muy viva discusión. El autor de este libro confiesa abiertamente su simpatía por este modo de hacer filosofía, siquiera sea porque quienes lo practican suelen resultar más comprensibles que aquellos que lo critican. En todo caso, sí es cierto que hay problemas filosóficos que no se dejan abordar con toda la amplitud que se merecen dentro de los límites metodológicos que imponen estos defensores del análisis lógico del lenguaje. El propio Russell fue el primero en saltar las barreras lógicas impuestas los procedimientos analíticos, sobre todo cuando puso su pluma al servicio de los combates contra la injusticia, la intolerancia, el fanatismo y la estupidez. En estos casos, el estilo de Russell recuerda más al de un Voltaire (como no podía ser menos, pues ambos lucharon prácticamente por lo mismo y contra lo mismo) que al de un Wittgenstein, al que, de todos modos, siempre protegió y admiró profundamente.

El Russell combativo, además, se lee hoy con el mismo provecho que siempre, mientras que la parte más técnica de su filosofía tan sólo tiene interés para los especialistas. Sin embargo, convendría que se «popularizaran» sus *Ensayos impopulares*, o los incluidos bajo el título *¿Por qué no soy cristiano?*, así como su magnífica *Historia de la filosofía occidental*. En estas y otras obras nos encontramos con un ensayista capaz de criticar con una agudeza inusitada los prejuicios más comunes de la tribu.

Una de las mayores fuentes de *prejuicios* se sitúa, cómo no, en el *cristianismo*, contra el que nuestro autor dirigió lo mejor de su ingenio. Los motivos que, según Russel, deberían impedir acercarse al cristianismo a todo hombre de bien serían los siguientes:

1. No hay razón alguna para creer en Dios. Esto, naturalmente, no lo dice por decir, sino que antes se toma la molestia de demostrar la total inoperancia de las pseudopruebas sobre la existencia de Dios que maneja la teología.

2. Sí hay razones, sin embargo, para creer que no existe dios alguno. La principal sería que el mundo está tan lleno de dolor, enfermedad y absurdo que no cabe considerarlo compatible con la existencia de un Ser Supremo.

3. También es muy de tener en cuenta que las iglesias constituyen una rémora para el progreso de la humanidad. Respecto del pasado podríamos multiplicar los ejemplos de las persecuciones de las gentes, ideas y libros que suponían

una idea nueva y buena para nuestra especie. En cuanto al presente, Russell denuncia que la estrecha moral sexual de los cristianos provoca la infelicidad de mucha gente. Más lamentables aún resultan sus prédicas en contra del uso de anticonceptivos, en un mundo cuyo principal problema es la superpoblación (especialmente en los países más pobres).

4. Russell también destaca algo en lo que casi nadie hasta él había reparado, cual es la escasa inteligencia que demuestra el Jesucristo de los Evangelios. Para ilustrarlo nos cita aquel pasaje en el que Cristo se empeña en comer higos en el mes de marzo y como la higuera no tenía frutos la maldice. Tampoco encuentra en Jesús un personaje muy bien dotado de actitudes morales. Eso de castigar con el infierno eterno a quien peque en este mundo es de una desproporción y de una injusticia absolutamente intolerables en cualquier persona mentalmente sana. En fin, que Sócrates, Buda y muchos otros líderes filosóficos y religiosos dan muestras de ser más cabales, sensatos y justos que ese que se creía nada menos que Hijo de Dios.

5. Por último, Russell considera indigno del hombre el humillarse ante ningún altar. La idea de dios que emana del cristianismo proviene del despotismo oriental y tiene como fin empequeñecer al hombre frente a un poder absoluto. El cristianismo es una religión empeñada en poner al hombre de rodillas desde todos los puntos de vista posibles y, por eso, resulta despreciable, impropia e indigna de cualquier ser humano que se sienta libre.

En otro terreno, Russell lleva a cabo un análisis muy penetrante del *marxismo*, al que acusa de parecerse demasiado al cristianismo. Según esto, el comunismo tendría su Jesucristo en Marx; su Juan el Bautista, en Engels; sus mártires, en los caídos por la Revolución; su Biblia, en las obras de Marx; su iglesia, en el Partido; su Pueblo Elegido, en el Proletariado; su Apocalipsis, en la Revolución, y su Jerusalén

Celestial, en la Sociedad Comunista. El acierto de la analogía va más allá de lo meramente sociológico. Esto es, no se trata sólo, aunque también, de que la mayoría de los comunistas parezcan curas reconvertidos y mantengan intactos la misma intolerancia y el mismo fanatismo que cuando comulgaban a diario. Lo que Russell pretende poner de relieve es la positivización del pensamiento de Marx que se ha llevado a cabo entre sus seguidores. En el capítulo anterior decíamos que la arteria principal que recorría la persona y la doctrina de Carlos Marx era la *noluntad*, el desacato, la crítica. Sin embargo, basta que ese pensamiento tome cuerpo en un partido político para que cristalice y se convierta en algo afirmativo, muerto y, por ende, corrupto y pestoso. El mérito de Russell fue prever todo esto en 1920, apenas comenzada la andadura de la Unión de Repúblicas Socialistas Soviéticas.

También critica Russell la facilidad con que arraigan en nosotros los prejuicios, con tal que éstos nos dejen en buen lugar. Y así, los franceses afirman que todos los españoles somos unos cerdos; los ibéricos creemos que los franceses son unos maricones que no se cortan las uñas de los pies; los blancos piensan que los negros son necios; los latinos nos tenemos por los mejores amantes; los machitos se creen más capaces que las mujeres, excepto a la hora de barrer; los homosexuales se tienen por más sensibles que los heterosexuales; éstos piensan que son los únicos sanos y normales; los musulmanes toman a los cristianos por sucios, y viceversa; etc.

Total que Russell se pasó lo mejor de su vida dedicado a poner en ridículo todas las estupideces que obstaculizan el proyecto de lo humano. Militó en movimientos pacifistas de muy diverso tipo, se destacó en su lucha en favor del sufragio femenino, se manifestó en contra de las pruebas nucleares, encabezó movimientos intelectuales internacionales en contra de la dictadura de Franco, de la guerra del Vietnam, de la presencia británica en la India (aunque no tuvo rebozo alguno en criticar las extravagancias de Gandhi), de la guerra de Argelia, de la represión de la Primavera de Praga... No es fácil encontrar una causa justa en este siglo tras la que no estuviera la figura simpática de Lord Russell. Para remate, fue un hombre tan cuidadoso en sus cosas como para llegar al extremo de ensayar su muerte, que es ya el no va más de la meticulosidad. Lord Russell vivió, pensó y murió empapado de orden, humor y bondad. A nosotros nos queda seguir su ejemplo de coherencia y disfrutar del mundo que tanto luchó por mejorar este hombre excelente.

25. ADORNO Y LA EXHIBICIONISTA

Llegamos ahora a un caso en el que vamos a tener ocasión de aprender no sólo algo de filosofía, sino también una pequeña lección de historia, por cuanto en él se nos va a revelar cuál era el ambientillo que se vivía en las universidades occidentales durante los «mágicos» años sesenta. Y ello lo vamos a conseguir simplemente contemplando la muerte de uno de los filósofos más fecundos de nuestro siglo: Theodor Wiesengrund Adorno (1903-1969). Los hechos vienen documentados, en este caso, por sus alumnos, y en su discurrir se adivina esa especie de odio mezclado con admiración que nos provoca la figura de un profesor al que se le supone una sabiduría que raya con el infinito, pero al que no se le entiende ni una palabra, y, sobre todo, al que, cuando se le entiende y no nos gusta lo que dice, no hay manera de convencerle ni convencernos, mediante argumentos, de que nosotros llevamos más razón que él. Como filósofo, Adorno es, sin lugar a dudas, una de las figuras más complejas, sugerentes y ricas de toda la historia de la filosofía. En su obra se mezclan sabiamente los más jugosos y apreciados ingredientes de que disponía la cultura occidental; con ellos, nuestro pensador preparó un banquete filosófico que no está al alcance de cualquiera. Incluso para los más paladares mejor educados, no resulta, a la postre, nada fácil de digerir. Todo esto debería constituír un serio problema para los alumnos que tuvieron el privilegio (casi nunca reconocido como tal) de poder asistir a sus clases. En los últimos años de su vida, Adorno se había labrado la fama de ser un profesor terrible, duro, incomprensible. Lo más imperdonable, sin embargo, era que, ante sus discípulos, exhibía un profundísimo conocimiento de la tradición teórica marxista y, al mismo tiempo, no daba muestras de un grado homologable de «compromiso». Conviene que nos detengamos y sopesemos este último cargo. Nos encontramos al final de la «década maravillosa», y Occidente ya se ha recuperado de la última de sus grandes guerras. Sin embargo, pese a que el desarrollo ha sido espectacular, los obreros no terminan de ver repartida esa riqueza, de modo que se quejan, y con razón. En este clima, las universidades aspiran a liderar intelectualmente estas protestas, pero se topan con la paradoja de que sus aulas están llenas de los hijos de esa misma burguesía a la que se pretende derrocar. Adorno vive todos estos vaivenes desde una universidad alemana podridita de la envidia por lo bien que se lo están pasando en la Sorbona (París) y en Berkeley (California). Eso sí, los estudiantes europeos, los americanos, e incluso los españoles (que viven sometidos a una dictadura que entontece el país, estudiantes incluídos, muy por encima de la media europea) manejaban profusamente el concepto de «compromiso» aun cuando o terminaran de definirlo claramente, ni falta que les hacía, ya que todos ellos vivían muy ricamente en casa de sus papas y, total, para qué se iban a meter en muchos líos teóricos. De modo que esto del «compromiso» igual servía para un roto, que para un descosido: en ciertos contextos, medía las horas que se dedicaban a analizar las condiciones objetivas y subjetivas de las revoluciones de todos los chinos posibles; en ocasiones, se refería a la cantidad de coitos, cuanto más estrafalarios mejor, practicados en nombre del amor libre y de la destrucción de la familia nuclear; en otras, el «compromiso» se demostraba por la longitud de la melena, la colección de discos «pop» y los canutos fumados en algún bareto mal ventilado; por último, y aunque parezca increíble, algunas mujeres lo relacionaron con la cantidad de abortos clandestinos que habían sufrido en sus propias carnes (a más abortos, más comprometida, se entiende). Todo eso junto, es decir, los chinos, los abortos, los pelos, el último disco de Janis Joplin, la calidad del costo afgano y las braguetas «libres», agotaba el campo de la realidad habitable por una persona «progresista» y «comprometida».

En las clases de Adorno, para su desgracia, se hablaba muy poco de esto y sí mucho de filosofía y de Música (y permítanme que utilice esta mayúscula respetuosa, pero es que la Música de la que hablaba Adorno lo merece bastante más que los berridillos afónicos de la Joplin, por poner un caso muy célebre); de ahí que sus alumnos lo acusaran de «alejamiento de la realidad» y decidieran someter a su buen profesor a un experimento crucial. Un buen día, cuando Adorno explicaba un fragmento especialmente abstruso de la dialéctica del amo y el esclavo de la *Fenomenología del Espíritu* de Hegel (algo que, hemos de reconocer, no es moco de pavo), se propusieron demostrarle que aquello no tenía nada que ver con la vida, y lo hicieron de la siguiente manera. Amparada por sus compañeros, una rubia descomunal se desnudó hasta el pelo y avanzó desde el fondo de la clase hasta situarse a un palmo de narices del profesor, para, acto seguido, gritarle en su cara tres o cuatro consignas en contra de la filosofía burguesa y en favor del amor libre. Hemos de detallar que la madre naturaleza había dotado a esta valkiria de la progresía con unos pechos soberbios, nutricios, veletos y rotundos. En cuanto a la retaguardia, utedes me perdonarán, pero la teutona presentaba un culo glorioso, fundamental, irrefutable. Todo en ella era enorme: los ojos, los muslos, la boca... hasta los pies. Según dicen los que la vieron, no pesaría menos de ochenta kilos, y nadie la encontró desproporcionada. Además, si tenemos en cuenta que la progresía alemana es sumamente respetuosa con su flora y fauna corporal, al precio de pasar por la ducha mucho menos de lo que cualquier pituitaria mediterránea consideraría imprescindible, podemos aventurar que el desnudo integral de esta alumna tan dicharachera dispersaría por el aula unos espesísimos efluvios corporales, y no precisamente a orquídeas frescas. Una bomba, vamos. El batacazo metafísico que se dio el bueno de Adorno fue demoledor. A partir de aquel día, este magnífico profesor no levantó cabeza y murió ese mismo verano de 1969 a resultas de una luxación metafísica.

—Atentos, que ya ha salido otra nueva enfermedad —advierte Cristina—. Conocíamos la «melancolía filosófica» de Averroes, la «pulmonía racionalista» de Descartes y Leibniz, la «pulmonía empirista» de Bacon, y ahora la «luxación metafísica» de Adorno. ¿Nos vas a explicar en qué consiste esta nueva patología?

Mi mujer se ríe, pero esta enfermedad se da mucho entre los metafísicos. Se trata de la lesión psico—física que se produce cuando un filósofo se ve súbitamente arrojado de las regiones del Espíritu Absoluto y se estrella contra un Concreto Sensible de los de toma pan y moja, y sin depilar ni nada. Pero lo importante no es esto, sino conocer el pensamiento de la víctima. Decíamos más arriba que en la obra de este autor se amanceban sabiamente los mejores ingredientes de la cocina del pensamiento. Ahora que ya sabemos cómo murió nuestro personaje, estamos en condiciones de conocer cuáles son esos ingredientes y qué salió de todo eso. La base del guiso la constituye la enjundiosísima dialéctica hegeliana, superada por Marx, y resuperada, una vez más, en lo que el propio Adorno denominó *dialéctica negativa.* Esto de la dialéctica negativa fue, por así decirlo, el rasgo distintivo de la denominada Escuela de Frankfurt, que fue un grupo de investigación sociológico, musicológico y filosófico que se formó en torno al Instituto para la Investigación Social de Frankfurt, y cuyos máximos representantes fueron Max Horkheimer y el propio

Adorno, además de Erich Fromm, Herbert Marcuse y Jürgen Habermas.

—¿Eso de la *dialéctica negativa* es otra enfermedad filosófica?

La «dialéctica negativa» sería un tipo de filosofía que aspira a corregir y enriquecer el pensamiento marxista para evitar que se positivice, que cristalice en algo muerto y corrupto, como veíamos en el capítulo anterior. Por seguir con el símil gastronómico, lo que hizo la Escuela de Frankfurt fue adaptar el guiso marxista a los nuevos paladares y la nueva situación que se vivía en el siglo XX, aligerándolo de la grasucia cientificista y añadiéndole nuevos ingredientes de aromas más intimistas y esteticistas.

Así, por ejemplo, Adorno considera que el marxismo diluye al individuo en lo social. Esto, dicho así, puede sonar a sutileza teórica, pero lo cierto y verdad es que en los países del llamado socialismo real se cometieron las mayores tropelías contra los ciudadanos, en nombre de objetivos abstractos alejados de los intereses de los individuos concretos. Adorno era perfectamente consciente del horror estalinista y quiso fundar un nuevo socialismo en el que estuviera muy presente el individuo con sus necesidades, bajezas e insatisfacciones reales, que no son meramente económicas, como había declarado Carlos Marx. Adorno se siente impulsado a bajar a esos sótanos de la voluntad que nos había desvelado Schopenhauer, en donde se cuece lo más decisivo y también lo más temible de nosotros mismos. Para esa bajada a los infiernos del alma, Adorno busca la compañía de Kierkegaard y Freud.

Sören Kierkgaard (1813-1855) es uno de los principales precedentes del existencialismo religioso. Lo mejor que podemos decir de él es que se adentró como pocos por los rincones más inaccesibles y oscuros de la existencia humana. Lo peor, que se dedicó a explorar los abismos de una subjetividad exacerbada por un cristianismo sombrío y cruel; de modo que, cuando se asoma a su interior, lo que descubre es la angustia y la desesperación. Cosa muy lógica, porque cualquiera que aspire hoy día a una religiosidad inteligente, después de la *muerte de Dios* de la que hablaba Nietzsche, no puede menos que ponerse muy de los nervios, y ahí está el caso de Unamuno, o Karl Barth, o Jaspers y tantos otros, que constituyen lo que en el siglo XX se ha llamado el *existencialismo cristiano*.

—¿Qué es un existencialista cristiano: un meapilas con náuseas?

Algo así. Expresado en pocas palabras es la actitud filosófica del que quiere creer en Dios, pero lo ve muy crudo, y eso le provoca dudas, angustias, y otros cuantos tormentos del alma. Pero vamos a seguir con Kierkgaard, que es el padre de todos estos movimientos, y que sostiene que el sujeto consciente de sí mismo, el hombre que no se dispersa en lo exterior, sino que piensa en su propio yo, se topa con la angustia y la desesperación. La vida auténtica, no frívola, es necesariamente desesperada, absolutamente angustiosa. Total, nada... No hace falta añadir que cuando Adorno acude a Kierkgaard lo hace buscando un momento de reflexión sobre la existencia que, según nuestro autor, le faltaba a la tradición marxista. Pero no llega a las mismas conclusiones que el danés. Para el pensador de Frankfurt la sociedad humana puede salvar su angustia colectiva si avanza hacia un estado en el que se superen las relaciones viciadas que se dan ahora entre unos individuos y otros (explotadores y explotados) y entre los humanos y la naturaleza. Respecto a la angustia de cada individuo, Adorno se aprovecha de Freud, el padre del psicoanálisis, que le proporciona una teoría de la mente, así como un método y una terapia para diagnoticar y superar las patologías de la desesperación.

Acto seguido, Adorno acomete la *crítica del cientificis-*

mo presente en el marxismo. El cientificismo sería la posición filosófica del que entrona la ciencia y la técnica como modelo absoluto de conocimiento, y, consiguientemente, sitúa los éxitos y el quehacer científico-técnico más allá de la valoración moral. Dicho en plata, que vale todo con tal de que sea lo suficientemente científico. Según Adorno, esta actitud decimonónica ha contribuído a esclavizarnos y a deteriorar la relación del ser humano con la naturaleza. La ciencia, convertida en técnica, no profundiza en el conocimiento, sino que convierte la razón en un instrumento al servicio de una burocracia totalitaria que destruye la cultura original, genera un consumismo feroz y uniforme que destruye las peculiaridades individuales (todos leemos el mismo libro de moda, cuando está de moda, y vemos la misma película de moda, cuando está de moda, y nos compramos el mismo coche de moda, cuando está de moda...) y envenena la naturaleza hasta el punto de convertirla en un espacio inhabitable para el hombre. Así, la escuela de Frankfurt nos ha dejado una sólida *crítica a la idea de progreso*. A juicio de estos autores, toda teoría del progreso es una dialéctica inauténtica, que describe la historia de la humanidad como el tránsito sucesivo y automático de unas fases a otras; un tránsito que tiene como meta última el dominio, pues cuando el progreso pretende dominar la naturaleza, no hace sino dominar al hombre, que es parte de esa naturaleza. No hace falta decir que hay aquí un precedente de lo que luego han sido los movimientos ecologistas que tan de moda están en nuestros días.

Por último, políticamente, la dialéctica negativa de Adorno propugna el rechazo crítico de todo régimen político constituído, así sea en nombre de una utopía, del tipo que sea. Esto es, que no vale decir que ya hemos llegado, y ahora a instalarse y a vivir, que la historia se ha terminado. La dialéctica negativa fundamenta la crítica de toda filosofía, de toda política y aun de toda utopía. Es preciso construir una sociedad en la que se suprima la propiedad privada de los medios de producción (esto es herencia de Marx), pero que no quedaría regida por ninguna institución social gobernada por la burocracia de ningún partido que terminaría por acogerse a los mismos privilegios que supuestamente se pretendían abolir. La sociedad ha de estar en las manos de los individuos libres.

En resumen, Adorno defendía el establecimiento de una civilización no represiva, en constante autoexamen para mejorarse permanentemente, en la que los individuos no perdieran su libertad frente a ninguna institución, en la que, poco a poco, se disolviera el Estado, en la que la ciencia recuperara la función que tenía en la vieja Grecia: satisfacer nuestra curiosidad, no el ansia de dominio de las instituciones explotadoras. Una sociedad en la que el trabajo no constituyera un castigo encaminado a la obtención de un beneficio por parte de los estados industriales, en la que la naturaleza y nuestra especie no se viera tiranizada ni envenenada por la técnica, y en la que los individuos consiguieran, por fin, satisfacer abiertamente todo lo que les dicta ese *principio de placer*, que, según Freud, es el motor de nuestra mente.

Como pueden ver, el pensamiento de Adorno es muy hermoso. Y, aunque quizás no lo parezca a través del pobre resumen que yo les he ofrecido, se trata de un conjunto de ideas complejo y bien trabado, con el que Adorno pretendía capacitar a sus alumnos para comprender un realidad social que era igualmente compleja y plena de blindajes represivos e injustos. Pero la dificultad de su pensamiento llegó a empachar a sus alumnos, que no le veían la gracia a un profesor que hablaba tanto del principio de placer, en vez de organizar grandes orgías en su casa, con obreros, alumnos y de todo; que defendía la necesidad del cambio social, pero no alardeaba de haber pasado por ninguna trinchera, y, lo peor de todo, que disfrutaba más de Bach que de John Lennon. Y a los muy salvajes no se les ocurrió mejor cosa que organizarle el numerito de la rubia, a ver si se enteraba. Desde luego, hay que ver cómo eran aquellos jóvenes. Y lo malo es que ya no quedan alumnas de ésas.

CONCLUSIÓN

Este libro ha llegado a su fin. Y bien que me duele, porque he pasado muy buenos ratos mientras lo escribía. Espero haber sabido transmitir algo de ese entusiasmo a quienes hayan tenido la paciencia de seguirme hasta aquí. Muchas gracias a todos, un abrazo y hasta la próxima.

—Un momento, Paco —me interrumpe Cristina—. Antes de despedirte debes rematar unos cuantos flecos que aún quedan por ahí. Primero de todo, ¿cuál ha sido el criterio para incluir a unos autores y no a otros?

Ante todo, he procurado centrarme en quienes han aportado las ideas más originales a la historia del pensamiento. Después, he huido de autores que, por la extremada dificultad de su estilo, tienen interés para los especialistas, pero poco para el público general, como es el caso de Hegel, Heidegger y otros más. También era preciso que contaran con alguna leyenda sobre su muerte que se conectase de algún modo con su filosofía; por eso aparecen tan pocos autores del siglo XX: porque la mayoría están aún vivos y porque los que se han muerto no han tenido aún tiempo como para que sus discípulos o sus enemigos rematen sus obras con una buena leyenda funeraria. De todos modos, si alguien se ha quedado con ganas de seguir leyendo, le recomiendo que se lance sobre las obras originales de los autores de los que hemos hablado, o de otros que quieran conocer. También cabe que vuelvan a recorrer este libro. La filosofía se disfruta más a partir de la segunda lectura.

—Ya que lo dices, me gustaría saber para qué sirve la filosofía.

En un sentido general, sirve para lo mismo para lo que sirve toda la literatura (incluida la literatura científica): para componer teorías, discursos con los que afrontar la vida con una ilusión de orden y algo menos de miedo.

—Me gustaría que intentaras encontrarle alguna utilidad que fuera específica de la filosofía.

Entonces te diría que la filosofía sirve para lo que no sirve la poesía, ni la ciencia, ni nada de nada: la filosofía es un embellecedor facial definitivo.

—Mejor vas al baño y te palpas la próstata, no sea que tengas ahí un atascón y se te haya subido la urea al cerebro.

Escúchame antes emitir ningún diagnóstico. En esta época en la que, por fortuna, la gente se toma en serio su cuerpo y su aspecto, este libro no debería faltar en ninguna casa, en ningún cuarto de baño, en ningún neceser de viaje, incluso. La filosofía es un cosmético imprescindible, como el agua y el jabón. Los que saben algo de filosofía son más guapos que el resto de sus conciudadanos.

—¿Ah sí?

Naturalmente. Leer un libro de filosofía es como hacer pesas con el cerebro. La filosofía es *mente-building*, un entrenamiento que nos hace más listos y mejores personas, en general. La filosofía nos aleja de los monos de los que provenimos, nos humaniza, nos quita la cara de bestias, de memos, y eso, claro está, embellece de un modo intenso y duradero, porque es una belleza que sale de dentro y se esparce hacia afuera. No hay peor feo que un estúpido y la filosofía es el mejor remedio contra la estupidez.

—¿Y cómo consigue todo eso la filosofía?

Primero y sobre todo, gracias a su grado de abstracción. No hay otro saber tan global, absoluto e incondicionado como éste. Por eso su ejercicio aumenta la inteligencia en un grado que no lo consigue ningún otro. En segundo lugar, la filosofía nos humaniza porque nos proporciona la imagen más profunda y completa que disponemos de nosotros mismos, en lo bueno y en lo peor; en la razón y en la voluntad; en lo consciente y en ese inconsciente en donde todavía late el cerebro de un cocodrilo, al que podremos dominar sólo si comprendemos cuáles son sus impulsos y su fuerza. En tercer lugar, la filosofía nos civiliza porque la propia humanidad es un proyecto forjado con ideas surgidas en el taller de los filósofos. Por último, la filosofía nos desasna por su lucha infatigable en contra de esos prejuicios, esos quistes mentales que obstaculizan nuestra autonomía y nuestra felicidad. No me vayas a pedir ahora que te cite cuáles son esas ideas que ha acuñado la filosofía ni cuáles son los prejuicios contra los que se ha enfrentado y aún se enfrenta. De lo uno y de lo otro he hablado suficientemente en este libro. Quien quiera recordarlos, insisto, que lo relea. La pereza es siempre muy mala consejera.

—De acuerdo. Sólo me queda una pregunta y ya te dejo despedirte: ¿no te parece un poco morbosa en el peor sentido del término esa obsesión tuya de explicar la filosofía desde la muerte de sus protagonistas?

Al contrario. Creo que el estudio de la muerte de los filósofos constituye una lección interesante, no sólo como recurso pedagógico para aproximarnos a su pensamiento, sino, sobre todo, para comprender que la muerte no es temible, básicamente por su incompatibilidad con la vida; porque cuando esté la muerte, no estaremos nosotros.

—Pero una cosa es estar muerto y otra muy distinta el morirse. Muerto se está como antes de nacer, y eso no debería amedrentar a nadie. Incluso puede que Nietzsche tuviera razón y la vida vuelva a comenzar una y otra vez. Pero no hay filosofía que nos quite el miedo a morirnos. Es el umbral lo que asusta, no lo que haya, o mejor, lo que no haya al otro lado.

Efectivamente, conviene distinguir entre la muerte y el

morirse. Pero no me negarás que, en esto último, los filósofos se han mostrado unos maestros consumados. Gracias a ellos hemos aprendido que ese tránsito tan terrible puede llegar a convertirse en un corolario hermoso, divertido y consecuente con una vida bien vivida. De modo que la filosofía, en general, sirve para no temer a la muerte, y el ejemplo de los filósofos nos ayuda a perder el miedo a morirnos. Estos miedos, tan humanos, pueden llegar a corroer el alma y minarla con todo tipo de mezquindades. Por temor a la muerte, decía Lucrecio, el hombre se vuelve codicioso y no le importa matar al hermano con tal de salirse con la suya. De ahí que nuestra especie haya procurado, desde sus orígenes, conjurar ese temor de un modo u otro. Lo malo es que, para conseguir esta medicina del alma, la humanidad ha tenido que aceptar el precio de hincar la rodilla delante de unos dioses fantasmagóricos y de unos tiranos insoportables que se decían sus intermediarios, éstos sí muy reales y muy humanos, demasiado humanos... La filosofía es la única tradición que nos alivia de la angustia que nos reporta nuestra condición mortal sin negar esa condición, sin embotar nuestra racionalidad y sin obligarnos a inclinar la cabeza ante nada ni ante nadie.

—Una última cosa: tengo la sensación de que has hablado de muchos filósofos, pero muy poco de tus propias ideas. Me gustaría que te destaparas un poco y nos dijeras tu receta para no temer a la muerte.

Es curioso que me pidas que me destape, porque yo tengo la sensación de haber permanecido desnudo desde el primer capítulo. Eso demuestra que un libro se escribe a medias entre el autor y el lector. Respecto a la receta que me pides, siempre he tenido a los consejeros por gente vanidosa e imprudente. Aunque, aún peor me parecen los intelectuales cicateros y misteriosos. Así que ahí va un consejo sencillito y que no puede hacer daño a nadie: el mejor modo de no ponerse nervioso ante la perspectiva de tenerse que morir es haber vivido sin hacerse daño, sino todo lo contrario; o sea, que para morir en paz, lo mejor es haber vivido bien y a gusto. Con eso se consigue, al menos, ensanchar la vida, y puede que alargarla también. Por eso les recomiendo que no se olviden de visitar la filosofía de vez en cuando, porque, no sé qué efecto tendrá sobre ustedes, pero para mí es un manantial inagotable de placeres intensos.